環境経営に対応した
理想ライフサイクルコストの追求

実践原価企画

小川正樹 編著

税務経理協会

はじめに

　最近の企業経営では，環境問題，環境経営，環境配慮型製品など「環境」が企業の競争優位性を決定するキーワードになっている。そして，日本の社会システムも，循環型社会への移行を法規制として整備しつつある。

　循環型社会へ移行するには，企業として大量生産・大量消費・大量廃棄の従来発想から脱皮しなければならない。『環境問題は総論としては賛成であるが，各論としてはコストがアップしやすいので積極的に取り組めない』などと考えているようでは，21世紀の企業経営は成り立たないであろう。

　環境とコストの矛盾を解決し循環型社会を実現するには，企業として製品の環境負荷を低減し，それを最低のライフサイクルコストで実現する開発・設計・生産技術の仕組みが必要である。製品・工程の環境負荷低減は，製品・工程への入力エネルギーと製品・工程からの出力エネルギーの効率を向上させることで技術的に可能になり，この効率向上策がコスト低減に結びつく。本書では，これらの活動を組織として展開するためのマネジメントシステムを環境経営時代の原価企画と位置づけてみた。

　本書は大きく2部からなっている。

　第1部では，環境経営時代の原価企画のあるべき姿について述べてある。第1章では，社会環境の変化に対応するもの作りのあり方，環境経営のレベルに対応する原価企画の進め方について述べてある。第2章では，環境経営時代の原価企画を展開するうえでの基礎知識について述べてある。第3章では，目標原価設定の具体的手順について述べてある。第4章では，目標原価を達成するために有効なコストダウン手法について述べてある。第5章では，コストダウン成果の評価と原価企画活動を支援する周辺技術について述べてある。

　第2部は，コストダウンの実践編である。第6章と第7章では，第1部の第4章で紹介するコストダウン技術の適用方法を事例により紹介する。第8章では，原価企画活動のITサポートシステムの活用事例を紹介する。

環境とコストの問題は，企業のすべての方が対象になるが，本書は特に企画，開発・設計，生産技術など生産準備に関係する技術者や管理者，経営者の方々に読んでいただければ幸いである。環境に適合した新規の製品を最低のライフサイクルコストで実現することが，21世紀の発展につながるものと信じている。

　最後になりましたが，本書をまとめるにあたりコンサルティングの場を与えていただいた各企業に，そして出版に際しお世話になった（株）税務経理協会の定岡久隆取締役，杉浦奈穂美さんに心より感謝します。

2001年3月
家電リサイクル法の実施を前にして
小川　正樹

目　　次

第1部　原価企画とは何か

第1章　社会環境の変化と原価企画の意義

1-1　21世紀の原価企画 ———————————————— 4
　（1）企業経営と環境問題　4
　（2）ライフサイクルコストとコストダウン　4
　（3）原価企画の定義　7
1-2　環境問題に対するもの作りの変化と対応策 ———————— 9
　（1）地球が抱えている環境問題　9
　（2）逆工場による循環型製品ライフサイクルの実現　10
　（3）循環型製品ライフサイクルの全体像　12
　（4）循環型製品ライフサイクル実現への課題　14
1-3　環境法規制等によるコスト管理の必要性 ———————— 16
　（1）家電リサイクル法とコスト管理の関係　16
　（2）グリーンコンシューマーの台頭　19
　（3）環境法規制への対応はエネルギー効率の改善　21
1-4　企業の積極的な環境コストへの取組みの必要性 —————— 24
　（1）企業による環境経営への取組みと原価企画　24
　（2）環境保全コストへの取組みの必要性　27

第2章　原価企画の目的と方向性

- 2-1　総合利益管理のための原価低減活動 ——————————— 32
  - （1）会社が儲けるための対応策とは　32
  - （2）利益管理手段のための原価低減活動　34
- 2-2　環境問題とQCDEを満足させる技術部門の
       マネジメントツール ——————————————————— 37
  - （1）環境問題とQCDEの関係　37
  - （2）技術段階のマネジメントツールである原価企画　38
- 2-3　目標原価の設定と達成手法 ————————————————— 41
  - （1）ライフサイクルから見た製品の目標売価とは　41
  - （2）目標売価からの目標原価設定の方法　43
  - （3）改善余地分析結果とコストダウン手法　44
- 2-4　目標原価に対する技術部門の達成率の管理 ——————— 47
  - （1）技術部門のコストダウン評価　47
  - （2）技術段階のコストダウン評価法　48
  - （3）達成率の責任者別集計　50
- 2-5　環境保全コストの増大による事前のコスト把握 ————— 53
  - （1）環境保全コストと環境庁のガイドライン　53
  - （2）環境改善の戦略と環境保全コストの低減　54
  - （3）生産準備段階の組織的アプローチ　60

第3章　原価企画の手順（1）

- 3-1　環境コストも考慮した目標売価・利益率を設定する ——— 64
  - （1）目標売価の設定　64
  - （2）目標利益率の設定　68
  - （3）IT活用による目標売価・利益率の設定　71

3-2　現状の実力値を見積原価で設定する ―――――――― 73
　（1）原価見積の種類　73
　（2）製品構成の決定と見積原価の設定　75
3-3　改善の可能性を余地分析で追求する ――――――――― 79
　（1）コストダウンの方向性の見つけ方　79
　（2）材料費の改善余地分析　83
　（3）加工費の改善余地分析　90
3-4　ライフサイクルの目標原価設定に余地分析を用いる ――― 96
　（1）目標原価の設定手順　97
　（2）第2次目標原価の決定　98
3-5　目標原価を割り当てる ――――――――――――― 103
　（1）目標原価の割当状況　103
　（2）目標原価の割当方法　104
　（3）目標原価の細分化の方法　107
3-6　ライフサイクルコストダウンの改善計画書を作成する ―― 111
　（1）改善計画総括表の作成　111
　（2）責任者別内訳表の作成　113

第4章　原価企画の手順（2）

4-1　ライフサイクル設計にコストダウン手法を統合化し
　　　適用する ――――――――――――――――― 116
　（1）ライフサイクル設計に必要な開発方式　116
　（2）製品開発と技術開発　116
　（3）オフライン設計の概要　118
　（4）オンライン設計の概要　121
4-2　製品設計にコストダウン手法を統合化し適用する ――― 124
　（1）製品設計とコストダウン手法　124

（2）QFD（品質機能展開）　125

　　（3）VE（バリュー・エンジニアリング：価値工学）　133

　　（4）TRIZ（発明的問題解決の理論）　139

　　（5）品質工学　145

4-3　生産設計にコストダウン手法を統合化し適用する ──── 157

　　（1）生産設計とコストダウン手法　157

　　（2）IE（インダストリアル・エンジニアリング）　158

　　（3）工程パラメータ設計　164

第5章　原価企画成功の条件

5-1　原価企画活動に必要な原価情報 ──────────── 170

　　（1）原価計算の体系　170

　　（2）技術部門に必要な原価情報　173

5-2　図面段階での見積を可能にする CAD 見積 ──────── 176

　　（1）図面段階でコストを読む　176

　　（2）見積原価計算の自動化　176

　　（3）オンライン設計段階で必要な見積原価　176

　　（4）CAD 見積の実態　178

5-3　CAD 見積システムへのアプローチ ──────────── 180

　　（1）CAD 見積システムの構築手順　180

　　（2）CAD 共生見積システムの構築例 ― 1　183

　　（3）CAD 共生見積システムの構築例 ― 2　184

5-4　原価企画の支援方法 ───────────────── 189

　　（1）デザイン・レビュー　189

　　（2）サプライヤーとの関係を強化する標準化　192

　　（3）マネジメント力の向上　200

第2部　原価企画の実践活動

第6章　オフライン設計のコストダウン技術適用事例

6-1　機能に対するシステムの創造 ———————————— 211
　（1）TRIZによるシステムの創造　211
　（2）品質工学による要素技術の確立（パラメータ設計）　214

6-2　データ解析の基礎知識 ———————————————— 217
　（1）ばらつきの計算方法　217
　（2）動特性のSN比　222

6-3　データ解析の実践 —————————————————— 227
　（1）測定データの解析　227
　（2）補助表の作成　229
　（3）分散分析表の作成　231

6-4　確認実験と改善案の作成 ——————————————— 235
　（1）組合せのよさは確認実験で確かめる　235
　（2）改善案の作成　235

第7章　オンライン設計のコストダウン技術適用事例

7-1　製品システム設計 —————————————————— 239
　（1）製品システム設計とコストダウン手法　239
　（2）基本機能部分の排除　240
　（3）新しい固有技術による基本機能の改善　245
　（4）改善の4原則によるアイデア発想　249

7-2　工程システム設計と工程パラメータ設計 ———————— 254
　（1）新しい固有技術を適用する　254
　（2）工程パラメータ設計を設備に適用する　255

第8章 原価企画業務へのIT（情報技術）活用

8-1 原価企画活動に役立つIT ─────────── 262
 （1）IT活用のレベル診断　262
 （2）原価企画に必要なITサポートシステム　264

8-2 製品設計のサポートシステム ─────────── 270
 （1）VE・TRIZによる製品システム設計　270
 （2）品質工学による製品パラメータ設計　276

8-3 生産設計のサポートシステム ─────────── 280
 （1）IEによる作業設計　280
 （2）標準時間資料の作成　285

参 考 文 献 ─────────────────────── 293

第1部
原価企画とは何か

　原価企画は，1960年代に自動車業界で誕生した経営管理システムで，日本の上場企業の3分の2が取り入れている。従来の原価企画は，製品企画，製品設計，生産設計，試作までの技術段階の原価管理手法であった。

　ところが，地球環境保全が人類にとって未知・未経験の共通で最大の課題である今日では，原価企画もパラダイムシフトする必要がある。環境を考慮した原価企画の考え方は，従来の最適な製造原価の実現に加え，製品ライフサイクルの各段階における環境負荷を最小限にするための技術的なアプローチを組み込まなければならない。

　第1部では，環境と原価を両立させる原価企画のフレームワークを整理する。

第1部

原価企画とは何か

第1章 社会環境の変化と原価企画の意義

✖ POINT ✖

　1980年代までの経営管理システムは，顧客ニーズが均一でかつ安定した市場を前提としていた。これは，製品のライフサイクルが長く，売上拡大という目標達成に向けて「規模の経済性」を追求する経営環境下で通用していた手法であった。1990年代になると，顧客ニーズの多様化，製品のライフサイクルの短縮化，地球規模の環境問題など社会環境が著しく変化し，1980年代の経営管理手法は機能しなくなっている。

　この章では，社会環境の変化のなかで21世紀に避けられない環境問題に焦点を当て，企業としての対応策を検討する。その中で，「環境保全を社会的責任と考え持続可能な発展」を追求する経営環境下での経営管理システムとして，原価企画の意義を述べる。

1-1　21世紀の原価企画

（1）企業経営と環境問題

　20世紀の社会構造システムは，高度経済成長，安定成長，低成長と推移しながら，大量生産・大量消費・大量廃棄を促進した。その結果，大量の廃棄物が排出され，地球規模での環境破壊が進み，人類滅亡の危機に立たされている。

　このような背景のもと，「環境経営，地球にやさしい製品」などの言葉がマスメディアに登場し，金融機関も企業経営の評価指標として環境に対する貢献度を採用している。そして環境問題への関心の高まりのなかで，環境への影響が少ない「循環型社会」を実現するための基本理念を定めた法律『循環型社会推進基本法』が2000年6月に施行された。これ以外にも法規制として，「特定家庭用機器再商品化法（家電リサイクル法）」，「廃棄物処理法」，「資源有効利用促進法」，「建設資材リサイクル法」，「食品リサイクル法」が制定されている。主な内容を図表1-1に示すが，企業のパラダイムをシフトしなければ対応できない内容の規制である。

　企業としての具体策は，製品ライフサイクルである資源採取から廃棄に至る各段階で，質と量の両面から効率的に環境負荷を減らす最適設計・最適生産・最適消費・最少廃棄型の生産システムを提案し構築することである。新製品の開発に際しては，企業の目的である適正な利益を獲得するとともに，製品のライフサイクル全体を考慮して開発設計段階から環境負荷を低減し，廃棄物処理・リサイクルを容易にする製品設計が望まれる。

（2）ライフサイクルコストとコストダウン

　ここで，製品の各ライフサイクルで発生するライフサイクルコストについて考えてみよう。ライフサイクルコストとは商品が企画・設計され，工場で製造

第1章　社会環境の変化と原価企画の意義

図表1-1　主な環境法規制と内容

	環境法規制と施行年月	主　な　内　容
1	循環型社会形成推進基本法 2000年6月施行	・環境への影響が少ない「循環型社会」を実現するための基本理念 ・廃棄物の処理方法の優先順位づけ ・廃棄物を出した企業の責任強化
2	特定家庭用機器再商品化法 (家電リサイクル法) 2001年4月施行	・メーカーに廃家電の引き取り義務 ・メーカーにそのリサイクル(再商品化)義務 ・消費者に廃家電の引き取りコストの負担義務 ・管理票を発行し確実な運搬を確保
3	廃棄物処理法(改正) 2000年10月施行	・排出事業者の責任の強化 ・産業廃棄物処理業の要件などの強化 ・地方公共団体の責任の強化
4	資源有効利用促進法 (改正) 2001年4月施行	・特定の製品に対する廃棄物の発生抑制の義務づけ ・特定の製品に対する部品などの再使用の義務づけ ・特定の業種に対する産業廃棄物の発生抑制
5	建設資材リサイクル法 2002年6月までに施行	・分別解体の実施・リサイクルの実施 ・解体工事費用などを契約書に明記 ・解体工事事業者の登録制度
6	食品リサイクル法 2002年6月までに施行	・食品関連事業者のリサイクル義務 ・リサイクル事業者の登録義務 ・再生利用事業計画の認定制度
7	グリーン購入法 2000年4月施行	・国や独立行政法人，地方公共団体，都道府県，市町村などが環境に配慮した物品を優先的に調達する方針を毎年度作成する義務

され，広告宣伝により顧客がニーズにあったものを購入・使用し，廃棄され再び製品となるリサイクル活動全般にわたるすべてのコストをいう。図表1-2のようにこれらは大きく3つに分類される。

1つ目は，従来の製造原価に含まれる範囲で，工場で製品を生むために使われるコストのR&Dコスト，設計コスト，製造コストである。2つ目は，製品が工場より離れ，実際に顧客が製品を使用する時のコストであり，販売・流通コスト，運用コストである。3つ目は，使用済みの製品を廃棄せず，もう一度製品として甦らせる循環コストである。従来，循環コストでは従来製品の廃棄コストがほとんどを占めていたが，ここでは，リサイクル・リユースコストを

図表1-2 製品のライフサイクルコスト

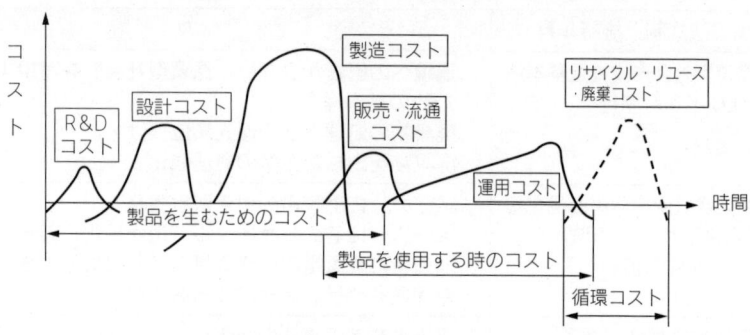

手島直明「実践価値工学」（修正）

中心に，どうしても循環できないものを廃棄コストととらえている。現在この循環コストは，「家電リサイクル法」などの法規制により企業としてコスト管理の必要性が迫られている。一部の企業などでは，管理が実施されているが，まだまだ採算ベースには達していないようである。

以上のように，ライフサイクルコストの範囲は大きいが，これらライフサイクルコストはいつ決定されるのであろうか。図表1-3は，ライフサイクルコストが決定する時期を概念的に表したものである。このように，ライフサイクルコストは製品の企画段階・構想設計段階でほぼ決定してしまい，コスト管理の

図表1-3 ライフサイクルコストの時系列的変化

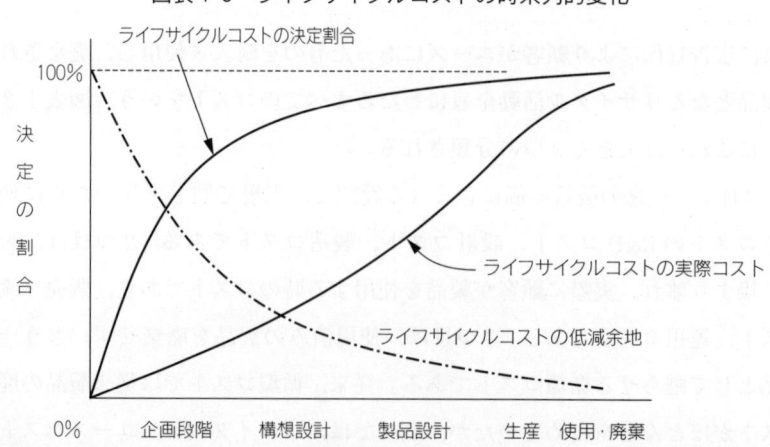

重要性はまさにこの段階である。

　また，環境という側面から，ライフサイクルコストを見直してみると，コストダウン余地も非常に大きく残されている。たとえば，リサイクルやリユースの必要性から分解性を考慮して設計することで，組立ラインの生産性向上につながるなど，今までにない観点から改善アプローチが発見できる。

　ライフサイクルコストをシステマティックに改善するには，ライフサイクルコストを管理するマネジメントシステムが必要であり，それが原価企画である。

（3）原価企画の定義

　原価企画は，1960年代に自動車業界ですでに実践されていた。当時の原価企画活動は，既存品を対象にしたVEによる材料費の原価低減活動が中心であった。その後，開発・設計段階で製品の目標原価を設定し，それを達成することにより製品に関する原価を低減するマネジメントシステムとして位置づけられている。

　製品開発のステージは，製品企画，構想設計，基本設計，詳細設計，製造準備へと進んでいくが，各ステージで"Plan–Do–See"のマネジメントサイクルを回すことが原価企画の基本である。ここで，"Plan"は「目標売価の設定から始まる目標原価の設定活動」，"Do"は「目標原価を達成するための代替案の検討」，"See"は「代替案を採用した場合の原価見積とコストダウン成果のチェック」である。このマネジメントサイクルを回すために原価企画部門では，次に示すように多種多様な業務を実施している。

原価企画の業務内容

・原価目標の設定と計画書のまとめ　　・受注可否判断・設備投資可否判断
・開発部門との調整　　　　　　　　　・原価見積
・購買部門との調整　　　　　　　　　・実際原価計算
・設計部門との調整　　　　　　　　　・経営管理情報の提供
・生産技術部門との調整

また最近では，原価企画を原価管理の側面からのみとらえるのではなく，全社的な利益管理の一環としてとらえる傾向がみられる。さらにライフサイクルコストまで対象にすると，製品を生むためのコストもさることながら，環境問題も含めた製品の使用時のコスト・循環コストへのウエイトが増大していくのは間違いない。原価企画の範囲もおのずとこれに合わせた範囲が必要になる。そこで本書では，原価企画を次のように定義しておこう。

　原価企画とは，「中・長期利益計画で必要とされる目標利益を所与の市場環境条件の中で達成するために，顧客の要求を満たす品質・機能・価格・納期・環境などの目標ならびに目標原価（目標投資額を含む）を決定し，対象製品の要求品質・納期・環境負荷低減を満たしながら，企画段階から始まるライフサイクルの全活動にわたって，目標を達成するように取り計らう全社的活動」である。

1-2 環境問題に対するもの作りの変化と対応策

現在，行政・マスコミで取り上げられている環境問題には，"地球の温暖化"，"森林の減少・劣化"，"エネルギー資源の枯渇"，"廃棄物処理問題" などがある。

ここで，廃棄物処理問題に目を向けて，この問題に対する対応策について考えてみよう。

(1) 地球が抱えている環境問題

わが国では，平成元年度以降毎年年間約 5,000 万 t の一般廃棄物が排出され，平成 8 年度は，総排出量 5,115 万 t（東京ドーム 138 杯分，平成 7 年度 5,069 万 t），国民 1 人 1 日当たり 1,114 g（平成 7 年度 1,105 g）と微増している。また世界的にみると，OECD 加盟国の一般廃棄物の排出量については図表 1-4 に示すように，1980 年以降ほとんどの国で増加傾向にある。

このなかでも，排出量の最も多いアメリカでは，約 17 年間の伸び率は 1.38 倍で，続いて多い日本では 1.15 倍，カナダでは 1.17 倍であり，日本のみならず廃棄物の排出量は，世界規模での問題であり，いずれ最終処分場の問題へと発展していく。

環境基本計画では，現在の経済社会システムにおける物質の循環を促進し，環境への負荷を低減させていくため，第 1 に廃棄物の発生抑制，第 2 に使用済み製品の再利用，第 3 にマテリアルリサイクル（回収したものを原材料としてリサイクル）を推進している。さらに，リサイクルが技術的に困難であったり，環境への負荷の程度等の観点から適切でない場合には，エネルギーとしての利用（サーマルリサイクル）も推進している。このように高度なリサイクルは，廃棄物処理や資源の有効利用に関しては効果的に機能することが予想できる。しかし，現在のリサイクル活動は，ゴミ処理の代替手段としてリサイクルを行おうとするものが中心である。これは，広い範囲で適用できる材料レベルのリサイ

図表1-4　先進国の一般廃棄物の排出量推移

(単位：1,000トン)

国　名	1980	1985	1990	1997
カナダ	12,600	—	18,110	14,740
アメリカ	137,568	149,189	186,167	190,204
日本	43,995	43,450	50,441	50,536
オーストラリア	—	—	3,204	4,110
フランス	—	—	26,220	28,800
イタリア	14,041	15,000	20,000	26,605
ルクセンブルク	128	131	224	193
ノルウェー	1,700	1,900	2,222	2,721
ポルトガル	1,980	2,350	3,000	3,800
スペイン	10,100	10,600	12,546	15,307
スウェーデン	—	—	3,200	3,200
スイス	2,790	3,388	4,092	4,277
イギリス	—	—	—	28,000
ポーランド	10,055	11,087	11,098	12,183

資料：「OECD ENVIRONMENTAL DATA 1999」より環境庁作成。

クルが中心になっている。このアプローチを進めていくと，

① リサイクル材はバージン材に比べて価値や品質が低下する。
② 資源の回収量によりリサイクル材の供給量が変動する。
③ リサイクル材の前処理，分別や材料への再生にエネルギーやコストを必要とする。

などの問題が生じ，いずれ限界に達してしまう。したがって，廃棄物処理の発想から脱却しなければ，地球環境保全は解決できない。

（2）逆工場による循環型製品ライフサイクルの実現

　前述したように廃棄物問題は，われわれの想像以上に深刻化している。そこで，1日も早くこの地球環境の現実を見つめて理解を深め，人類がこの環境をどのように守りながら，またどのように共生していけばわれわれの豊かな未来

が開けるのか，もの作りの立場から考えてみたい。

■ 従来の製造業の問題点

　従来の製造業は，使い捨て製品や製品寿命の短い製品を大量に生産し，販売することで企業の収益を向上させていた。大量生産・大量消費・大量廃棄システムにより，メーカーサイドでは製品価格に対するコストダウン努力は徹底されているが，製品を作って売ってしまえば，あとは責任をもたないというのが今までの考え方である。消費者にとっても，今もっているものに特に不満をもつわけではないが，つい新製品のキャッチフレーズに誘われて購入してしまうケースが増える。たとえば，現在ブームであるIT（情報技術）に欠かすことのできないのがパソコンのハードウェアとソフトウェアである。これらは，約3ヶ月〜半年の短いサイクルで新しい機種のパソコン，バージョンアップされたソフトウェアが発売されている。

　これらから言えることは，大量生産・大量消費・大量廃棄システムが，メーカーサイドの利潤追求により製品自体の寿命を短くして，材料調達から製造・廃棄までのすべての段階にわたり環境負荷への増大をはかり，地球環境に悪影響を及ぼしているのである。

■ 今後の製造業の課題

　これらの課題を解決するには，大きく2つのアプローチが必要である。1つは，製品の材料調達から廃棄までを考えた，循環型製品ライフサイクルの実現である。これは，廃棄物の排出を当然のこととしている従来の産業構造を，すべての廃棄物が利用できる組合せ構造に転換することであり，自然のシステムには廃棄物がないのと同様のコンセプトである。これを実現するには，技術面において従来の設計・製造技術に加え，環境技術が必要になってくる。

　もう1つのアプローチは，モノからサービスへの価値の転換である。

　工業製品には，所有する満足感，見た目の美しさなどの魅力機能と製品の使用機能がある。使用機能に着目すれば，顧客満足を得るものが必ずしも新品で

ある必要はない。製品により提供される新しいサービスによって顧客満足が満たされるように価値を転換すればよいのである。このサービスには，故障が生じた場合の修理保証，顧客の要求が変化した場合の機種変更保証，より高度な製品が製造された場合のアップグレード保証などが考えられる。つまり，製品を販売するための付帯サービスから，サービスを売るために製品を無料で付けるという価値の転換である。このとき製品の所有者は製造メーカーなので，製品の不法投棄が減少し，製品の再生産，部品の再利用が容易になり，循環型製品ライフサイクルの実現に結びつく。

今後の製造業は，製品を作り，それを市場で売れば終わりといった一方通行型の経営では許されない。

(3) 循環型製品ライフサイクルの全体像

企業が製品を生産して，顧客がニーズにあったものを購入し，ある一定期間使用したあと廃棄してしまう今までのやり方を繰り返している限り，環境負荷の少ない廃棄物の出ないシステムは不可能である。そこで，一方通行の流れではなく，図表1-5のように循環する製品ライフサイクルを考えてみよう。

図表1-5 循環する製品ライフサイクル

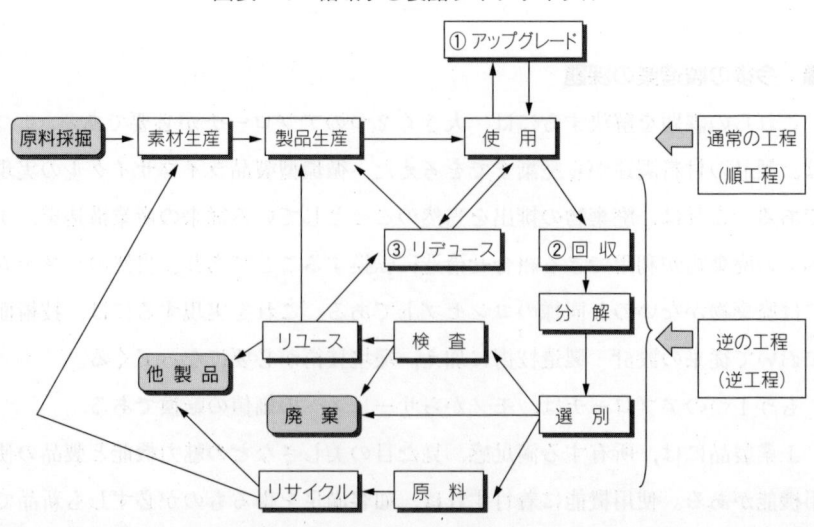

部品を作るための素材は，地球内部や表面に存在する原料を採掘し生産する。工場ではこの素材を購入し，加工・組立し，付加価値をつけながら製品へと形を変えていく。そして市場に出た製品を顧客が購入し使用するというのが通常の工程（順工程）である。循環する製品ライフサイクルでは，使用の工程のあと大きく3つの流れ（逆工程）を考えている。

1つ目はアップグレードで，製品の機能的寿命が来てしまったものに対し，バージョンアップをしていくものである。製品本体をベースに顧客のニーズに対し，モジュール化・ユニット化にて製品の改良を行って長寿命化を推進していくものである。

2番目は，回収への流れである。回収には，法規制により管理されているもの，業者が新品との交換時に引き取るものなどさまざまな形態がある。ここでは，システム化された方法で回収されることを想定し，集められた製品をユニットレベル・部品レベルへと分解して選別を行う。選別されたものは，検査を必要とするリユース品，原料などのようなリサイクル品とそれ以外の廃棄品へ分かれる。リユースされるものは同じ製品の生産ラインへ戻されるものとリデュース（修理）をしてから戻されるものがある。また，同じ製品に使うことが品質上の問題で難しく他製品へ転用するものもある。選別の結果，原料への使用と判断されたものはリサイクル品になり，素材の生産工程へと送られる。

使用の工程の3番目は，リデュースの流れである。これは，製品の使用上で何かトラブルがあった場合の顧客への保守対応である。リデュースを進めるにあたり，保守部品については，図表1-5で示すように回収ルートで修理された部品を使用するケースも考えられる。

製品ライフサイクルをこのように循環させることで，投入する原材料の量や廃棄される量が現状よりはるかに少なくてすむことになる。このような循環生産システム構築のアプローチが「逆工場」であり，今後の製造業のあるべき姿である。

（4）循環型製品ライフサイクル実現への課題

循環型製品ライフサイクルを実現するには，順工程と逆工程を一体のシステムとして最適化する必要がある。代表的な工場管理システムである，生産管理，品質管理，物流管理，原価管理などを新たに構築するシステム改革がともなわなければならない。以下にその検討項目例を述べる。

■ 生産管理の観点

生産管理の観点から見ると，回収数量の見通しが立たなければ生産計画の立案すらできない。回収数量をカウントしてはじめて原材料の確保量がわかるようでは，バージン原料材が発注できない事態になってしまう。この対応には，ITの活用により製品の使用状況をメーカーサイドで把握し，事前に回収数量を予測するシステムが必要になる。

■ 品質管理の観点

品質管理の観点からは，統計的品質管理の手法や源流管理が役に立たなくなる。統計的品質管理手法は，サンプリングデータにより母集団を推定するが，回収品の使用状況は千差万別で母集団が異なるので，統計的理論は成り立たなくなる。この対応は，全数検査に基づく一品保証を品質管理システムとして組み込み，回収品の品質データベースを構築していかなければならない。

■ 原価管理の観点

原価管理の観点からは，順工程，逆工程というサブシステムの採算性の問題ではなく，循環型製品ライフサイクル全体の採算性を考えなければならない。そのためには，原価計算の期間を決算期間からライフサイクル期間に変更するなど会計処理システムの変更が必要になる。

また，製品設計の観点からは，順工程と逆工程の相互のコストダウンを狙う必要がある。その技術要素には，「規格化・標準化」，「分解性設計」，「構造の単純化，部品減，軽量化」などがある。これらは順工程と逆工程の両方に影響

する要素であり，製品ライフサイクル全体を考えた設計がコストダウンにつながる。

■ 物流管理の観点

物流管理の観点からは，コストをかけて製品を回収するのではなく，おのずから製品が循環するようなシステムを構築しなければならない。それには，消費者として企業・業界として社会として回収費用の負担を考えなければならない。

法規制では，年々増加の一途をたどる廃家電製品に対応するため，1998年に成立した「特定家庭用機器再商品化法」（家電リサイクル法）が2001年4月から施行された。当初は主要廃家電製品である冷蔵庫，テレビ，エアコン，洗濯機の4品目が対象とされている。この他にもパソコンなどでは業界の自主的取組みを中心としたリサイクルの動きが進行しており，廃家電製品のリサイクルを取り巻く社会的基盤は次第に整えられつつある。家電リサイクル法に先駆け，M社では4製品の廃棄時における消費者の負担額を新聞紙上で発表した。その価格は，洗濯機2,400円，テレビ2,700円，エアコン3,500円，冷蔵庫4,600円となっている。M社以外の各メーカーもほぼこの価格に沿った設定をしている。

このような動向を踏まえて，企業としては物を移動する物流（ロジスティクス）システムが必要になる。

以上のように循環型製品ライフサイクルでは，単にリサイクル工程を作り上げるというだけではすまず，Q（品質）・C（コスト）・D（納期）のすべてにわたって新しいシステムを構築し変革していく必要がある。さらに，「循環型社会形成推進法」などの環境規制でも循環型製品ライフサイクルの実現を提唱しているので，規制の内容を次に述べる。

1-3 環境法規制等によるコスト管理の必要性

　われわれが毎日お世話になっている家電製品の普及率と保有台数は年々増加し続けている。増加の一途をたどる廃家電製品に対応するため，1998年に成立した「特定家庭用機器再商品化法」(家電リサイクル法)が2001年4月から施行されるなど，法的規制が緩和されている時代に環境問題に対する規制は強化されている。環境問題の重要性を考えると，この傾向はさらに拡大することが予測できる。

　企業経営としては，規制の制定を待って事後的に対処するのではなく，規制を先取して効果的に対応することが重要となる。

(1) 家電リサイクル法とコスト管理の関係

　ここで，前述した法規制のなかで特にわれわれの日常生活に関係の深い，特定家庭用機器再商品化法(家電リサイクル法)を例にして法規制と企業が行わなければならないコスト管理について考えてみる。

　家電リサイクル法では，次の4つの義務化を提唱している。

・メーカーに廃家電の引き取り義務
・メーカーにそのリサイクル(再商品化)義務
・消費者に廃家電の引き取りコストの負担義務
・管理票を発行し確実な運搬を確保

　この法規制は企業への命題として，リサイクルしやすい家電製品の生産を推進させるものであり，これを実行するには大きく2つのキーポイントがある。1つは，再商品化を行っていくためにリサイクルを推進する"環境技術開発"であり，もう1つは，リサイクルを円滑に進めるための"社会システムの充

実"である。これらは，どちらが欠けてもうまくいかず自動車の両輪のように，両方がうまくかみ合ってはじめて目的を果たせるものである。

　環境技術開発とは，再商品化を行うにあたり環境への影響を重視した環境適合設計（DFE：Design For Environment）のことであり，この推進が重要である。環境適合設計では，製品，工法，廃棄時の再利用など広範囲の環境影響を評価する必要があるが，特に製品のリサイクル性を重視する設計をリサイクル設計（Design For Recycle）と呼んでいる。

　家電リサイクル法の再商品化にスポットを当てると環境適合設計のライフサイクルプロセスのなかで特に分解・再使用が重要になってくる。企業サイドで考えると，これらに直接大きく関わってくるのが，設計者であり生産技術者である。それは，分解・再使用を簡単にしかも楽に行えるかをいかに製品構造に織り込めるかが設計者であり，組立や分解作業のやりやすい工程設計を行えるのが生産技術者なのである。したがって，製品開発計画のなかに，製品環境評価のプロセスを組み込むことが必要であり，製品のQ（品質），C（コスト），D（納期）とともにE（環境）の面もコンカレント（同時並行）に検討することが重要である。

　再商品化について環境配慮とコストの関係を見てみる。図表1-6のように，再商品化は，環境配慮面ではまずリサイクルが必要になり，その詳細項目を一部ではあるが図に表してある。リサイクルを進めるうえで重要なのが，回収された製品を分離・分解することである。ここで，コストに関わってくるのが前処理や分離・分解時間であり，これらは製造原価の加工費にあたり，工程設計のやり方でコストが決まってしまう。それを左右しているのは，製品設計であるのは言うまでもない。次に，製品ユニット・部品の長寿命化を考えてみる。これは，回収されたユニット・部品の製品寿命を1ライフ（一度回収したら終わり）ではなく，品質的に問題がなければ2ライフ以上とし，新規投入ユニット・部品のコストを抑えていこうというものである。これによって，製造原価の材料費の発生や加工費も抑えることができる。これには，回収されたユニット・部品の寿命の見きわめに大切な品質保証の検査の新たな問題はあるが，製

第1部　原価企画とは何か

図表1-6　環境配慮とコストの関係

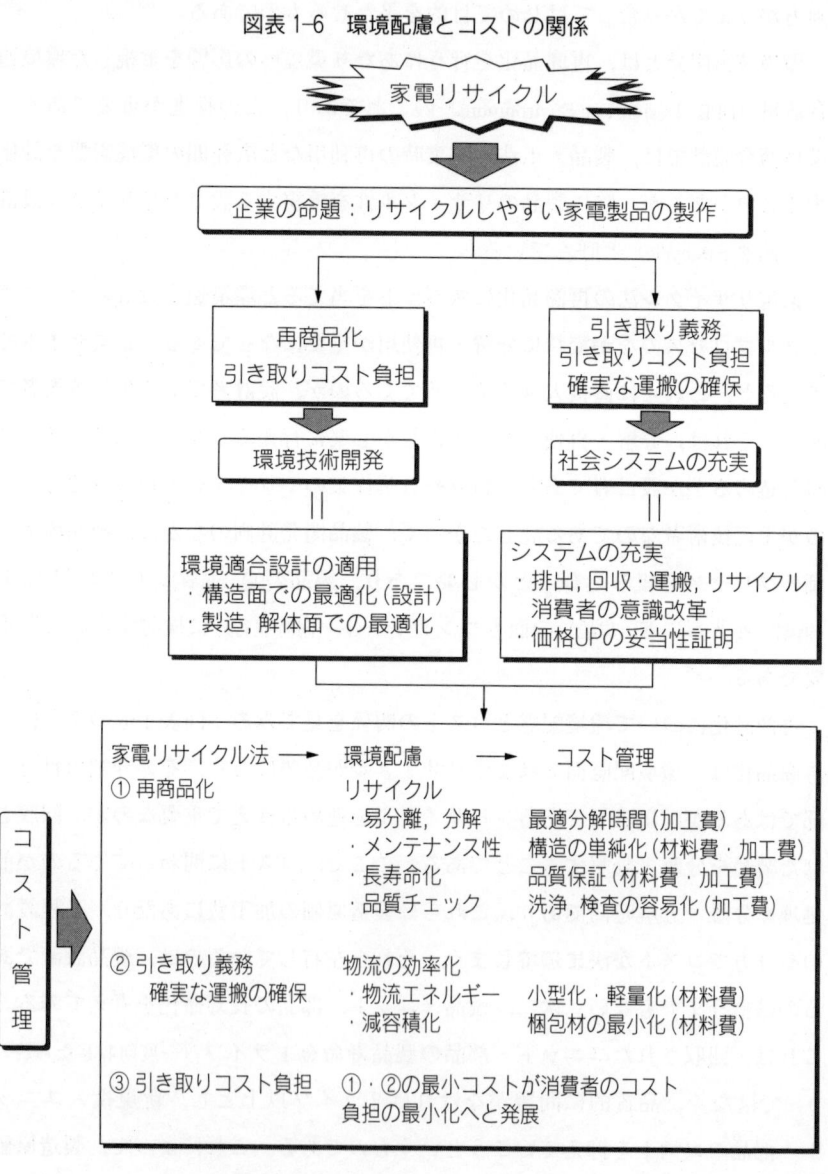

造原価の6～7割を占める材料費にとっては有力な対策である。

　一方，家電リサイクル法を円滑に行うための社会システムの充実について考えてみる。これは，メーカーに廃家電の引き取りを義務化することと消費者に引き取りコスト負担を義務化することにより実現しようとしている。法規制なので，強制力があり従わねばならないが，ライフサイクルプロセスのなかでは流通・回収の部分である。環境配慮面では，物流の効率化にともなう物流エネルギーの効率化・減容積化が大きく関わってくる。これをコスト管理面でみると，物流エネルギーの消費を抑えるには，製品の小型化・軽量化が必要でありこれらは主に設計者の製品機能を追求した最適な構造に依存するところが多い。また，製品を運ぶ際の梱包材も最小限必要な大きさの追求を行い，積載効率のアップと材料費の低減を進めなければならない。

　消費者の引き取りコストの負担義務については，コストが安いことが望ましいが，これは"環境技術開発"と"社会システムの充実"を満足させる環境配慮を考え，さらに最適コストとは何かを追求していけば，おのずとよい結果が得られるはずである。

(2) グリーンコンシュマーの台頭

　製品が売れるというのは，ユーザーが製品に何らかの価値を見出し，多くの種類のなかより自分に一番合ったものを選び出した結果である。たとえば，乗用車を購入する場合の価値判断は，操作性・加速性・乗り心地・スタイル・色・定員数……などである。環境問題を考えた場合，解決の方法はいかにユーザーの価値判断のなかに環境負荷低減の内容を織り込めるかということがキーになってくる。この1つの手がかりとして，経済社会システムを循環型社会に変えていく"グリーン購入"について考えてみる。

■　グリーン購入とは

　"グリーン購入"とは，市場に供給される製品・サービスのなかから環境への負荷の少ないものから優先的に購入することによって，これを供給するメー

カーの環境負荷低減への取組みに影響を与えていこうとするユーザー1人1人の消費行動である。図表1-7は，わが国の複数の民間団体で構成されたグリーンコンシュマー全国ネットワークが提唱した「グリーンコンシュマー10原則」である。

このなかで，④の"エネルギー消費の少ないもの"があるが，家電メーカーの過去からの技術努力による消費電力量の低減の推移を見てみる。図表1-8は，冷凍冷蔵庫・カラーテレビ・エアコンの消費電力の推移である。1973年当時の消費電力量を100としたときの1994年現在の消費電力を指数で表している。

図表1-7　グリーンコンシュマー10原則

```
① 必要なものを必要なものだけ買う。
② 使い捨て商品ではなく，長く使えるものを選ぶ。
③ 包装はないものを最優先し，次に最小限のもの，容器は再使用できるものを選ぶ。
④ 作るとき，使うとき，捨てるとき，資源とエネルギー消費の少ないものを選ぶ。
⑤ 化学物質による環境汚染と健康への影響の少ないものを選ぶ。
⑥ 自然と生物多様性を損なわないものを選ぶ。
⑦ 近くで生産・製造されたものを選ぶ。
⑧ 作る人に公正な分配が保証されるものを選ぶ。
⑨ リサイクルされたもの，リサイクルシステムのあるものを選ぶ。
⑩ 環境問題に熱心に取り組み，環境情報を公開しているメーカーや店を選ぶ。
```

出典：グリーンコンシュマー全国ネットワーク「グリーンコンシュマーになる買い物ガイド」

図表1-8　冷凍冷蔵庫・カラーテレビ・エアコンの消費電力の推移

製　品	1973年		1994年	
	消費電力	指　数	消費電力	指　数
冷凍冷蔵庫	79.6 kWh/月	100	27.0 kWh/月	34
カラーテレビ	140 W	100	80 W	57
エアコン	847 W	100	472 W	56

・冷凍冷蔵庫：2ドア170Lクラス
・カラーテレビ：19, 20インチ
・エアコン：セパレート型エアコンディショナー

出典：(財)省エネルギーセンター「省エネルギー便覧97年版」，1997年5月

各製品とも消費電力は約20年間で半減し，なかでも冷凍冷蔵庫は3分の1になっている。

　このように，グリーンコンシュマー10原則にメーカーがこれまでに努力してきたことも含まれているが，多くは企業としてまだこれから取り組まねばならない問題が多い。

（3）環境法規制への対応はエネルギー効率の改善

　「家電リサイクル法」，「グリーン購入法」への技術的対応の1つに，エネルギー効率の向上がある。先の，冷凍冷蔵庫・カラーテレビ・エアコンの消費電力は向上しているが，製品としてのエネルギー効率はどのくらいであろうか。自動車のエンジン効率は30～35%程度であるといわれ，65～70%のエネルギーは全部無駄になっている。

　エネルギー効率を2倍にすれば，消費されるエネルギーは，その分だけ減少するので省エネルギーになり，同時に汚染物質も減る。効率の向上した分，小型化できるのでコストダウンになり，騒音も少なくなるであろう。このようなエネルギーの効率を改善するための有効な技術として品質工学がある。

■　品質工学とは

　品質工学は，品質を金額で評価し，品質レベルの経済的評価を行う手法であり，米国ではタグチ・メソッドの俗称で呼ばれている。品質工学では，品質を製品が出荷後に社会に与える損失であるとして，次のように定義している。

> 品質＝（機能のばらつきによる損失）＋（使用コスト）
> 　　　　＋（機能に関係のない弊害項目による損失）

　上記算式における機能を品質工学ではエネルギーの入出力関係（エネルギーの変換）として表している。図表1-9のようにエネルギーの入出力関係は，そこに無駄がなければ，入力が2倍になれば，出力も2倍になるという足し算の

図表1-9 エネルギーの入出力関係

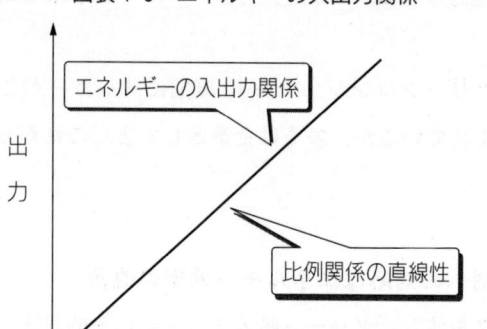

関係になる。このような入出力関係は，技術の働きの根本を示しているので，ここで評価した結果がよければ，その結果はそう簡単には変わらないことが期待できる。

しかしながら，実際にはこうした考え方はほとんど用いられることがなく，故障とか振動現象，あるいは摩耗のような顧客の要求を示す，消費者品質を用いることが多い。もちろん，こうした消費者品質は，顧客としてはきわめて重要な品質特性である。しかし，実際には入力されたエネルギーが，本来の機能のためにうまく使われず，余剰エネルギーが副作用として消費されてしまうことから，その結果として発生してくる不具合現象なのである。その結果，不具合現象を押さえるために過剰機能や過剰品質の製品が生まれてくるのである。

さて，品質工学はコストを上げずに，これらの損失やコストを引き下げるべく製品設計や生産設計を行うが，そのために2つのアプローチがとられる。それがパラメータ設計と許容差設計である。

■ パラメータ設計と許容差設計

これは，品質をばらつかせるノイズ（誤差因子）そのものを減衰させ，ノイズに強い安定設計を行う方法である。すなわち，製品や部品が製造上の諸変数の影響を受けることなく，製品を容易にかつ低コストで設計し，出荷後の製品

の性能が，環境条件や劣化によって左右されないように改善するアプローチである。このパラメータ設計は，要素技術の開発段階で特に有効である。

　パラメータ設計により安定設計水準が決まったあとで，使用部品のばらつきが結果的に機能に影響を与えている場合は，使用部品のグレードを検討したり，選別したりして，ばらつきを減らすことができる。しかし，これにはコストがかかるから，ばらつきの減少による損失の減少との兼ね合いが問題になる。これを考えるのが許容差設計である。つまり，グレードの異なる部品や材料について品質とコストのトレードオフ評価を行い，どのレベルを目指して設計していくかを選択するものである。

　以上が品質工学の概要であるが，現在日本で品質工学を国際的に貢献可能なISOとして提案する活動が展開されている。今後の動向が注目されるとともに，環境対応技術の重要な柱である。

1-4 企業の積極的な環境コストへの取組みの必要性

環境問題に対する法規制やもの作りの変化に対応するには，企業内部の変革が必要である。それには産業活動に環境保全への取組みを内部化し，製品やサービスも含めて環境への対応を経営戦略として具体化する必要がある。これらを"環境経営"と呼ぶが，原価企画との関係を考えてみよう。

（1）企業による環境経営への取組みと原価企画

環境経営は，「収入－費用＝利益」を向上させるという企業経営において，環境に配慮しながら持続的発達を指向する経営である。環境経営の取組みには，最低限の仕組みとして環境関連の規制を遵守するレベルから，積極的に持続的発達を狙うレベルまである。環境経営を積極的に展開すると，コストダウンや経営革新により，競争優位性の確保につながるであろう。

環境経営のレベルは，図表1-10の5つに分けられる。

この環境経営のレベルに対応する原価企画の重点実施項目とそれにともなうシステムと必要なデータベースを整理したものが図表1-11である。

図表1-10　環境経営のレベル

レベル		内　容
Ⅴ	持続発展型	環境保全を社会的責任と考え持続可能な企業経営の重要な要素と位置づけている
Ⅳ	機会追求型	環境保全を事業戦略に取り入れビジネスチャンスとして捉えている
Ⅲ	予防対応型	規制対応型を一歩前進させて，積極的に環境保全の要請を先取りし予防的に対策を講じている
Ⅱ	規制対応型	環境保全に関する政府の規制や社会の要請に追随する形で対策を講じている
Ⅰ	現状思考型	環境保全に対する取組みが確立されていない

第1章　社会環境の変化と原価企画の意義

図表1-11　原価企画のレベル診断

レベル	重点活動実施項目	システム	データベース
V 持続発展型	□環境保全を社会的責任と考え，持続可能な戦略的長期的視野の原価企画の実施 □海外調達，海外生産を含んだ原価企画 □技術開発計画と関連づけた製品別・ライフサイクル別の目標利益の確保と利益改善	□環境マネジメントとライフサイクルコストの一元化 □LCA評価システム □海外生産拠点での原価管理と一元化 □ライフサイクルコストの各フェーズでの目標原価の設定	□環境マネジメントシステムに基づくデータベース □LCA算出の定性的・定量的データベース □海外生産を含めたライフサイクルコストの各フェーズでの算定データ　調達・製造・流通・リサイクル・廃棄コスト等
IV 機会追求型	□環境保全を事業戦略に取り入れ，ビジネスチャンスととらえた原価企画の実施 □中長期の利益管理に結びつく原価企画の実施 □製品のコンセプトの設計から初期流動段階にわたる範囲 □コンカレントエンジニアリングの実施	□ライフサイクル全体の環境負荷と最適原価のシミュレーション □予算管理と原価管理との連動 □CADと品質工学・工程設計が連動し，環境負荷を加味した見積シミュレーション □開発設計者支援システムを駆使したダイナミック原価企画	□品質工学を適用したライフサイクル設計データベースの確立 □理想目標原価のデータベース □各種コストテーブルの充実とメンテナンス □機能別コスト □概算見積
III 予防対応型	□環境保全の要請を先取りし予防的に対策を講じる原価企画の実施 □開発設計の中後期において目標原価を達成 □原価企画の展開プロセスを組織的に実施	□製造・使用段階を中心とした環境負荷と最適原価のシミュレーション □全社を対象とした原価企画システム □目標原価の設定や細分化と達成率管理 □開発設計者支援システム（PDM）の構築	□製造・使用段階の環境負荷データベースの確立 □詳細見積データベース　単価・レート・消費量・時間の見積精度が高い □環境適合設計の要素技術確立
II 規制対応型	□環境保全の法規制や社会の要請に追随する形で対策を講じる原価企画の実施 □開発設計の中後期において目標原価を達成 □原価企画の展開プロセスの確立	□製造段階を中心とした環境負荷と最適原価のシミュレーション □部署レベルでの原価企画構築と目標原価の明示 □原価企画の展開プロセスに基づくVE支援	□製造段階の環境負荷データベースの確立 □類似見積データベース　見積データの標準化が進み共同利用が一般化 □VE情報の整備　標準化・共通化の整備が進み，編集設計の実施
I 現状思考型	□環境保全に対する設計思考が確立されていない □開発設計の中後期における試作品などが中心 □開発設計者のVE思想，機能思想の教育	□性能目標や日程目標の確保で精一杯 □開発設計者等を対象とした実践的VE教育の実施 □見積方法は見積者の熟練に依存	□環境負荷に関する情報のデータベースが未整備 □見積データの標準化が未整備 □製品，ユニット，部品材料の標準化が未整備

■ レベルⅠ：現状思考型

　このレベルの原価企画は，開発設計者にVE思想，機能思想の教育を実施しながらの，開発設計の中後期における原価低減活動である。希望的目標は示されるが，納期，品質目標の確保が精一杯であり，大きな成果は期待できない。

　原価見積データの標準化が未整備のため，原価見積は経験者の熟練に依存している。さらに，製品，ユニット，部品，材料の標準化も未整備の状態である。このレベルは，最も遅れたレベルであり早急なコストと環境に関するデータベースの整備が望まれる。

■ レベルⅡ：規制対応型

　このレベルの原価企画は，設計開発の中後期において目標原価を達成し，原価企画の展開プロセスが確立し，"Plan→Do→See"のサイクルが回り出した状態である。このレベルでは，製造段階を中心としたシステムとデータベースの整備が中心である。

■ レベルⅢ：予防対応型

　このレベルの原価企画は，設計開発の中後期において目標原価を達成し，原価企画の展開プロセスを組織的に実施しているレベルである。このレベルでは，製造・使用段階を中心とした環境負荷データの確立と全社を対象とした原価企画による詳細見積を中心とした目標原価の設定や達成率管理の確立である。

■ レベルⅣ：機会追求型

　このレベルの原価企画の実施にあたっては，中長期の利益管理に結びつく原価企画の実施と範囲は製品コンセプトの設計から初期流動段階にわたる。また，ライフサイクル全体の環境負荷と原価の最適シミュレーションを行い，予算管理と原価管理を連動させたシステムの確立である。

　平成12年度の環境白書によれば，環境（エコ）ビジネスの市場規模は，1997年で24兆7,000億円となっており，わが国の国内生産額の2％強を占めると

推定されている。2010年時点の将来予測は，39兆8,000億円となり，約1.6倍になると予想している。また，雇用規模については，1997年に69万5,000人であり，2010年時点では86万1,000人に増加すると推計されている。

■ レベルⅤ：持続発展型

　このレベルの原価企画は海外調達・海外生産を含んだものであり，技術開発計画と関連づけた製品別・ライフサイクル別の目標利益と利益改善を行うものである。環境面においても，環境マネジメントシステムとライフサイクルコストの一元化ができており，それらにともなうデータベースも充実している。また，LCA（Life Cycle Assessment）の評価も定性的・定量的に算出でき，各種データベースも確立されている状態である。

　以上のような体系を基準として，企業の現状レベルの把握を行い，各レベルに対応する活動実施項目の早急な実施と，システムとそれに必要なデータの整備を行い，レベルⅤの持続発展型への挑戦が必要である。

（2）環境保全コストへの取組みの必要性

　これからの企業経営において環境経営と原価企画は密接な関係があり，企業としては両者のバランスのとれた管理が必要となってくる。ここで，具体的に環境負荷を低減する対応に対し，従来の環境を意識しないライフサイクルと環境対応のなかでもいくつかのモデルのライフサイクルをシミュレーションした興味ある結果を紹介しよう。

　シミュレーションの結果は，図表1-12のようになっている。対象製品は，洗濯機や冷蔵庫のような家電製品で，5種類のライフサイクルモデルを設定している。①の従来型は，従来のライフサイクルで環境面の配慮がないタイプである。②の保全・開ループ型は，消費者はメンテナンスをして製品を使い続けるが，交換部品は廃棄をしてしまう，使い捨てのタイプである。③の保全中心型閉ループは，製品をメンテナンスしながら使い続けて製品を廃棄せず，廃棄されたモジュールをリユースするタイプである。④のリサイクル型は，閉ルー

図表1-12　シミュレーション結果

(単位：％)

	モデル	売上高	利益	廃棄物量	環境負荷	エネルギー消費
①	従来型	100	100	100	100	100
②	保全・開ループ型	75	66	43	58	114
③	保全中心型閉ループ	93	86	9	21	81
④	リサイクル型	100	82	80	84	100
⑤	リユース型	111	81	57	65	98

梅田　靖「インバース・マニュファクチャリング」(一部修正)

プ・リサイクルを行うタイプであり，⑤のリユース型は，廃棄製品のリユースとリサイクルを行うタイプである。

　横軸は，シミュレーション結果であり，売上高・利益・廃棄物量・環境負荷・エネルギー消費について①の従来型を100の基準とし，それぞれの相対値で比較している。売上高の100はメンテナンスを行わない場合の〔販売台数〕×〔価格〕であり，メンテナンスを行う場合はこれにメンテナンスコストの合計を加えた値になる。また，売上高は顧客の総負担額を表し，利益がなるべく大きく，売上高ができるだけ小さい方がよいライフサイクルであると考えられる。上記の結果より，③の保全中心型閉ループの特徴として次のことがいえる。

- 廃棄物量（9％），環境負荷（21％）と大幅な削減
- 企業の利益も従来型以外では，86％と最も減少率が少ない
- 顧客負担の売上高が93％と約1割減少
- エネルギー消費量も81％と約2割減少

　また，環境負荷について④のリサイクル型(84％)と⑤のリユース型(65％)を比較すると，リユース型の方がリサイクル型の約4分の3で環境負荷が小さい。売上高については，リサイクル型が100％・リユース型が111％であり，リサイクル型の方が顧客の負担が少なく有利であることを示している。②の保全・開ループ型の廃棄物量を見ると43％となり，①の従来型の半分以下でメ

ンテナンスの重要性を示している。

　従来，廃棄物量・環境負荷・エネルギー消費量の削減などの環境保全にはコストがかかり，企業の目的である利益の追求とは相反するものと考えられていた。しかし，これらのシミュレーション結果は，これらを両立させることが可能であることを示している。また，これらの結果は，ただ単にリサイクル・リユースをむやみに推進すればよいというものではなく，保全（メンテナンス）を中心に閉ループのなかに，リサイクル・リユースなどの最適な組合せを考えながら推進する，循環型の製品ライフサイクルの実現を示唆している。

原価企画の目的と方向性

第2章

❖ POINT ❖

　会社の利益を向上させる原価低減（コストダウン）には，2つのアプローチがある。技術部門の原価低減は，コストリダクションと呼ばれ，製品別にコストダウン・アプローチをとる。この原価低減活動のマネジメントシステムとして原価企画を考えると，技術部門の原価管理システムと位置づけられる。

　この章では，環境経営に対応する原価企画の目的と方向性を"Plan→Do→See"の管理サイクルに沿って述べる。目標原価設定に考慮すべき改善余地分析，コストダウン手法の効率的な適用方法，技術段階のコストダウン評価法，環境保全コストの改善アプローチなど，基礎知識を整理してみた。

2-1 総合利益管理のための原価低減活動

　原価企画活動は，目標原価を設定し，それを達成することで利益を向上させる活動であるが，会社が儲かるということはどういうことであろうか。ここでは，財務の切り口から利益が出て儲かるということを考えてみよう。

(1) 会社が儲けるための対応策とは

　次は，財務の指数で最も代表的な3指標の関係を表した算式である。

財務の3指標

$$総資本利益率 = 売上高利益率 \times 総資本回転率$$

$$\frac{経常利益}{総資本} = \frac{経常利益}{売上高} \times \frac{売上高}{総資本}$$

　企業全体の収益性を表す最も有効な指数が，総資本利益率である。総資本利益率は，投下された総資本（負債＋資本）がどれだけ利益を稼ぎ出しているかを表す投下資本の利用効率を示し，売上高利益率と総資本回転率を乗じたものである。売上高利益率とは，売上に占める利益の比率であり大きいほど利益が出るという体質を表す。また，総資本回転率とは，調達した資金を使って，どれだけ売上を上げたかを見る指標で，通常 n 回転という単位で表す。比率が高いということは，資金が無駄なく流れていることを意味し，資金の節約が可能となって収益性を高めることになる。よく言われている在庫低減は，総資本回転率のアップに有効な手段である。このように，収益力を上げるには，売上高利益率のアップと総資本回転率のアップを両方行うことが必要であることが算式からわかる。

　それでは，売上高利益率をアップさせる方法を考える前に，損益分岐点分析より売上高と原価と利益の関係について考えてみる。損益分岐点とは，収入と

費用が等しくなるところ，つまり，採算点のことである。原価のなかには，売上高に比例して増減する材料費のような変動費と変化しない設備費のような固定費とがある。損益分岐点（図表2-1）は横軸に売上高または販売量を，縦軸に売上高と費用をとっている。

　原点から引いた45度の直線が売上高線になる。費用では，まず固定費額に相当する高さに横軸と水平な線を引くとこれが固定費線となる。固定費線の始点から，売上高に対する変動費の割合の角度で直線を引くとこれが変動費線になり，これは同時に総費用線を意味する。売上高と総費用線の交点が損益分岐点である。損益分岐点よりも売上高が大きくなると利益が生じ，少ないと損失が生じる。損益分岐点は利益と損失の分かれ目であり，損益が0の売上高である。つまり，損益分岐点に注目すると利益を上げるには，図表2-2の3つの方法が考えられる。

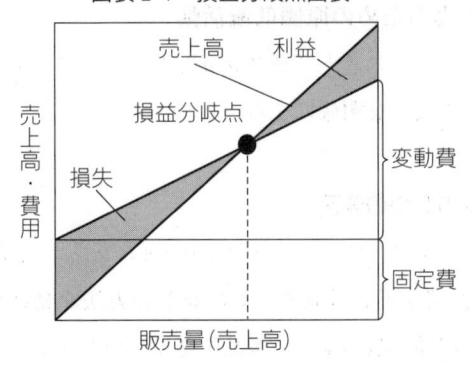

図表2-1　損益分岐点図表

図表2-2　会社が儲けるための対応策

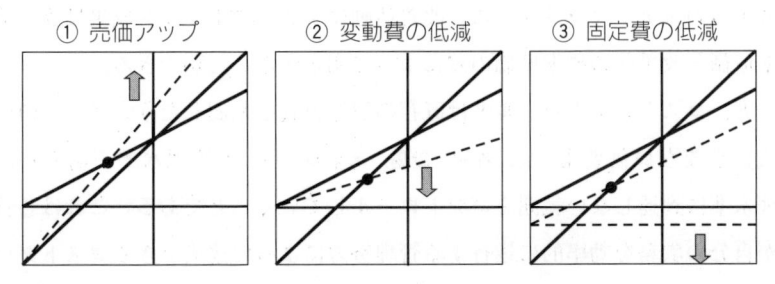

① 売価アップ　　② 変動費の低減　　③ 固定費の低減

① 売価アップ

　販売価格を上げると，利幅が増え同じ数量を販売すれば，利益の額は増大する。損益分岐点の位置が価格上昇前と比べて低くなる。

② 変動費の低減

　単位当たりの変動費を引き下げると，利幅が増え，利益が増大する。損益分岐点の位置が，変動費引き下げ前と比べて低くなる。

③ 固定費の低減

　固定費を削減すると，その分だけ費用が減り，利益が増大する。損益分岐点の位置が，固定費削減前と比べて低くなる。

　これら利益の向上策は売上高利益率をアップさせるが，そのなかで原価低減（コストダウン）による施策が②の変動費の低減と③の固定費の低減である。

（2） 利益管理手段のための原価低減活動

　原価低減の活動には，コストリダクションとコストコントロールの2つの側面があるので，この違いを明確にする。

■ コストダウンの2つの側面

　コストリダクションは，IEr（インダストリアルエンジニア）が新しい治具を工夫したり，QC担当者が不良低減のための新しい方法を発見したり，あるいは設計担当者がより部品点数の少ない製品を発見したりする，いわゆる「改善活動」のことである。それは，既存の原価レベルをより低いレベルへ低減するための1つのステップを意味する。改善活動によるコストダウン成果は改善前の標準原価と改善後の標準原価の差によって測定することができる。

　一方，コストコントロールとは既存の製造方式を是認したうえで，その製造方式に必要な原価要素（人，資材，設備，エネルギー）の管理水準を明らかにし，管理水準に到達しない範囲をコントロールしていくことである。これは各管理者が自分の職務を効率的に遂行する管理努力によって達成できるコストダウン

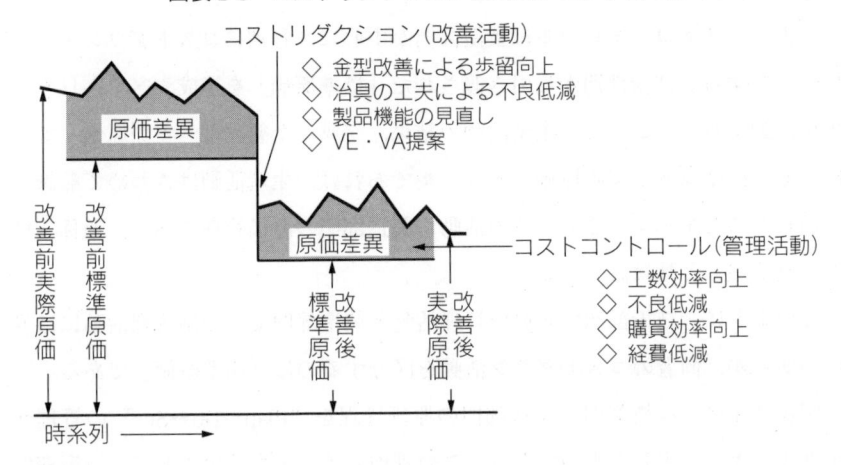

図表2-3　コストリダクションとコストコントロール

コストリダクション(改善活動)
◇ 金型改善による歩留向上
◇ 治具の工夫による不良低減
◇ 製品機能の見直し
◇ VE・VA提案

コストコントロール(管理活動)
◇ 工数効率向上
◇ 不良低減
◇ 購買効率向上
◇ 経費低減

活動である。言い換えれば「ムダ排除」のことである。ムダは標準原価と実際原価の差異であり，その差異は経営者に対して，原価が満足すべきものか否かを知らせるためのものである。

コストリダクションとコストコントロールの違いは，図表2-3のようになる。太線は実際原価を示し，斜線部分は標準原価と実際原価の差異を示している。コストダウン活動は標準原価を境に，改善活動と管理活動の役割分担を明確にするものである。

■　2つの原価管理

　原価企画による原価低減活動では，コストリダクションにより製品別にコストダウン・アプローチをとる。つまり，製品の目標売価から目標利益を差し引いて，いくらで作らなければならないかを示す「目標原価」を設定する。設計技術者は目標原価に近づける製品設計をし，生産技術者は目標原価に近づける工程設計をする。この結果，技術部門で人，資材，設備，エネルギーの4要素の最適な組合せを作る。最適な組合せができると，それが現在の技術での最低原価でありそれを，「標準原価」として設定する。この一連の活動が原価企画であり，技術部門の原価管理である。標準原価は達成が期待される原価として，

製造部門に引き渡される。

　一方，コストコントロールは製造部門が中心に工程別にコストダウン・アプローチをする。技術部門から引き渡された「標準原価」を達成すべく，日々の生産活動を行う。こうした生産活動の結果，完成した製品は「実際原価」で評価する。標準原価が実際原価とイコールであれば，生産活動はきわめて順調に行われたことを示す。この一連の活動が製造部門の原価管理であり，通称「標準原価管理」と呼ばれている。

　このように，技術部門での原価管理活動と製造部門での原価管理活動には違いがあるが，両者のコストダウン活動を区分するのは「標準原価」である。

　図表2-4は，技術部門と製造部門の原価管理を"Plan→Do→See"の管理サイクルによって表したものである。この管理サイクルを回すことで，技術部門と製造部門の原価低減活動に必要な管理システムは構築できる。

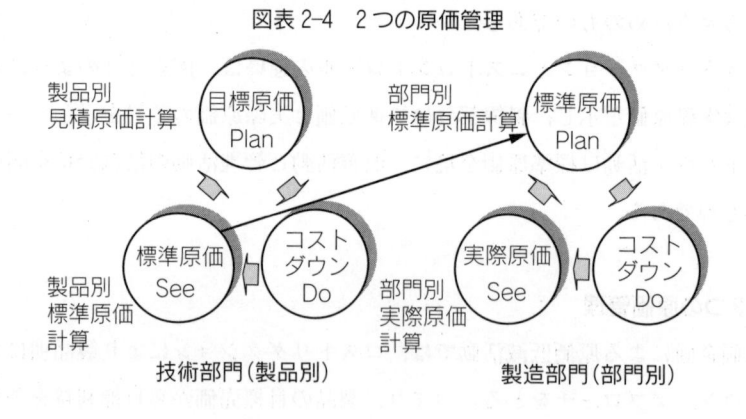

図表2-4　2つの原価管理

技術部門（製品別）
- 製品別見積原価計算 → 目標原価 Plan
- 製品別標準原価計算 → 標準原価 See
- コストダウン Do

製造部門（部門別）
- 部門別標準原価計算 → 標準原価 Plan
- 部門別実際原価計算 → 実際原価 See
- コストダウン Do

2-2 環境問題とQCDEを満足させる技術部門のマネジメントツール

（1）環境問題とQCDEの関係

　従来進められてきた原価企画は，新製品開発時に与えられた市場の品質要求・納期要求・価格要求を満たしながら，新製品の必要利益を確保する事前の原価低減活動である。また環境問題は，資源，エネルギー，地球温暖化，廃棄物，廃棄物処理場，リサイクル・リユースなど，いまや人類存続の問題としてクローズアップされている。企業として，新製品開発にこれら環境問題を無視した活動は考えられず，環境問題を企業の基本理念に取り入れ，顧客を獲得していくかがこれからの企業経営のあるべき姿である。したがって，顧客満足による競争優位性を確保する製品を作り込んでいくために次のような考えが必要である。

$$顧客満足 = \frac{アウトプットの増大：Q（品質）・D（納期）・E（環境）\nearrow}{インプットの低減　：\qquad Cost\ Down \qquad \searrow}$$

　上の式は，顧客満足をアウトプットとインプットのそれぞれの項目より関係を表したものである。従来，Q（品質）は顧客に満足を与える製品，つまり顧客からのクレームのない状態を作るということであり，D（納期）は顧客の要求する納期どおりに納めるということであった。ところが，今日の経営環境はQとDに多様化とスピード化という，質的変化をもたらした。Qのレベルは多様化し，従来のように顧客が満足するレベルが一律ではなくなっている。D（納期）の変化は顧客の要求に応じた柔軟（フレキシビリティ）で，迅速な納期対応が要求されている。つまり納期は守っていればよいという時代ではなくなっている。また，E（環境）については法規制への対応はもちろんのこと，企業として積極的な環境対応の取組みや情報開示など課題はこれからますますボ

リュームを増していく。

このように，企業のアウトプットのレベルアップ要求は増大する一方であるが，インプットのコストは厳しいコストダウン要請により低減を迫られている。この対応策として，顧客や社会の求めるアウトプットレベルを的確に規定したうえで，これに見合う最適なコストを設計することが必要になり，「要求能力：品質・納期・環境（アウトプット）＝必要能力：コスト（インプット）」を決めなければならない。前者は対外的（増大），後者は対内的（低減）な要求であり，両者は互いに矛盾する関係にある。この対外的要求の変化をいち早く読み取り，それとバランスする形で，コストダウンという課題に挑戦していかなければならない。

（2）技術段階のマネジメントツールである原価企画

要求能力に対し必要能力である最適コストを追求するコストダウン活動を進めるのは，上流工程の開発設計段階であることは言うまでもない。そこで，品質・納期・環境対応に対する最適なコストを作り込んでいく開発・設計・生産技術段階の原価企画活動が必要になってくる。

日本の企業が原価企画を導入する背景には，コスト的側面，開発・設計的側面，生産技術的側面，社会的側面がある。

■ コスト的側面

第1章で述べたように，ライフサイクルコストは製品の企画段階・構想設計段階でほぼ決定してしまう。図面ができた時点で，もはやコストの80％は決まってしまうのである。いかに設計以前のコスト検討が重要であるかがわかるであろう。

■ 開発・設計的側面

製品のライフ・サイクルの短縮化により，市場に出される製品については早期に資金回収の期待できるものが要望される。市場の要求する価格ですばやく

製品を提供できるように，開発・設計段階で，製品の機能，デザインなどとともに原価も作り込んでいくことが要請されるようになってきた。

■ 生産技術的側面

自動化・FA化の進展により，製造原価における製造経費のウエイトが増大している。新製品の製造には，新規設備の導入や既存設備の改良が必要であるが，これらは開発・設計段階で決定されるため，この段階におけるコストダウン効果は従来の製造方法に比べて大きい。

■ 社会的側面

製品ライフサイクルコストの大半は，まぎれもなく企画・開発・設計の段階で決まってしまう。自社が技術的に管理可能なすべての環境コストについて評価を行い，その低減をはかるには，この段階をおいてほかにはない。

このような理由を考えると，上流部門で行うコストリダクション活動が注目されて当然である。そしてこの具体策が，新製品の企画・開発設計・生産技術という生産準備段階で最低の原価レベルを設定し，それを実施・達成する原価企画活動である。

原価企画活動の進め方についての詳しい内容は，第3章，第4章，第5章で述べるため，ここでは概要にとどめておく。原価企画活動の基本は，"Plan→Do→See"の管理サイクルを回すことである。ここで"Plan"は「目標売価の設定から始まる目標原価の設定活動」，"Do"は「開発設計，生産技術のコストリダクション活動」，"See"は「コストダウンの成果のチェック」である。

新製品開発時と既存製品改良時の原価企画活動の手順プロセスはどちらも同じである。違いは目標原価の設定の粗さ，コストダウン着眼点などいわゆるレベルの違いだけである。ここで，原価企画活動の展開プロセスを図表2-5にまとめてみた。各手順を実践する際の方向性を述べる。

図表 2-5 原価企画活動の展開プロセス

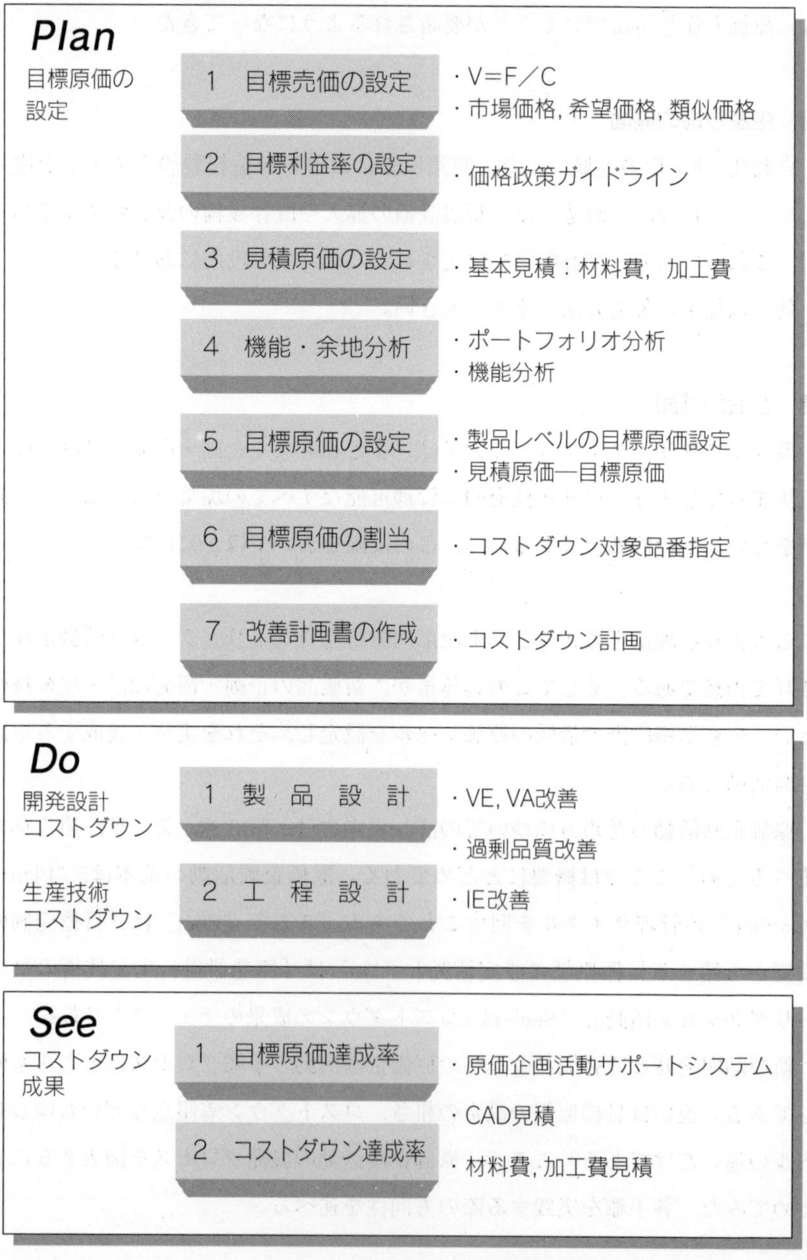

Plan 目標原価の設定

1. 目標売価の設定 — ・V=F／C ・市場価格, 希望価格, 類似価格
2. 目標利益率の設定 — ・価格政策ガイドライン
3. 見積原価の設定 — ・基本見積：材料費, 加工費
4. 機能・余地分析 — ・ポートフォリオ分析 ・機能分析
5. 目標原価の設定 — ・製品レベルの目標原価設定 ・見積原価—目標原価
6. 目標原価の割当 — ・コストダウン対象品番指定
7. 改善計画書の作成 — ・コストダウン計画

Do

開発設計コストダウン
1. 製品設計 — ・VE, VA改善 ・過剰品質改善

生産技術コストダウン
2. 工程設計 — ・IE改善

See コストダウン成果

1. 目標原価達成率 — ・原価企画活動サポートシステム ・CAD見積
2. コストダウン達成率 — ・材料費, 加工費見積

2-3 目標原価の設定と達成手法

　技術部門の原価管理である原価企画は，目標原価の設定から始まる。環境問題に対応するには，目標原価の設定にライフサイクルコストを加味しなければならない。

（1）ライフサイクルから見た製品の目標売価とは

　ライフサイクルコストの目標原価の議論をする前に，製品売価について考えてみる。「原価＋利益＝売価」から「売価－利益＝原価」へと考え方のシフトが必要な今日では，目標原価の設定は売価の決定から始まる。

　そこで，平成11年度に経済企画庁が消費者の声を聞いた興味ある調査を行っているので紹介する。

　調査によれば，消費者が環境に配慮した製品を購入する場合，"同じ売価，もしくは売価が許容範囲であれば省エネルギー性や環境配慮を考慮して製品を選択する"と考えている割合は図表2-6のようになっている。身近な製品の自動車・住宅の支持率は100％に迫る勢いで，家電製品でも90％近い割合である。

　また，許容できる価格差についてみると，最も価格が低い家電製品（10万円前後のエアコン）の場合，1万円（10％）の差ならば80.4％が許容できるとしている。これが2万円（20％）の差になると許容できるとした割合は大きく減って半分以下（38.3％）に下がっている。したがって，購入時の価格差が消費動

図表2-6　環境を配慮した製品の購入比率

製　品	自動車	住　宅	家電製品	家電製品（エアコン約10万）	
				価格差1万	価格差2万
支持率	96.3％	96.8％	88.3％	80.4％	38.3％

向を大きく制約しているというものである。

　ここで消費者が考えなければならないのは，製品を購入するときの費用（イニシャルコスト）とその製品を使用するときの費用（ランニングコスト）である。イニシャルコストとランニングコストの合計がライフサイクルコストであり，判断基準はライフサイクルコストにある。

　これと似たケースに金型費用の問題がある。金型を自社で製作せず外部の業者より購入する場合，まず複数社寄り合い見積を取り，そのなかで納期等の面を含め最も安い業者を選択すると，金型償却が終わったあとでコストを計算すると失敗する場合がある。

　この場合，イニシャルコストとは金型購入時のコストであり，ランニングコストとは，金型が摩耗したための修正費用や金型部品の破損等による新規金型部品の製作費用のことである。図表2-7の(A)，(B)は金型のライフサイクルコスト（ここでは購入から使用までの範囲）であるイニシャルコストとランニングコストによる金型コストの差を表している。(A)はイニシャルコストは安いが，ランニングコストが高い例であり，(B)はイニシャルコストは高いが，金型がしっかりできていてランニングコストが安い例である。この例では，結果的に(B)の方がライフサイクルで見ると購入時は少々高い金型であるが，償却が終わってみると(B)の方が得であることを表している。

　つまり，製品には金型のように経験の範囲でライフサイクルコストが予想のつくものもあるが，われわれ消費者が買う日常品に例をとってみると自分の判断では難しい。したがって，企業自ら製品の販売時に製品・サービス・省エネ

図表2-7　金型費の比較

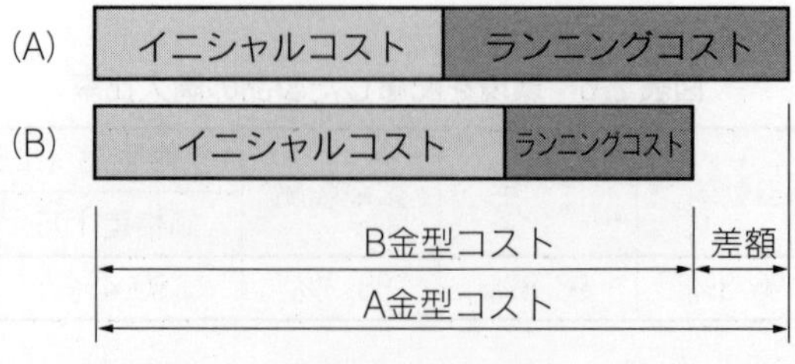

| (A) | イニシャルコスト | ランニングコスト |
| (B) | イニシャルコスト | ランニングコスト |

B金型コスト　差額
A金型コスト

に関する環境情報である"環境ラベル"の表示などで，この製品が環境に配慮した製品であることを促すことが大切である。仮に環境を配慮していない他社の製品より売価が多少高くても，情報の開示によりランニングコストの安さが浸透していけば消費者にも受け入れられる。そして，本当の意味で消費者にとって手頃な価格で，環境にやさしい製品を提供できる。

（2）目標売価からの目標原価設定の方法

「目標売価－目標利益」で算定する製品別の目標原価（第1次目標原価）は，最低限達成しなければならない原価である。これに対して，その製品本来のあるべき姿（理想原価）は，どのようにしたら算定できるのであろうか。

あるべき姿を求めるには，現状のコストを何かと比較することで，理想的な方法を発見することができる。比較の方法には大別して絶対比較と相対比較があるが，あるべき姿を徹底追求するには絶対比較による方法を採用すべきである。以下に，絶対比較の方法を紹介する。

■ 基本機能を追求する改善余地分析

絶対比較の本質は，機能追求にある。機能には，基本機能と補助機能がある。基本機能は目的部分であり，その機能がなくなると製品として成り立たなくなるものである。補助機能は手段部分であり，基本機能を補助しているものと，必ずしもこの機能がなくても製品として成り立つ機能がある。それをコストで考えると，図表2-8に示すように，その中身は基本機能コストと補助機能コスト，そしてまったくのロス部分から構成される。理想原価は基本機能コストと考えることができる。

材料費の場合は，製品の設計上不可欠の機能に使われているユニットまたは部品という形で基本機能を求めることができる。加工費の場合は，加工時間ま

図表2-8　機能からみたコストの構成

基本機能	補助機能	ロス

たは工数で考えるとよい。加工時間のなかで，製品の加工・組立・変形・変質をともなう作業に使われる時間が基本機能である。基本機能の追求による理想原価の求め方については，第3章の原価企画の手順（1）で詳述するが，この分析方法を「改善余地分析」と呼ぶ。

改善余地分析により理想原価を見出すことにより，第1次目標原価の達成にとどまらず，基本機能原価達成の可能性を追求することで，より高次の原価低減に結びつく活動が展開できる。そのためには，余地分析結果とコストダウン手法を効率的に組み合わせる必要がある。

（3）改善余地分析結果とコストダウン手法

図表2-9は，健康機器製品（エアロバイク）Xの構成ユニット別に改善余地分析を行い，基本機能・補助機能・ロスを金額換算した例である。

製品Xは，フレームやサドルで構成される"乗車ユニット"，ペダルを漕いだ時に負荷トルクを発生させる"負荷ユニット"，人間の心拍数を測定し負荷ユニットを調整する"制御ユニット"から構成されている。

各ユニットごとの余地分析結果を見ると，次のような特徴がある。

・乗車ユニットはロス比率が23％で他のユニットに比べて高い。

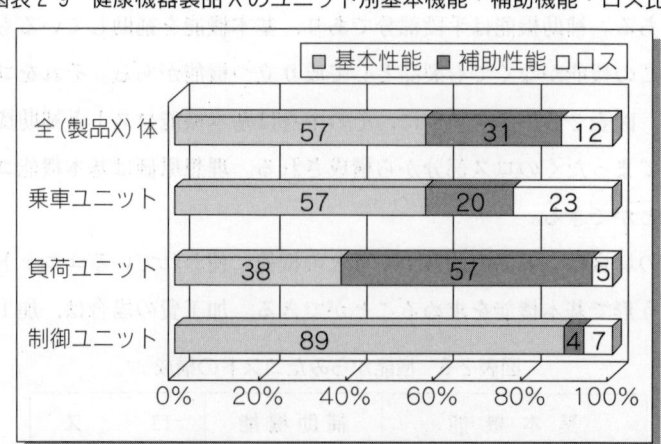

図表2-9　健康機器製品Xのユニット別基本機能・補助機能・ロス比率

ユニット	基本性能	補助性能	ロス
全（製品X）体	57	31	12
乗車ユニット	57	20	23
負荷ユニット	38	57	5
制御ユニット	89	4	7

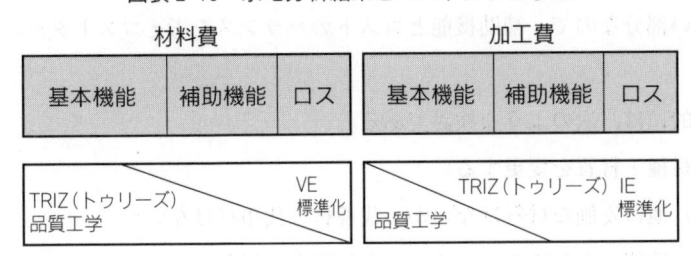

図表 2-10　余地分析結果とコストダウン手法

材料費			加工費		
基本機能	補助機能	ロス	基本機能	補助機能	ロス

TRIZ（トゥリーズ）品質工学	VE 標準化		TRIZ（トゥリーズ）品質工学	IE 標準化

・負荷ユニットは補助機能の比率が 57% と高い。
・制御ユニットは基本機能の比率が 89% で大部分を占めている。

　ここで，基本機能，補助機能・ロスごとに改善の方策とコストダウン手法の適用範囲を図表 2-10 に示す。
　以下，材料費を例に余地分析とコストダウン手法の関係を述べるが，加工費も同様である。

■ 基本機能部分のコストダウン

　材料費の基本機能改善の方向性は，次のようなものがある。
① 基本機能部分の排除を検討する。
② 基本機能部分の一体化を検討する。
③ 新しい固有技術を適用する。
④ 基本機能部品のなかでアウトプットに影響の少ない部品のグレードを見直す。

　①〜③は，基本機能から最適構造を追求することでコストダウンを達成できる。そのためのアイデア発想には，"TRIZ（トゥリーズ）"が，アイデアの具体化には"品質工学のパラメータ設計"が有効な手法となる。④は，部品のグレードの問題であり，"品質工学の許容差設計"により解決できる。

■ 補助機能，ロス部分のコストダウン

　材料費の補助機能，ロス部分の改善には，"VE (Value Engineering：価値工

学)"や"標準化"が有効なコスト低減手法である。製品の基本機能には関連が少ない部分なので，補助機能とコストのバランスを考えコストダウンを検討する。

具体的には，次のような検討である。

① 材種・材質を変更する。
　ア）他に安価な材料はないか，代替材・代用材はないか。
　イ）性能・寿命にアンバランスな材料を使用していないか。
② 標準材料が使えるようする。
　ア）外径を変更することで標準材料が使用できないか。
　イ）寸法精度を変更して標準の材料を利用できないか。

このように，余地分析結果とコストダウン手法の特徴を組み合わせることで，よりスピーディーにコストダウンを実践できる。

2-4 目標原価に対する技術部門の達成率の管理

　目標原価の設計（Plan），コストダウンの実践（Do）を経て，原価企画の"See"は，コストダウンの評価である。技術段階のコストダウンは，目標原価の達成率，コストダウン達成率の2種類により評価する。

（1）技術部門のコストダウン評価

　新製品開発の着手から，開発完了，完成に至る一連のサイクルにおけるコストダウン活動の評価に必要な原価情報を示したものが図表2-11である。

　「見積原価（成行原価）」は現状の実力値を示す原価で，これを出発点に技術部門が設計目標とする「目標原価」を設定する。開発設計完了後の原価は「標準原価」と呼ばれ，製造・購買部門が目標とする原価となる。この標準原価に対して実際に製造・購買活動が行われた結果を「実際原価」として算定する。

　見積原価から実際原価を差し引くと，全社のコストダウン金額が求められる。その内訳として，技術部門の努力で行われたコストダウンは見積原価から標準原価を差し引いて求める。しかし，これだけでは未だ机上のコストダウンにす

図表2-11　コストダウン活動に必要な原価情報

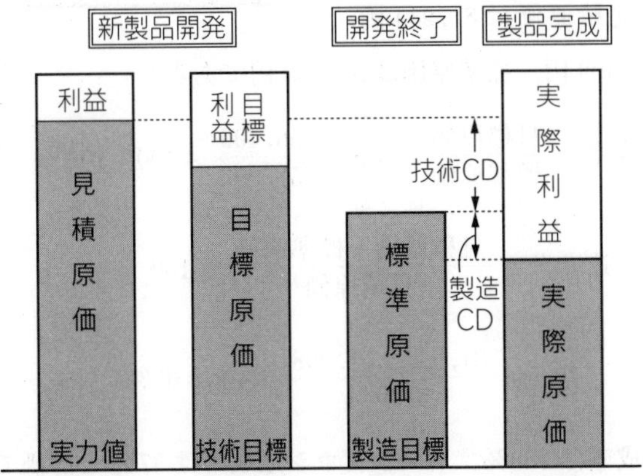

ぎない。そこで、実際の製造・購買部門のコストダウンを標準原価から実際原価を差し引いて求めるのである。

ところで、「新製品でどれくらいコストダウンができたか」はどのようにして判定したらよいのであろうか。現状生産している製品であれば、現状と改善後の原価の差額によってコストダウン額は容易に把握できる。ところが、新製品のコストダウンは生産する前であり、現状原価が分からない。そこで、現状の原価を推定する原価を、見積原価（成行原価）に求める。

（2）技術段階のコストダウン評価法

技術段階におけるコストダウンの実施結果は、「目標原価達成率」と「コストダウン率」で評価する。目標原価達成率は、目標原価と標準原価の差異であり、コストダウン率は見積原価と標準原価の差異である。図表2-12は、ある製品（MTA 100）の開発設計段階におけるコストダウン実施状況を、見積原価、目標原価、標準原価の関係で図解したものである。

図表2-12 MTA 100のコストダウン評価

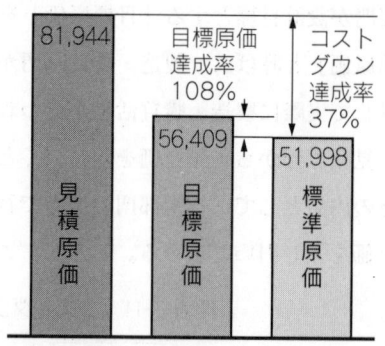

具体的にコストダウンの実施結果を評価してみよう。

MTA 100の見積原価は81,944円、目標原価は56,409円、標準原価は51,998円である。

$$目標原価達成率 = \frac{目標原価}{標準原価} \times 100 = \frac{56,409}{51,998} \times 100 = 108\%$$

$$コストダウン達成率 = \frac{見積原価 - 標準原価}{見積原価} \times 100$$

$$= \frac{81,944 - 51,998}{81,944} \times 100 = 37\%$$

目標原価達成率は108%、コストダウン達成率は37%と評価できる。

本来は目標原価達成率一本で評価すべきであると考えるが，実務では次のような現象がしばしば発生する。

図表 2-13 は，TT 社における一定期間の原価企画実施状況を評価したものである。これによると，型式 AA 1234 を除く製品は，すべて目標原価をクリアしているにもかかわらず，型式 AA 1234 のコストダウン率は，現状原価を 60％ も低減し，低減率ではトップである。こうした矛盾が起こるのは，目標原価の決め方に問題があることが多い。目標原価の決め方が甘ければ，目標原

図表 2-13　原価企画実施状況の評価

係	型式		Plan		Do		See	
			現状	目標	標準原価	CD	達成率（％）	
1	MTA 100	売価	80,000	80,000			目標原価	108
		原価	① 81,944	② 56,409	③ 51,998	①−③ 29,946	コストダウン	37
		粗利	−1,944	23,591				
2	AA 1234	売価	15,000	15,000			目標原価	65
		原価	47,622	12,531	19,154	28,468	コストダウン	60
		粗利	−32,622	2,469				
3	BB 3456	売価	90,000	90,000			目標原価	108
		原価	59,511	49,500	45,824	13,687	コストダウン	22
		粗利	30,489	40,500				
4	CC 5678	売価	330,000	330,000			目標原価	103
		原価	202,479	190,245	185,000	17,479	コストダウン	9
		粗利	127,521	139,755				
5	DD 7890	売価	173,000	173,000			目標原価	120
		原価	157,369	147,051	123,051	34,318	コストダウン	22
		粗利	15,631	25,949				

価は容易に達成できるが，コストダウン率は向上しない。逆のケースでは，目標原価は簡単に達成できないが，コストダウン率は華々しくなる。つまり，ある程度，目標売価が高めに設定されていると，さほどのコストダウン努力をしなくても利益が出るために，目標原価の追求が甘くなる。反対に，目標売価が厳しいと，利益を出そうとして，過度に厳しい目標原価を設定するために，結果として目標原価が達成できないという問題が発生する。

多かれ少なかれ，こうした問題は避け得ないとすれば，技術段階のコストダウン評価は，目標原価に対する達成率と見積原価に対する低減率の2つで行うことが実務的である。しかし，こうした問題を回避するためにこそ，「どこまでコストが低減できるか」を検討する理想原価の追求の重要性を強調しておきたい。

いずれにしても，目標原価未達成の場合は，再度検討を重ねることでコストダウンを推進することには変わりはない。

（3）達成率の責任者別集計

前述のように，達成率は製品別に集計することが当然のように考えがちであるが，達成率の成否を決めるのは，コストダウンを実施する「人」である。成果は人の打つアクションによって決まるので，達成率も担当責任者別に集計評価することが基本である。製品別の達成率は，担当責任者の内訳資料として位置づけをする。図表2-14は目標原価の設定，図表2-15は目標原価の達成率を責任者別に集計し，さらに担当責任者の内訳として，どの製品の達成率が低いかをITにより分析している例である。

第 2 章 原価企画の目的と方向性

図表 2-14 目標原価設定

目標原価設定

		目標売価	見積原価変動費	粗利率	限界利益率	付加価値率
☐機能余地分析		90,000				
■目標原価設定						
☐目標原価割当						
	現状		100,424	-11.6%	9.0%	58.5%
	第1次			25.0%	33.3%	70.7%
	第2次		81,944	26.7%	36.7%	68.9%

目標原価割当差額 →			2	0
開発重点タイプ	目標CD金額	目標原価変動+固定	目標変動費
改善促進型	32,924	67,500	59,995
生技投資	34,424	66,000	57,000

███ : ユニット展開されている　　目標材料費設定

品番	MTA100						機能分析				目標設定する
品名	制御モーター						基本	補助	ロス		
No.	ユニット品番	品名	見積材料費	累計構成比							
2	MTA110	ローターユニット	37,364	100%			67%	18%	15%		
14	MTA150	ブレーキ	10,580	28%							*
7	MTA120	モーターケース	10,280	56%			90%	10%	0%		*
13	MTA140	フランジ	5,004	69%							*
9	MTA130	ステータユニット	4,830	82%			70%	10%	20%		*
15	MTA160	サーモスタット	4,280	94%							
1	MTA100	制御モーター	2,390	100%							
			0	100%							

材料費割当差額 →				0
理想材料費	材料費改善余地	目標材料費	責任
28,327	9,037	28,000	
6,537	4,043	6,500	佐藤
9,766	514	9,600	佐藤
3,377	1,627	3,310	田中
3,623	1,208	3,600	田中
2,635	1,645	2,600	木下
2,390	0	2,390	木下
0	0		

第1部　原価企画とは何か

図表 2-15　責任者別目標原価達成率

責任者	ユニット品番	品名	目標原価	標準原価	差額	達成率 %	達成率 50% 100% 150% 200%
合計	—	—	28,000	35,242	−7,242	79	
佐藤	MTA 110	ローターユニット	6,500	7,647	−1,147	85	
佐藤	MTA 150	ブレーキ	9,600	13,714	−4,114	70	
田中	MTA 120	モーターケース	3,310	3,009	301	110	
田中	MTA 140	フランジ	3,600	2,353	1,247	153	
木下	MTA 130	ステータユニット	2,600	5,200	−2,600	50	
木下	MTA 160	サーモスタット	2,390	3,319	−929	72	

2-5 環境保全コストの増大による事前のコスト把握

　原価企画のレベルを製品別・ライフサイクル別の目標利益と利益改善にまで拡大するには，環境保全コストを考慮しなければならず，技術部門の役割は大きい。

（1）環境保全コストと環境庁のガイドライン

　環境庁は「環境保全コストの把握及び公表に関するガイドライン（中間とりまとめ）」で，環境コストが経営者の合理的な意思決定において不可欠であり，かつその公表が各部の利害関係者による企業の環境保全活動の評価尺度となりつつあると，以下の内容を規定している。

　環境保全コストとは環境保全のための投資額と当期費用である。当期費用には，環境保全目的の設備資産に関わる減価償却費や汚染された土地につき，将来浄化のための支払いを余儀なくさせられた場合に発生する環境負債（負債性引当金）に対応させるべき費用なども含まれる。環境保全とは「事業者などの事業活動により環境に加えられる影響で，環境保全上の支障の原因となるおそれのある環境負荷低減のための取組み」である。具体的取組みは，地球環境保全のための取組み・公害防止のための取組み・天然資源の使用削減，再利用，リサイクルなどのための取組み・その他の取組みなどである。

　環境保全コストは次の6種類に大分類される。

① 環境負荷低減に直接的に要したコスト（直接環境負荷低減コスト）
② 環境負荷低減に間接的に要したコスト（環境に関わる管理的コスト）
③ 生産，販売した製品などの使用，廃棄にともなう環境負荷低減のためのコスト
④ 環境負荷低減のための研究開発コスト（環境R&Dコスト）

⑤ 環境負荷低減のための社会的取組みに関するコスト
　　（環境関連社会取組みコスト）

　以上のガイドライン案は，企業に原則のすべてを同時に実践することを求めず，"できるところから実践する"という柔軟な立場を取り，集計期間と対象期間の原則を以下のように定めている。

・集計の範囲：連結決算の対象である全社を原則とする。
　　　　　　　集計がしやすい工場，事業所，さらにはもっと小さい区分から集計を始めてもよい。
・対 象 期 間：年次環境報告書の期間と一致させることを原則とする。
　　　　　　　会計年度がこれと異なる場合は，直近の会計年度のデータ利用も認める。

　複合的コストの差額の把握が困難な場合は，按分による方法または全額計上も可としているが，その旨を明記することを求めている。そして環境保全コストの分類についても，具体的な例示であって，各企業で取捨選択あるいは追加は自由に行うことができる。環境保全コストの把握については，6種類のすべてのコストを正確かつ同時的に把握することの困難さを想定して，段階を分けての把握も可としている。

　図表2-16は，産業全体の1970年からの環境保全活動への経常的費用と設備投資額の推移である。経常的費用は，1970年から1995年で20倍（4779.1÷239.2）になっている。一方，設備投資額も，2.2倍（450.8÷207.1）の伸びである。経常的費用，設備投資額の内容は多岐にわたるが，技術部門としての課題と環境保全コスト低減のアプローチを以下に述べる。

（2）環境改善の戦略と環境保全コストの低減

　環境影響を少なくする改善には，大きく「資源の節約」と「汚染の予防」がある。資源の節約には，省資源への取組みと省エネルギーへの取組みがある。汚染の予防には，有害物質の発生源削減，リサイクル性の向上，メンテナンス

図表 2-16　産業全体の環境保全コストの推移

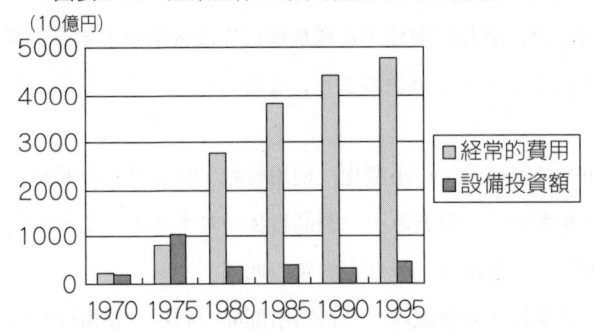

(単位：10億円)

	1970年	1975年	1980年	1985年	1990年	1995年
経常的費用	239.2	822.9	2,784.5	3,819.7	4,424.8	4,779.1
設備投資額	207.1	1,061.0	344.1	403.5	322.0	450.8

出典：「環境・経済統合勘定の推計に関する研究報告書」

図表 2-17　ライフサイクルにおける環境改善

プロセス 取組み項目	企画・開発 設計段階	生産技術 製造段階	輸送段階	使用段階	廃棄段階
省資源	◎		○		
省エネルギー	◎	◎	○	○	
有害物質	◎	◎	○	○	○
リサイクル性	◎				
メンテナンス性	◎				

凡例：◎；技術部門が直接的に管理できる　○；間接的にしか管理できない

性の向上などの取組みがある。これらの取組み項目と技術部門の対象テーマとの関係を図表 2-17 に示す。

　図表 2-17 の◎印は，技術部門が直接管理できる項目であり，○印は間接的にしか管理できない項目を表している。技術部門を企画・開発・設計段階と生産技術段階に分けて，環境改善項目を述べる。

■ 企画・開発・設計段階の取組み

　この段階では，製品に関係する環境側面を改善項目とする。環境側面への取組みをまとめると大きくは次のようになる。

> ・省資源への取組み……小型化，使用材料・梱包材料の低減
> ・省エネルギーへの取組み……製品自体のエネルギー効率の向上
> ・有害物質への取組み……有害物質の低減
> ・リサイクル性への取組み……再利用部品の利用，使用材料の統一
> ・メンテナンス性への取組み……分解の容易性

　企画段階では，有害な環境影響を少なくする製品を企画し，開発・設計段階では，環境適合性設計（DFE：Design For Environment）を用いて環境側面の改善に取り組むことが期待されるところである。

　環境側面を具体的な実施項目までブレイクダウンした結果が図表2-18である。これらの項目は，コストリダクションに結びつくものが多い。たとえば，省資源への取組みである小型化の例である，「機能を考えたユニット化による小型化」，「レイアウト変更による小型化」はいずれも製品の材料費低減になる。環境側面の追求は，新しいコストリダクションのテーマ発掘になる。

　企画・開発・設計段階では，マネジメントシステムとしての原価企画に環境適合性設計を組み込むことで環境保全コストを低減できるのである。

■ 生産技術段階の取組み

　生産技術部門の代表的な業務である生産設計は，工程設計と作業設計の2つに分けられる。工程設計は，設計部門で作成した図面に基づいて，素材から製品を作る加工方法，加工・組立手順，各工程の生産設備を定め，全般的な生産工程の情報を求めることである。作業設計は工程設計で得られた情報をもとに，各工程で行われる詳細な作業の技術情報（冶工具，作業手順，加工条件）を得ることである。

図表 2-18　企画・開発・設計段階の環境改善項目例

中分類	小分類	
		例
省資源への取組み	小型化は可能か	
		機能を考えたユニット化により小型化する
		レイアウト変更により小型化する
	使用材料は低減できるか	
		基板枚数を3枚から2枚にする
		板厚を薄くすることにより減量する
	梱包材料を低減する	
		梱包材に使用している発泡スチロールを変更する
		木箱の梱包材料を削減する
省エネルギーへの取組み	製品自体のエネルギー効率を向上する	
		加熱効率を上げて部品を削減する
		スイッチング電源を小型化する
有害物質への取組み	製品自体に使用する有害物質を低減する	
		有害材料を無害物質とする
		有害材料を代替材料にする
リサイクル性への取組み	再利用できる材料を使用する	
		材料表示にリサイクル可能なインクを使用する
		ユニットを再利用できるように分離する
	使用材料の統一性を考慮する	
		プラスチック部品に金属を挿入しない
	解体，分離が容易な構造となっているか	
		材料の接合方式を接着剤からネジに変更する
メンテナンス性への取組み	単独で取り出せる部品の配置にする	
		分解作業を必要としない構造とする
	同じ方向から分解できる部品の配置にする	
		組立方向の軸数を低減する

図表 2-19 生産技術段階の環境改善項目例

中 分 類	小 分 類
	例
省エネルギーへの取組み	製造段階のエネルギー効率を向上する
	加工設備をインバータ方式に変更する
	工場内の設備やエアコンのレイアウト変更により省エネ化する
	加工時間の短縮や設備効率の向上によるエネルギーを省力化する
有害物質への取組み	製造段階の有害物質を低減する
	鉛フリー半田を採用する
	設備から汚染物質が流出しない防護装置を設置する
	加工設備を低騒音化する

こうした業務から生産技術段階での環境側面の改善項目は，

・省資源への取組み……設備のエネルギー効率の向上

・有害物質への取組み……製造段階における有害物質の低減

などがあり，図表 2-19 に実施項目例を示す。

■ 材料費の高騰は加工費で低減

以上の改善項目は，開発・設計・生産技術の全技術部門で取り組まなければならないテーマが多い。代表例として，鉛フリー半田の例を述べる。

廃棄された電子機器の基板実装ユニットが酸性雨にさらされると，半田の主成分である Pb（鉛）が溶け出し，河川や地下水を汚染する。この対策として鉛フリー半田が多種開発されたが，半田付けの技術的な問題や価格が従来の 2～10 倍になる経済的な問題がある。つまり，鉛フリー半田のみにより環境改善を進めると，コストアップになってしまう現象が発生するのである。

この状況に対応するには，材料費（鉛フリー半田）の高騰を加工費（工程全体）のコストリダクションにより低減するアプローチが必要である。そこで，新工法として伝導性ペースト工法が開発された。伝導性ペーストは，樹脂に銀粉などの伝導性の粉末を分散させた材料である。材料単価は半田ペーストより

図表 2-20　導電性ペースト工法と半田ペースト工法の比較

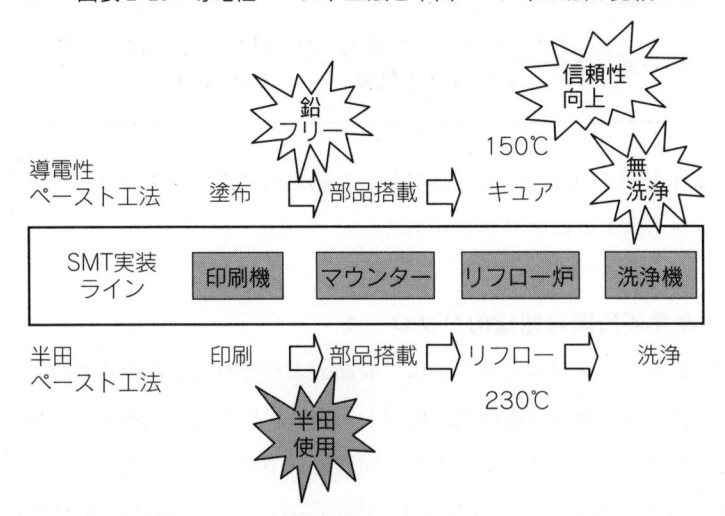

```
導電性
ペースト工法    塗布 → 部品搭載 → キュア    無洗浄
                    鉛フリー       150℃   信頼性向上

[SMT実装ライン: 印刷機 | マウンター | リフロー炉 | 洗浄機]

半田
ペースト工法    印刷 → 部品搭載 → リフロー   洗浄
                    半田使用        230℃
```

も高くなるが，鉛フリーに加えて，低温硬化，無洗浄化の実現が可能であり，半田ペースト工法に比べて，加工時間の短縮やエネルギー効率が向上する工法である。

　導電性ペースト工法と半田ペースト工法を SMT（表面実装技術）実装ラインに沿って比較したものが図表 2-20 である。実装ラインは，ペーストを生基板に印刷する"印刷機"，実装部品を生基板に搭載する"マウンター"，ペーストを溶かす"リフロー炉"，基板実装ユニットの表面を洗浄する"洗浄機"からなる。各工法を比べると，次の大きな違いがある。

・リフロー炉の温度：半田ペーストの 230℃ に比べると，導電性ペーストは 150℃ と低く，エネルギー効率がよく，耐熱性が低い部品も使用できる。
・洗浄機：伝導性ペーストはフラックスを含まないため，洗浄工程が不要である。

　導電性ペースト工法は，洗浄工程が不要なこと，耐熱性が低い部品が使えることで，加工費のコストリダクションを実現するとともに，フラックスを使用しないため，環境改善以外にも信頼性が向上する。

　つまり，次の式を実現したのである。

$$顧客満足 = \frac{アウトプットの増大：Q（品質）\cdot E（環境）\nearrow}{インプットの低減： \quad Cost\ Down \quad \searrow}$$

このような多くの部門に関わる取組みを組織的に進めるアプローチとして，コンカレントエンジニアリングがある。

（3）生産準備段階の組織的アプローチ

コンカレントエンジニアリングは，製品およびそれにかかわる製造プロセスに対し，異なる分野の技術部門が協調し，同じ目標と価値観の下に，開発設計，生産設計を進めることで，統合された同時進行型の設計を行おうとする組織的なアプローチである。コンカレント（Concurrent）には"同時に並行処理を行う"と"同じ土俵で協力する"の2つの意味があるが，関係者の開発設計，生産設計段階に対する見方，考え方の同一化をはかることが重視されている。この概念が盛んに議論されるようになったのは，1980年代後半からであり，米国の自動車メーカーが日本に追いつき追い越すための手段として，開発設計，生産設計がどうあるべきかを研究した結果，生まれたコンセプトである。

図表2-21は，従来方式とコンカレントエンジニアリング方式の違いを示している。

従来方式は「課題検討」，「製品構想DR（デザインレビュー）」，「試作工法打合せ」，「対策検討」という直列的なアプローチで，設計，試作，評価のフェーズでリードタイムは7ヶ月である。これに対してコンカレント方式は，最初に実施する「ネック課題の共有化」により，製品設計，工程設計，資材・購買での課題・役割を明確にし，並行処理化を可能にしたアプローチである。この結果，リードタイムは4ヶ月に短縮している。世の中のスピードが増し，また組織が大きくなるにつれて，コンカレントエンジニアリングを意識的にすすめることが必要である。原価企画を展開するマネジメントシステムとして確立すべきである。

第2章　原価企画の目的と方向性

図表2-21　従来方式とコンカレントエンジニアリング方式の違い

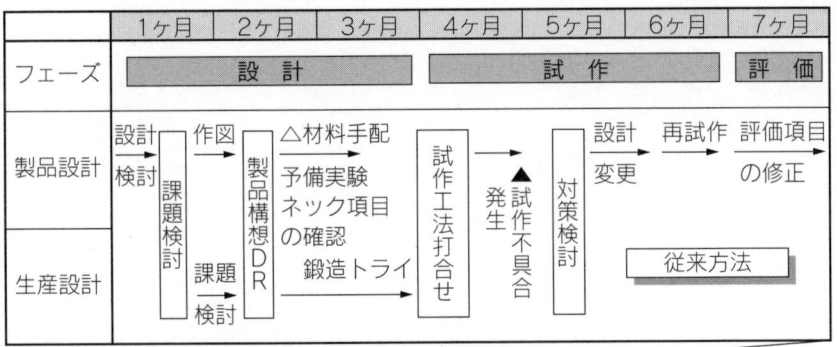

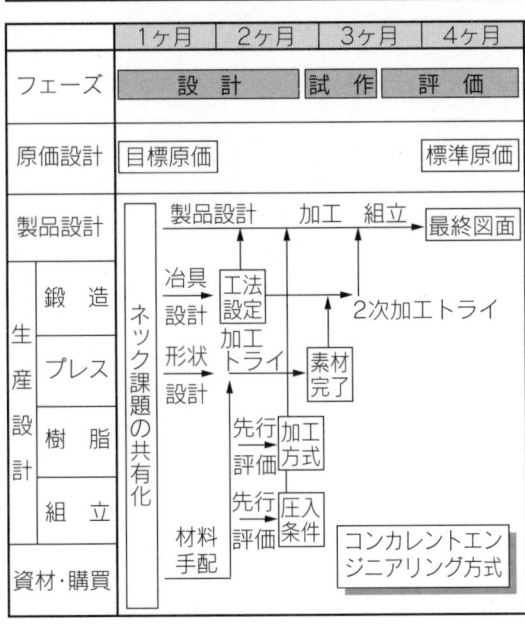

従来方法

フェーズ	1ヶ月	2ヶ月	3ヶ月	4ヶ月	5ヶ月	6ヶ月	7ヶ月
	設計			試作			評価
製品設計	設計検討→課題検討	作図→製品構想DR	△材料手配 予備実験 ネック項目の確認 鍛造トライ		試作工法打合せ	→▲試作不具合発生 対策検討	設計変更	再試作	評価項目の修正
生産設計		課題検討					

コンカレントエンジニアリング方式

フェーズ	1ヶ月	2ヶ月	3ヶ月	4ヶ月
	設計		試作	評価
原価設計	目標原価			標準原価
製品設計	ネック課題の共有化	製品設計	加工　組立	最終図面
生産設計　鍛造／プレス／樹脂／組立		治具設計 形状設計	工法設定 加工トライ 先行評価 先行評価	2次加工トライ 素材完了 加工方式 圧入条件
資材・購買		材料手配		

61

原価企画の手順（1）

第3章

❇ POINT ❇

　この章では，原価企画活動の"Plan"にあたる目標原価の設定手順について述べる。「原価＋利益＝売価」から「売価－利益＝原価」へと考え方をシフトすることが必要な今日では，目標原価設定の要因を明確に把握する必要がある。

　売価から逆算する目標原価（第1次目標原価）は，最低限クリアしなければならない原価であり，技術的に改善できる限界を追求することで，さらなるコストダウンの可能性を見出すことができる。

3-1 環境コストも考慮した目標売価・利益率を設定する

（1）目標売価の設定

原価企画活動の最初のステップは，目標売価の設定から始まる。

■ 目標売価の決定要因

品物には必ず価格があり，売り手と買い手とが合意して売買が成立する。この価格は「原価」，「需要」，「競争」の3つの要素によって決まることが広く認められてきた。原価より価格が先に決まる今日では原価が価格を決める要因から外れ，代わりに「指値」といわれるやり方が行われ，この価格を希望価格と呼ぶ。原価企画の活動が普及すると指値によって価格を決めるやり方がますます広がるであろう。

需要・競争・指値による価格決定のやり方を具現化したものが，図表3-1に示す，市場価格，類似価格，希望価格の3つである。市場価格は，需要と供給の関係で決まる価格である。類似価格は，自社または他社の類似品の価格を参考にして決まる競争価格であり，希望価格は得意先の予算または指値による価格である。さらに，価格が売上を左右する重要なファクターである場合，価格

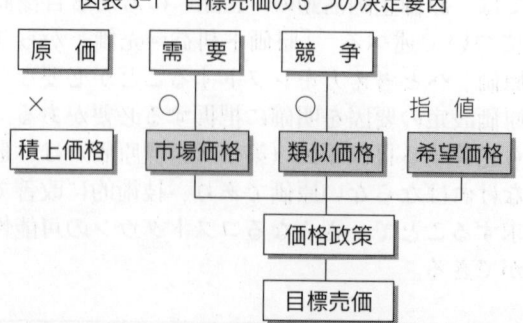

図表3-1　目標売価の3つの決定要因

戦略のウエイトが高まる。この場合は3つの価格決定要因の他に，価格政策というもう1つのハードルを超えて目標売価が決定する。

顧客があまり価格に関する情報を持たないときは，需要と供給の関係で決まる市場価格が価格決定要因となる。しかし，類似品・競合品・競合メーカーとの比較などによって顧客が価格に関する情報を持つに従って，競争の色彩が強い類似価格が価格決定要因となる。さらに，供給関係で，顧客の立場が圧倒的に強くなると，顧客は予算の範囲で製品を選択したり，メーカーに対して指値である希望価格を提示するようになる。

■ 顧客対象・製品タイプよって異なる価格決定要素

開発する対象製品は，顧客対象により，消費財と生産財に分けられる。製品のタイプには，新製品と既存品の改良型や新機能の追加型がある。また，開発する製品の市場性（類似品・競合品・競合メーカー）の有無がある。図表3-2は，それぞれのタイプによって，目標売価の決定要素を何に求めたらよいかを示したものである。目標売価を決定する場合，図表3-2に示すタイプのいずれに該当するかを見定めたうえで，3つの決定要因のうち，いずれかを選択されたい。

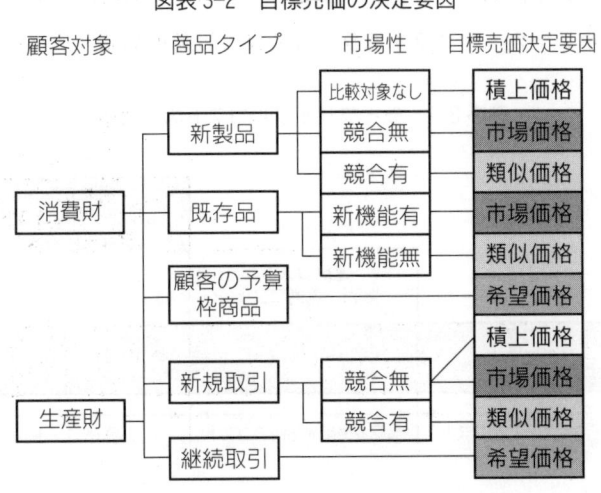

図表3-2 目標売価の決定要因

顧客対象	商品タイプ	市場性	目標売価決定要因
消費財	新製品	比較対象なし	積上価格
		競合無	市場価格
		競合有	類似価格
	既存品	新機能有	市場価格
		新機能無	類似価格
	顧客の予算枠商品		希望価格
生産財	新規取引		積上価格
		競合無	市場価格
		競合有	類似価格
	継続取引		希望価格

> ・積上価格：原価の積上げ＋利益で価格が決まる伝統的価格決定方式
> ・市場価格：需要と供給の関係で決まる価格
> ・類似価格：自社または他社の類似品の価格を参考にして決まる価格
> ・希望価格：得意先の予算または指値による価格

■ ライフサイクルコストの考慮

　循環型製品ライフサイクルの実現に向けては，目標売価の決定にライフサイクルコストを考慮する必要がある。

　消費者は通常，製品を購入する際の判断材料として，その製品の取得価格に焦点を当てる。しかし，製品購入後の使用段階におけるエネルギー消費や環境負荷に対する対策コスト，廃棄時のコストを考慮しなければ，その製品が本当にコスト面で有利なのかは判断できない。すなわち，目標売価の妥当性はライフサイクルコストを考慮しなければ正確な判断はできないのである。ライフサイクルコストは，図表3-3に示すように3つに分けられ，第2段階の製品を使用する時のコストや第3段階の循環コストも，ユーザーが直接負担する傾向になっている。

　ここで，自動車部品の例でライフサイクルコストの活用例を紹介する。

　大手自動車メーカーのクライスラー社では，自動車部品のリサイクル素材の

図表3-3　ライフサイクルコストの3段階

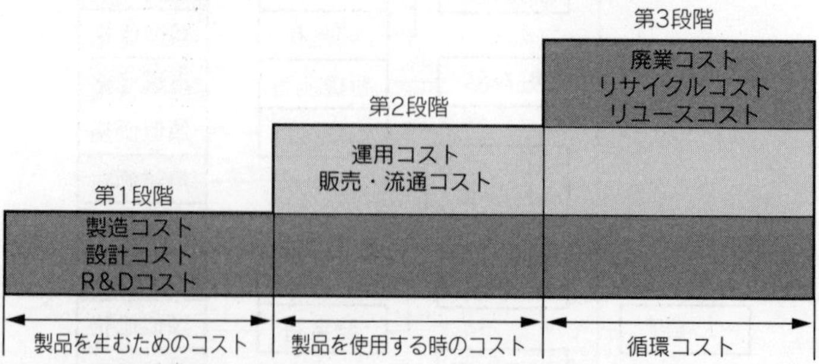

第1段階	第2段階	第3段階
製造コスト 設計コスト R&Dコスト	運用コスト 販売・流通コスト	廃業コスト リサイクルコスト リユースコスト
製品を生むためのコスト	製品を使用する時のコスト	循環コスト

導入を進めてきた。エンジン・オイル・フィルターについても，既存のスチール製に代わり，カートリッジ式フィルターあるいはプラスチック製フィルターの導入を検討した結果が図表3-4である。

図表3-4のように，ライフサイクルコストの第1段階の製造コスト比較では，従来品のスチール製フィルターが安い。しかし，第2段階，第3段階のコストを考慮した最終結果は，カートリッジ式が圧倒的に有利となった。第2段階，第3段階のコストは，実際の処理コストと潜在的債務の2種類について計算された。前者は，フィルターをリサイクル・焼却処理・エネルギー回収あるいは埋立処分するために実際にかかるコストであり，後者は，不適切な廃棄処理によってクライスラー社に生じる可能性のあるコスト推定額である。カートリッジ式はフィルター部分のみが廃棄処理されるため，ベース部分も含めて廃棄処理される他の2方式に比べ，圧倒的に潜在的負債が少ないという結果になった。

このように，製造コストの範囲のみでコストを決定していくと，いざ蓋を開けてみると予想もしなかったコストが発生する。消費者が製品の循環サイクルを考え，購入の判断を行えるようにするためにも，ライフサイクルコストの情報を消費者に提供できるようにする必要がある。

上述した自動車部品のライフサイクルコストでは，企業が直接支出するコストは把握されているが，これ以外にも社会コストが発生している。社会コストとは，製品を製造する際に天然資源を使用するのであれば，その環境破壊にかかるコスト，製品を使用する際に環境汚染がある場合のコストなどであり，本

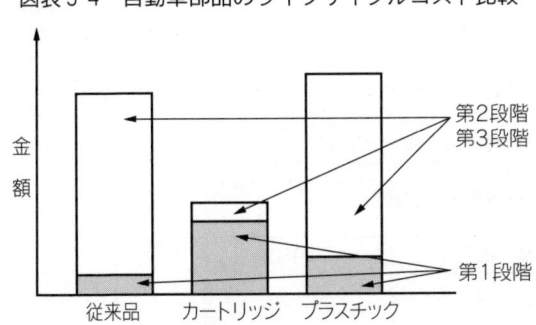

図表3-4　自動車部品のライフサイクルコスト比較

来はこれらも考慮して製品のライフサイクルコストを把握すべきである。

（2）目標利益率の設定

目標売価が決まると次のステップは目標利益率の設定である。

■ 目標利益率とは何か

目標利益率は下記算式で示すことができるが，目標原価をどの範囲まで含めるかによって，利益率の意味が変わってくる。

$$目標利益率 = \frac{目標売価 - 目標原価}{目標売価} \times 100$$

図表 3-5 は，売上高から各段階の費用を差し引いた利益の呼称を，数字は，売上高に対するそれぞれの利益の製造業の一般的な比率を示している。このなかで，目標利益率は粗利益率（正式には目標総利益率）を指すのが一般的である。粗利益率の水準は企業の利益計画（予算）によって決まるが，一律というわけにはいかない。

製造原価以外でも重要な費用（物流費・品質保証費・廃棄コストなど）などは単

図表 3-5 利益の呼称

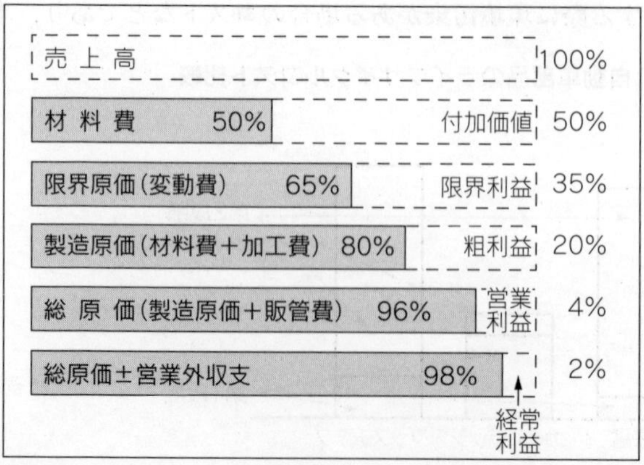

売上高		100%
材料費　　　50%	付加価値	50%
限界原価（変動費）　　65%	限界利益	35%
製造原価（材料費＋加工費）80%	粗利益	20%
総原価（製造原価＋販管費）　96%	営業利益	4%
総原価±営業外収支　　　　98%	経常利益	2%

図表は，売上高から各段階の費用を差し引いた利益の呼称を示している。数字は，売上高に対するそれぞれの利益の製造業の一般的な比率を示している。

独に目標原価を定めてコストダウン対象とすることがある。

■ **目標利益率の設定方法**

① 儲かる製品と儲からない製品

先の算式で利益率を考える時，いずれかの製品の利益率は高く，いずれかの製品は低く設定することがあってもよい。価格が需要と供給の関係で決まるとすれば，売手市場であれば利益が確保できる可能性が高く，買手市場であればその逆となる。つまり，供給サイドからすると，価格は需要＞供給のときは有利に，需要＜供給のときは不利に働く。また，質の高いものを供給しているときは有利に，その反対のときは不利に働くのである。

② 価格政策の量的要素と質的要素

この有利不利を決定する要素には，量的なものと質的なものがある。量的要素とは競合関係，顧客の購買力，シェア，市場の成長性といった需給関係に影響を与える項目である。質的要素とは品質・機能・技術・環境対応といった商品力である。以上の要素を図表3-6のポートフォリオ図に描き製品を評価してみると，高価格，価格維持，低価格，戦略見直の4タイプのいずれかに分類することができる。

図表3-6　価格政策のポートフォリオ

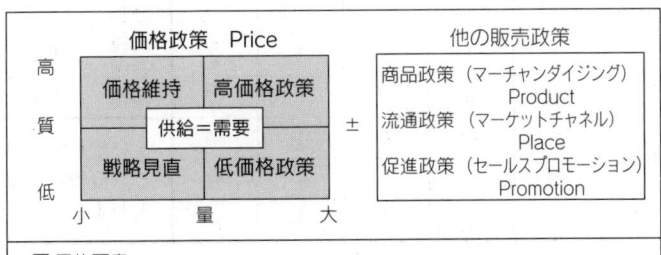

	価格政策　Price			他の販売政策
高質	価格維持	高価格政策	±	商品政策（マーチャンダイジング）Product
	供給＝需要			流通政策（マーケットチャネル）Place
低	戦略見直	低価格政策		促進政策（セールスプロモーション）Promotion
	小　　量　　大			

■量的要素
　・競合関係：市場または受注にあたって，他社との競合関係の有無
　・顧客購買力：顧客の売上高・収益性，および自社の商品に対する購買動機の高低
　・自社シェア：市場または顧客に対する自社のシェアの高低
　・市場成長性：自社製品の市場成長性の大小
■質的要素
　・商品技術力：自社の当該製品に対する技術力・商品力の強弱

③ 価格政策と利益率ガイドライン

 ある製品が4タイプ（高価格，価格維持，低価格，戦略見直）のいずれに該当するかを評価すれば，その製品の利益率を決めることができる。そこで，図表3-7に示すような価格政策得点表を作るとよい。この表は，量的要素と質的要素の内容を，競合関係，顧客購買力，自社シェア，市場成長性，商品力の5つに集約しウエイト付けしたものである。

 競合から商品力までの5つの要素の評点を0，1，2で選択し，需給関係の得点（ウエイト×評点）を算定する。5つすべてのウエイトが1で，すべての要素の評定が2であれば10点満点である。図表3-8の例では，5つすべてのウエイトは1であるが，評点は商品力のみが有利であとの4つは中間であるので6

図表3-7　価格政策得点表

競　合		購買力		シェア		成長性		商品力		合　計
無	2	強	2	大	2	大	2	強	2	10点
中	1	中	1	中	1	中	1	中	1	5
有	0	弱	0	小	0	小	0	弱	0	0

図表3-8　価格政策得点集計と粗利率ガイドライン

		競合関係	顧客購買力	シェア	製品成長性	商品力	価格政策	粗利率ガイドライン	
目標粗利率	ウエイト	1.0	1.0	1.0	1.0	1.0	価格維持政策 24%	上限	40%
	評点	1	1	1	1	2		平均	20%
	2	無	強	大	大	強		下限	−5%
	1	中	中	中	中	中	上記粗利率を参考にして，目標粗利率を決定入力する。		
	0	有	弱	小	小	弱			
	計	6	1	1	1	1	2		

得　点	価格政策
10.0〜7.5	高価格政策
7.5〜5.0	価格維持政策
5.0〜2.5	低価格政策
2.5〜0	戦略見直

点となっている。

　これを特定の製品に当てはめて計算した得点結果により，下記4つの範囲の価格政策を決定する。得点結果が7.5～10点に入れば高価格政策の利益率を，0～2.5点に入れば戦略見直の利益率を適用する。

　図表3-8の例では，得点が6点のため価格維持政策となり，粗利率ガイドラインの範囲で目標粗利率が24％となっている。もちろん，利益率の幅は会社ごとに変えてよい。

（3）IT活用による目標売価・利益率の設定

　図表3-9は，パソコンによる目標売価・目標利益率の設定画面である。原価企画の対象製品は，品番がMTA 100の制御モーターである。

　目標売価の設定では，市場性を"1. 新製品"，製品タイプを"2. 競合なし"を選択し，目標売価決定要因として"市場価格"を決定した。生涯生産量を1,000個，年間生産量を500個として市場価格を実施した結果より，目標売価90,000円とした。

　目標利益率は，価格維持政策の粗利率ガイドライン24％を参考にして，25％とした。第1次目標原価は，下記の算式より67,500円となる。

$$第1次目標原価 = 目標売価 \times (1 - 目標利益率)$$
$$= 90,000 円 \times (1 - 0.25)$$
$$= 67,500 円$$

第1部　原価企画とは何か

図表3-9　目標売価・利益率の設定

目標の売価・利益の設定

品番	MTA100		生涯生産量	年間生産量	目標売価	粗利率	限界利益率	付加価値率	第1次目標原価
品名	制御モーター		1,000	500	90,000	25.0%			67,500

目標売価	顧客対象 ☑1 市場性　☑2 製品タイプ　　　目標売価決定要因
	┌ 1. 比較対象なし 　　　　　┌ 1. 新製品 ─┤ 2. 競合なし　　　市場価格　市場調査価格 　　　　　│　　　　　　　└ 3. 競合あり 　消費型 ─┤ 2. 既存品改良型 ─┬ 4. 新機能あり 　　　　　│　　　　　　　　　└ 5. 新機能なし 　　　　　└ 3. 予算枠型 　生産財 ─┬ 4. 新規取引 ─┬ 6. 競合なし 　　　　　└ 5. 継続取引 ─┴ 7. 競合あり

目標粗利率		競合関係	顧客購買力	シェア	製品成長力	商品力	価格政策	粗利率ガイドライン	
	ウエイト	1.0	1.0	1.0	1.0	1.0	価格維持政策 24%	上限	40%
	評点　　2	無	強	大	大	強		平均	20%
	1	中	中	中	中	中	上記粗利率を参考にして、 目標粗利率を決定入力する。	下限	−5%
	0	有	弱	小	小	弱			
	計　　　6	1	1	1	1	2			

開発意図	

72

3-2 現状の実力値を見積原価で設定する

　目標売価，目標利益率により売価から逆算した目標原価（これを第1次目標原価と呼ぶ）は算定できる。この第1次目標原価の実現を技術的に検証するためには，現状いくらの原価でできるかの見積をして，成行原価を算定する必要がある。成行原価と第1次目標原価の差は，現状技術力とあるべき技術力とのギャップであり，今後チャレンジするコストダウン額を示している。

　見積原価（成行原価）は，現状の技術力を知る原価，すなわち現状の実力値ではいくらの原価になるかというものである。

（1）原価見積の種類
■ 原価企画活動における原価見積の位置づけ

　原価企画活動を展開するにあたり，計画（Plan）段階とコストダウン評価（See）段階で原価見積が必要になる。計画段階の原価見積は，目標原価を設定するためのもので，コストダウン評価に必要な見積は目標原価の達成率を測定するものである。ここで，計画段階で見積もる原価を見積原価，コストダウン評価段階での原価を標準原価と呼ぶ。見積原価とは，現状の実力値ではいくらの原価になるかというものであり，標準原価とは，設計・製造方式が決まった製造段階で，達成可能なあるべき原価である。見積原価や標準原価を算定するには，コストの算定手法とコストデータが整備されていることが必要であり，迅速かつ正確な見積ができ，原価のシミュレーションができることが期待されている。

■ スピード性と正確性の矛盾

　見積業務に必要とされる要件は，スピード性と正確性であるが，この2点は相反する関係にある。ここにスピード性とは見積を行うのに許される期間であ

り，正確性とは見積結果の信頼度である。

図表3-10は，見積業務の体系図である。迅速な見積が必要な場合は概算見積から右方向の見積方法を，正確な見積が必要な場合は工程設計・工数見積から左方向の見積方法を選択するとよい。

概算見積，基本見積，詳細見積は，原価の集約レベルによる区分である。すなわち，概算見積は見積対象の原価を材料費や加工費などの区分をせずに総コストというレベルで算定する。また，基本見積は原価を材料費，加工費，設計・型費の費目に分けて算定する。さらに詳細見積は，材料費を材料単価×材料消費量，加工費を工程別加工費，型費を工程別型費という原価レベルで算定する。見積結果の信頼度は，概算見積で信頼度85％，基本見積で信頼度90％，詳細見積で信頼度95％をガイドラインと考える。

どのレベルの見積原価を採用するかは，原価見積を行う時点で得られる技術情報によって異なる。

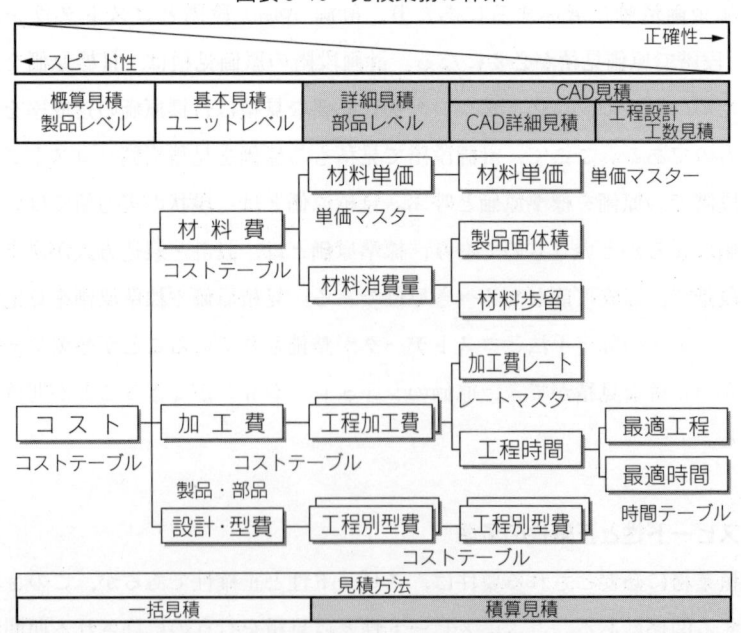

図表3-10　見積業務の体系

（2） 製品構成の決定と見積原価の設定

■ 製品構成の決定

　原価企画段階では製品の構造をどの程度まで分解して計画するかという製品構成の粗さ（ユニット・サブユニット）から決めなければならない。まったくの新製品の場合は粗く，類似製品の場合はより細かく分解することができる。

　通常は製品またはユニット別に材料費，加工費の見積原価が算定できれば問題はない。しかし，部品加工中心の企業や工程別に加工費が大きく異なる企業では，工程別加工費の算定が必要になることもある。

　図表3-11は，先に第1次目標原価を設定した，制御モーターの構成図であ

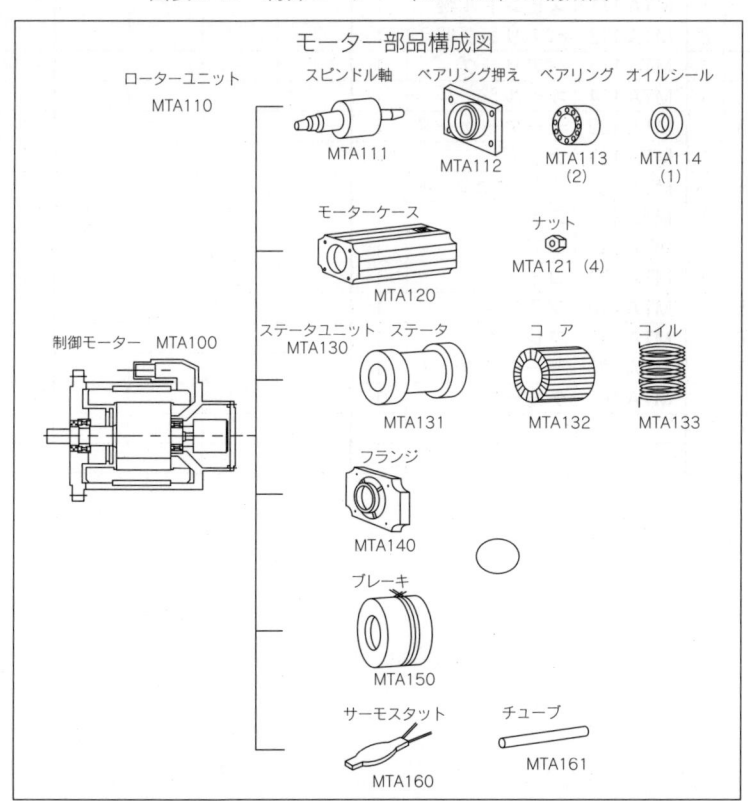

図表3-11　制御モーター（MTA 100）の構成図

モーター部品構成図

ローターユニット MTA110
スピンドル軸 MTA111
ベアリング押え MTA112
ベアリング MTA113 (2)
オイルシール MTA114 (1)
モーターケース MTA120
ナット MTA121 (4)
制御モーター MTA100
ステータユニット MTA130
ステータ MTA131
コア MTA132
コイル MTA133
フランジ MTA140
ブレーキ MTA150
サーモスタット MTA160
チューブ MTA161

る。

　制御モーター（MTA 100）はローターユニット（MTA 110）・モーターケース（MTA 120）・ステータユニット（MTA 130）・フランジ（MTA 140）・ブレーキ（MTA 150）・サーモスタット（MTA 160）の6つのユニットで構成されている。

　MTA 100 の構成ユニット，部品を入力した画面が図表3-12である。

図表3-12　構成データの入力

No	レベル		品番	品名	員数	変動費		固定費		見積原価
	1	2	MTA 100	制御モーター		材料費	加工費	加工費	開発費	合　計
						0	0	0	0	0
1	1		MTA 100	制御モーター	1					0
2	2		MTA 110	ローターユニット	1					0
3		1	MTA 111	スピンドル軸	1					0
4		2	MTA 112	ベアリング押え	1					0
5		3	MTA 113	ベアリング	1					0
6		4	MTA 114	オイルシール	1					0
7	3		MTA 120	モーターケース	1					0
8		1	MTA 121	ナット	4					0
9	4		MTA 130	ステータユニット	1					0
10		1	MTA 131	ステータ	1					0
11		2	MTA 132	コア	1					0
12		3	MTA 133	コイル	1					0
13	5		MTA 140	フランジ	1					0
14	6		MTA 150	ブレーキ	1					0
15	7		MTA 160	サーモスタット	1					0
16		1	MTA 161	チューブ	1					0
										0
										0

■ 見積原価の設定

見積原価は，現状の実力値ではいくらの原価になるかというものであり，見積原価の算定方法には次の3種類の方法がある。

> ① 経験見積法
> 見積担当者の経験から見積もる方法である。私意性が入るため，できる限り以下の科学的見積方法を勧める。
> ② 類似見積
> 現在見積をしようとする見積対象製品に最も近い製品（類似品）の原価を参考にして見積原価を算定する方法である。
> ③ コストテーブル
> コストテーブルを事前に作成しておき，コストに影響を及ぼす変動要因の係数を入力することで見積原価を算定する方法である。

図表3-13は，上記の②類似見積・③コストテーブルを使用し，制御モーターの見積原価を設定した結果である。制御モーター（MTA 100）の見積原価の合計は，100,424円である。内訳をみると，材料費が37,364円，変動加工費が44,580円，固定加工費が10,250円，開発費が8,230円である。以下，ユニット，部品別の見積原価を入力画面は表している。

すでに設定した第1次目標原価は67,500円なので，今後チャレンジするコストリダクション額は，32,924円（100,424 - 67,500）である。

図表3-13 制御モーターの見積結果

NO	見積原価（成行原価）設定					変動費		固定費		見積原価
	レベル		品番	品名	員数	材料費	加工費	加工費	開発費	合計
	1	2	MTA 100	制御モーター		37,364	44,580	10,250	8,230	100,424
1	1		MTA 100	制御モーター	1		2,900	10,250	8,230	21,380
2	2		MTA 110	ローターユニット	1		2,400			2,400
3		1	MTA 111	スピンドル軸	1	3,570	11,400			14,970
4		2	MTA 112	ベアリング押え	1	4,300	6,430			10,730
5		3	MTA 113	ベアリング	2	2,400				2,400
6		4	MTA 114	オイルシール	1	310				310
7	3		MTA 120	モーターケース	1	5,000	10,000			15,000
8		1	MTA 121	ナット	4	4				4
9	4		MTA 130	ステータユニット	1		2,000			2,000
10		1	MTA 131	ステータ	1	1,700	1,860			3,560
11		2	MTA 132	コア	1	1,200	1,160			2,360
12		3	MTA 133	コイル	1	1,380				1,380
13	5		MTA 140	フランジ	1	4,830	6,430			11,260
14	6		MTA 150	ブレーキ	1	10,280				10,280
15	7		MTA 160	サーモスタット	1	2,320				2,320
16		1	MTA 161	チューブ	1	70				70
										0
										0

第3章 原価企画の手順（1）

3-3　改善の可能性を余地分析で追求する

　コストダウンの方向性を見出すためには，見積原価計算の結果から製品別の付加価値率と限界利益率を計算する必要がある。

（1）コストダウンの方向性の見つけ方
　付加価値とは企業が生みだした正味の価値をいい，売上高に対する付加価値の比率を付加価値率という。付加価値は売上高から外部購入価値を差し引いたものであり，外注費も外部購入価値として売上高から差し引くのが普通である。しかし，ここではコストダウン対象製品を絞り込む目的から，外注加工費の支払いは社内加工費と同様に付加価値を増加させている一部と考え，外部購入価値という扱いをしない。したがって，付加価値率は（売上高－材料費）÷売上高で計算する。
　限界利益率は製造原価の計算で変動費と固定費を分けて計算していない場合は，売上高総利益率（粗利益率）でもよい。
　上記の考え方「（売上高－材料費）÷売上高」で付加価値率の比較をした結果

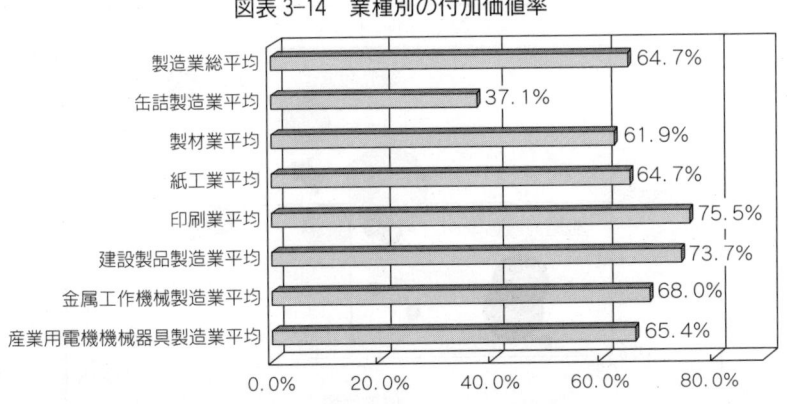

図表3-14　業種別の付加価値率

業種	付加価値率
製造業総平均	64.7%
缶詰製造業平均	37.1%
製材業平均	61.9%
紙工業平均	64.7%
印刷業平均	75.5%
建設製品製造業平均	73.7%
金属工作機械製造業平均	68.0%
産業用電機機械器具製造業平均	65.4%

出典：中小企業庁編「中小企業の原価指標」，平成9年度調査

が図表 3-14 である。製造業の平均値は 64.7% である。平均より低い業種は缶詰製造業，製材業など 1.5 次産業であり，高い業種は印刷業，建設製品製造業，金属工作機械製造業など加工度の高い 2 次産業である。

■ 原価のポートフォリオ分析

　図表 3-15 のように縦軸に限界利益率（または売上高総利益率），横軸に付加価値率を取って，各製品ごとの計算結果をプロットしてみる。丸の大きさは，売上高の大きさを示す。そして，限界利益率は 30%〜40%（売上高総利益率は 15%〜20%），付加価値率は 50% の所で線引きをすると 3 つのパターンに分けることができる。それぞれを，販売促進型，戦略見直し型，改善促進型と呼ぶ。以上の分析手法を原価のポートフォリオ分析と呼ぶ。

　このなかで，限界利益率の高い製品は収益力があることを表し，高い順に売れば売るほど儲かる製品である。これを販売促進型製品と呼び，販売戦略上常に意識されなければならない。反対に限界利益率の低い製品はコストダウンすべき製品である。もちろん限界利益率の高い製品のなかにもコウトダウン余地はある。しかし，売価は市場価格で決まる要素の強い今日，その売価で採算を取っている会社があるとすれば利益率の低い製品はそれだけ自社のコストダウ

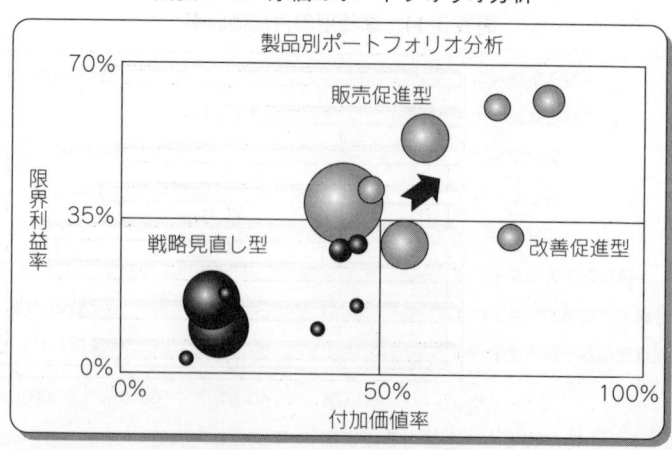

図表 3-15　原価のポートフォリオ分析

ン努力が足りない製品であるとの仮説に基づくものである。事実，利益率の低い製品にはコストダウン余地が大きい。

■ **戦略見直し型製品の改善方向**

　限界利益率も付加価値率もともに低い製品を戦略見直し型製品と呼ぶ。これは図表3-16に示すように，売価の見直しをするか材料費を下げることによって限界利益率も付加価値率もともに向上するアクションが必要である。このアクションが取れる部門は開発・設計である。また，これは生産そのものを継続するか否かの意思決定がトップに要求されている製品でもある。特に限界利益率がマイナスになる製品は中止か継続かを即決する必要がある。

　戦略見直し型製品の生産を継続するとすれば，開発設計自体から根本的な見直しをすることになるので，改善には時間がかかるがその効果は大きい。長期的にはこういった製品を改善対象にするとよい。

図表3-16　戦略見直し型製品の改善方向

- トップ：製品そのものの生産を中止する……
  　　　　：OEM・NIES・ASEAN生産に切り替える……
- 開発設計：製品自体の機能から根本的な見直しをする……売価アップ
  　　　　：徹底して材料費の低減・VE改善を図る…………材料費低減

材料費	変動加工費	限界利益

材料費低減　　（付加価値極大化）　　売価アップ

材料費	変動加工費	限界利益

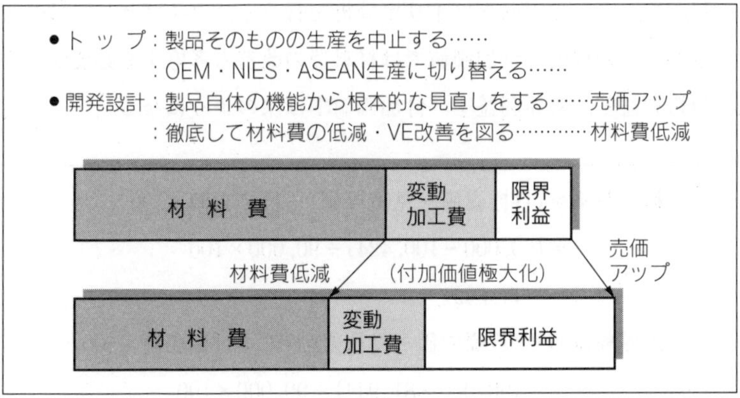

■ **改善促進型製品の改善方向**

　限界利益率は低いが付加価値率は高い製品を改善促進型製品と呼ぶ。これは，図表3-17に示すように，付加価値のなかで加工費に食われて利益が出ていないことを意味しているので，加工費の低減をすることによって利益にかえる。

図表 3-17　改善促進型製品の改善方向

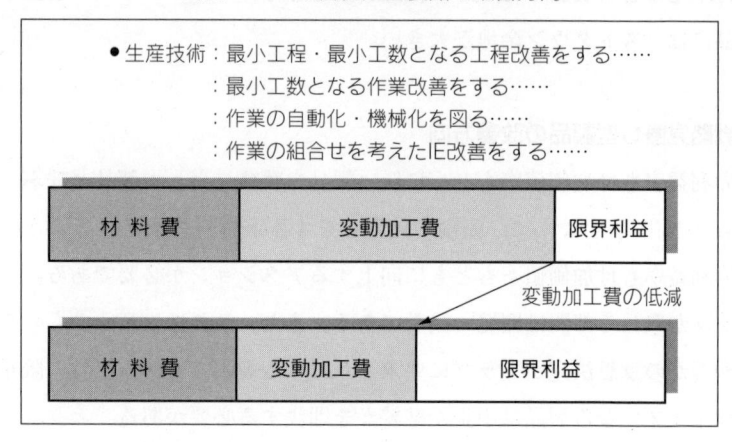

- 生産技術：最小工程・最小工数となる工程改善をする……
  　　　　：最小工数となる作業改善をする……
  　　　　：作業の自動化・機械化を図る……
  　　　　：作業の組合せを考えたIE改善をする……

| 材　料　費 | 変動加工費 | 限界利益 |

変動加工費の低減

| 材　料　費 | 変動加工費 | 限界利益 |

つまり付加価値率は変えずに限界利益率だけ向上させることができる。このアクションが取れる部門は生産技術である。戦略見直し型製品に比べて，改善促進型製品は設計からの見直しをせずに，作り方の改善をすることになるので，比較的短時間に効果を上げることができる。

先の制御モーターでポートフォリオ分析を行うと，タイプとしては改善促進型になるが，この程度の付加価値では材料費の改善も考慮する必要がある。

現状の粗利益率，限界利益率，付加価値率は次のようになる。

$$
\begin{aligned}
粗利益率 &= (目標売価 - 見積原価) \div 目標売価 \times 100 \\
&= (90,000 - 100,424) \div 90,000 \times 100 \\
&= -11.6\% \\
限界利益率 &= (目標売価 - 見積変動費) \div 目標売価 \times 100 \\
&= (90,000 - 81,944) \div 90,000 \times 100 \\
&= 9.0\% \\
付加価値率 &= (目標売価 - 見積材料費) \div 目標売価 \times 100 \\
&= (90,000 - 37,364) \div 90,000 \times 100 \\
&= 58.5\%
\end{aligned}
$$

（2）材料費の改善余地分析

ポートフォリオ分析の戦略見直し型製品群は材料費を低減する方向で検討する。どれくらい材料費が低減できるかは，材料の機能分析を行い，基本機能を追求する。

■ 材料費の基本機能と補助機能

完成材料には製品本来の機能を有する基本機能に使われるものと，その基本機能を補助する補助機能に使われるものがある。たとえば，カセットテープの基本機能は音を録音する部分だけであり，テープの先端にある巻取り部分は補助機能である。録音時間が60分のカセットテープでは補助機能の巻取り部分が先端，後端に2.5cmもある。

製品は基本機能のみで構成されるのが最もよい。といっても基本機能は改善できないというわけではない。ハイテク技術の活用，過剰品質材料の見直しにより改善できるが，改善のやりやすさという点から考えると，難易度が高いのである。

図表3-18は投入材料で決まる材料費を基本機能，補助機能，技術歩留ロスに区分したものである。ここで，基本機能部分を基本機能材料費とし，基本機能＋補助機能×1/2を理想目標材料費とする。改善余地は実際材料費から理想目標材料費を引いたものである。

図表3-18 材料の基本機能・補助機能・ロス

投 入 材 料		
完 成 材 料		技術歩留ロス
基 本 機 能 製品の設計上不可欠の機能を有する材料	補 助 機 能 基本機能を補助する材料	・設計技術上発生する歩留ロス ・生産技術上発生する歩留ロス

基本機能材料費 ← 理想材料費 → ← 改善余地 →

■ 材料費に含まれる技術歩留ロスとは

　材料の最も効率のよい使い方は投入材料がすべて完成品となり売られていくことである。投入材料と完成品の差を技術歩留ロスと呼ぶが、これは不良や製造上発生する歩留以外の設計仕様上発生する歩留ロスである。技術部門では設計上の歩留ロスの大きなものは材料消費量改善の第1のねらい目となる。すなわち，下記算式の技術歩留率が低いものほど材料消費量の改善余地は大きい。

$$技術歩留ロス = \frac{完成材料}{投入材料}$$

　技術歩留ロスには，設計技術上発生するものと生産技術上発生するものがある。

　① 設計技術上発生する歩留ロス

　・端材・切断代によるスクラップロス

　これは，図面仕様により端材・切削屑・スクラップとなり製品とならない投入材料ロスである。

　図表3-19の図面のスピンドル軸を丸棒から加工するときに必要な投入材料は，完成品の最大径$\phi 70$に削り代を5 mm，全長250 mmに摑み代5 mmを考慮して，$\phi 75 \times 255$ mm必要である。このとき必要な投入重量を計算すると，8.85 kgとなる。同様に完成品の重量を図面より計算すると3.36 kgなので，歩留率は38％（3.36÷8.85×100）となり，62％もの改善余地があることがわかる。

　・抜き代によるスクラップロス

　四角の板から丸い製品を取れば最高でも75％の歩留率は免れない。さらに，図表3-20に示すようにクリアランスを加味した送り間隔（0.8 mm）や抜代（1.0 mm）を考慮すれば歩留率はさらに低下してしまう。

　② 生産技術上発生する歩留ロス

　・摑み代・先端・後端よるスクラップロス

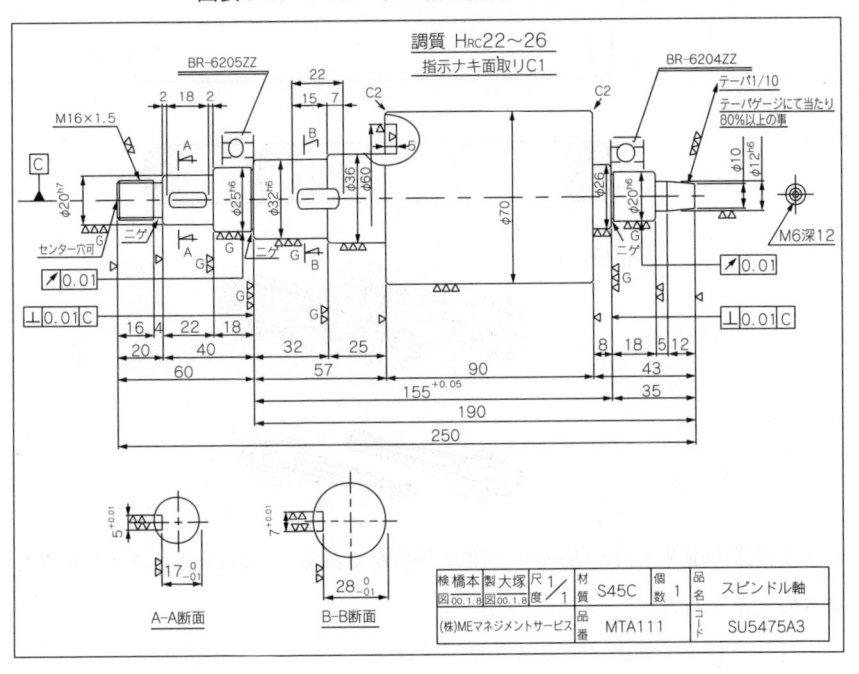

図表 3-19　スピンドル軸の図面（イメージ図）

図表 3-20　設計上のスクラップロス

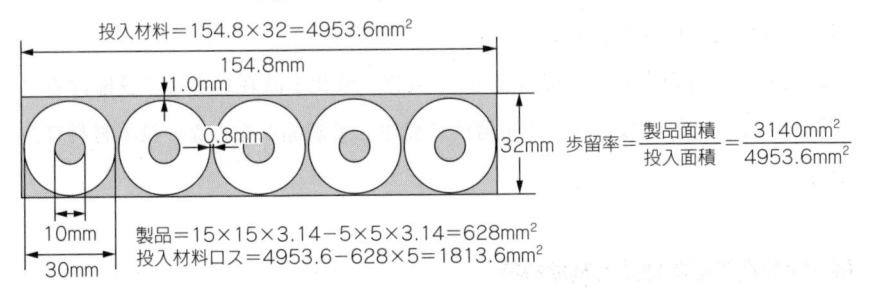

投入材料＝154.8×32＝4953.6mm²

歩留率＝製品面積／投入面積＝3140mm²／4953.6mm²

製品＝15×15×3.14－5×5×3.14＝628mm²
投入材料ロス＝4953.6－628×5＝1813.6mm²

　図表 3-21 は丸棒より切断工程，鍛造工程を経て製品を成形する例である。

　これらの工程により発生する歩留ロスは，先端摑み代・後端・バリである。先端摑み代は，切断の際，切断機に固定するのに必要な長さであり，後端は，丸棒より製品の容積に必要な長さを切断した端材である。

　先端摑み代は設備の仕様により決まるが，摑み代を少なくする設備改善をねらう。後端は，生産数量の多い製品を中心に，丸棒の長さを定尺ものから，な

図表 3-21　生産技術上のスクラップロス

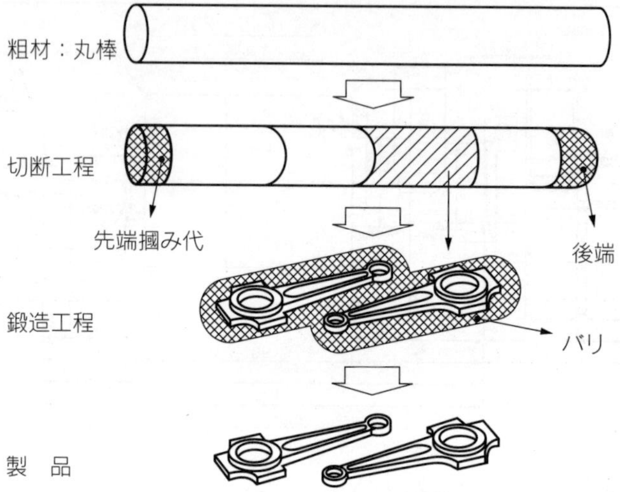

るべく後端が発生しない乱尺への改善が必要である。バリは金型設計を見直しロスの追求を行う。

・送り・ピッチ間隔によるスクラップロス

生産技術歩留ロスのなかで，金型設計により改善できるのが送り・ピッチ間隔による投入材料ロスがある。

以上述べた技術歩留ロス以外にも，"気化・液化・減耗ロス"，"設備付着ロス"がある。これらは製造上不可避的に発生して製品とならない投入材料ロスである。

■　材料費の基本機能と補助機能

図表 3-22 は，使い捨てライターの構造で，基本機能に用いられる材料と補助機能の材料の分析結果である。「ガス噴出部」では，ガスを出す「開閉レバー」は基本機能であるが，炎の大きさを調整する「ガス調整レバー」やガスを吸入する「吸入パイプ」はいずれも補助機能の材料である。ユニット別に基本機能比率を比べると，「点火ユニット部」や「ガス貯蔵部」に比べて「ガス噴出部」は低いので改善のねらい目である。

図表 3-22　ライターの基本機能・補助機能

製品	構成ユニット	構成部品	機能分析		
			基本	補助	ロス
ライター	点火ユニット部	ヤスリ	○		
		ヤスリ軸	○		
		発火石	○		
		支柱		○	
		スプリング		○	
		...			
	ガス噴出部	開閉レバー	○		
		吸入パイプ		○	
		ガス調整レバー		○	
		...			

■ **材料費の基本機能・補助機能に含まれるロス**

　材料費の基本機能，補助機能には，過剰設計によるロスが含まれることが多い。それは，開発設計者が水準値やグレードの検討時に，多くのノイズを考慮して，安全係数を大きめに設定する傾向にあるからではないだろうか。水準値やグレードの決定には，統計的アプローチが有効なので簡単な例を紹介する。

　図表 3-23 はモーターの積層部品の例である。モーターの回転子は 100 枚の磁性合金を積層し，全体の規格が $200±0.4$ mm と定められている。あなたなら 1 枚の許容差をいくつに設定するだろうか。

　多くの人は，100 枚の許容差が $±0.4$ mm なので，1 枚の許容差は $±0.4$ mm $÷100=±0.004$ mm と考えたのではないだろうか。この前提は，各部品の許容差を $T_1, T_2, T_3 \cdots\cdots, T_{100}$ としたとき，全体の許容差を T とすると，$T=T_1+T_2+\cdots+T_{100}$ が成立つと考えているからであろう。しかし，残念ながら許容

図表 3-23　モーターの積層部品図

200mm ±0.4mm

100部品の許容差は0.4mm

1部品の許容差は±0.004mm？

差は足し算できない。そこで"許容差の2乗は足し算が成立する"という「分散（許容差の2乗）の加法性」があるので，これを紹介する。

分散の加法性を用いると，全体の許容差は，

$T^2 = T_1^2 + T_2^2 + \cdots + T_{100}^2$ となり，以下の関係が導かれる。

$T = \sqrt{T_1^2 + T_2^2 + \cdots\cdots + T_{100}^2}$

この関係により部品Xと部品Yを組み合わせて許容差±0.5 mmの製品を設計してみよう。

全体の許容差が±0.5 mmなので，分散の加法性により，次のように表すことができる。

$0.5 \text{ mm} = \sqrt{X^2 + Y^2}$

よって，$X=0.3$，$Y=0.4$ が成り立つ。通常は，部品Xの許容差を±0.2 mm，部品Yの許容差を±0.3 mmと設計することが多い。分散の加法性を用いると，部品Xの許容差を±0.2 mmから±0.3 mmに，部品Yの許容差を±0.3 mmから±0.4 mmに大きくしても全体の許容差は変わらない。

この理論は部品点数が多いほど効果が大きい。10枚の部品で±1.0 mmの許容差を保証するには，単純に許容差を算定する方式では1部品の許容差が±0.1 mm必要であるが，分散の加法性を用いる方法では，$1/\sqrt{10} = 0.316$ mmとなり許容差が約3倍に拡大される。先の積層部品では，100枚の部品で±

図表3-24 部品Xと部品Yの許容差

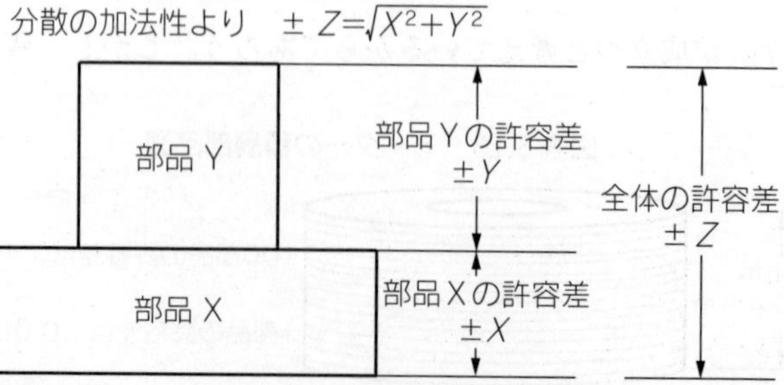

分散の加法性より　±$Z = \sqrt{X^2 + Y^2}$

0.4 mm の許容差を考えると，±0.004 mm の許容差が $0.4/\sqrt{100} = 0.04$ mm となり10倍になる。

構成部品の寸法許容差を過剰に厳しくすることは，クレームの防止にならず，材料のグレードアップ，加工費の単価アップにつながるだけである。

■ 材料費機能分析結果

図表3-25は，MTA 100の材料費分析結果の一部である。

入力画面は，ローターユニット（MTA 110）の構成部品であるスピンドル軸・ベアリング押え・ベアリング・オイルシールの機能分析と理想材料費・材料改善余地の結果を表している。たとえばスピンドル軸（MTA 111）は，機能分析結果が基本機能38%・補助機能0%・ロス62%であり，理想材料費1,357円，材料費改善余地2,213円である。理想材料費・材料改善余地は，次の算式で計算した。

図表3-25 材料費の機能分析結果
ユニット別目標材料費設定

NO	サブユニット品番	品　名	見積材料費	機能分析			理想材料費	材料費改善余地	差
				基本	補助	ロス			
			19,864	50%	27%	24%	12,549	7,315	
2	MTA 110	ローターユニット	0				0		
3	MTA 111	スピンドル軸	3,570	38%	0%	62%	1,357	2,213	
4	MTA 112	ベアリング押え	4,300	50%	50%	0%	3,225	1,075	
5	MTA 113	ベアリング	2,400	50%	50%	0%	1,800	600	
6	MTA 114	オイルシール	310	0%	100%	0%	155	155	
7	MTA 120	モーターケース	5,000	65%	5%	30%	3,375	1,625	
8	MTA 121	ナット	4	0%	100%	0%	2	2	
9	MTA 130	ステータユニット	0				0		
10	MTA 131	ステータ	1,700	65%	0%	35%	1,105	595	
11	MTA 132	コア	1,200	70%	0%	30%	840	360	
12	MTA 133	コイル	1,380	0%	100%	0%	690	690	

$$
\begin{aligned}
\text{理想材料費} &= \text{見積材料費} \times \text{基本機能比率} \\
&\quad + \text{見積材料費} \times \text{補助機能比率}/2 \\
\text{材料改善余地} &= \text{見積材料費} \times \text{ロス比率} + \text{見積材料費} \times \text{補助機能比率}/2 \\
&= \text{見積材料費} - \text{理想材料費}
\end{aligned}
$$

（3）加工費の改善余地分析

ポートフォリオ分析の改善促進型製品群は加工費を低減する方向で検討する。どれくらい加工費が低減できるかは，加工の機能分析を行い，基本機能を追求する。

■ 加工費の基本機能と補助機能

加工時間の構成は，一般の作業では主体作業と付帯作業に分けられる。さらに，主体作業は製品の加工・組立・変形・変質をともなう作業であり，なかでも直接それにたずさわる作業が基本機能である。基本機能のみが加工本来の作業であり，加工時間は基本機能のみで構成されるのが最もよい。

材料費と同様に，加工費の基本機能，補助機能，ロスの関係を図表3-26に示す。加工時間の機能を分析し，基本機能時間を基本機能加工費とする。基本機能＋補助機能×1/2を理想加工費とする。

図表3-26 加工時間の基本機能・補助機能・ロス

加 工 時 間				
主 体 作 業		付帯作業	段取作業	メソッドロス
基本機能 製品の加工・ 変形・変質等を ともなう作業	補助作業 基本機能を 補助する 機能	非サイク ル作業	準備・後 始末作業	バランスロス 干渉ロス
基本機能加工費				
←—— 理想加工費 ——→		←------ 改 善 余 地 ------→		

■ 加工時間に含まれる製造方式のロスとは

材料費の設計歩留ロスに相当するものを加工時間のなかで見つけると，仕事のやり方（製造方式）によって，どうしても発生してしまう時間のロスがある。製造方式のロスにはバランスロスと干渉ロスの2つがある。

① バランスロス

生産ラインを構成する各工程間の作業量（作業時間）のバランスがとれていないために発生するロスである。ライン作業ではネック工程（工程のなかで最も時間を要する工程）の作業量により製品の出来高が決まるため，各工程間の作業量が異なると，作業時間の小さい工程には"待ち"，すなわちバランスロスが生じる。

図表3-27は，ライン作業の仕事量をピッチダイヤグラムに表したものである。ラインの「編成効率」は算式で計算すると78.7％，つまり21.3％のバランスロスが発生していることがわかる。

② 干渉ロス

人と機械，または複数の人からなる連合作業において，作業量のアンバラ

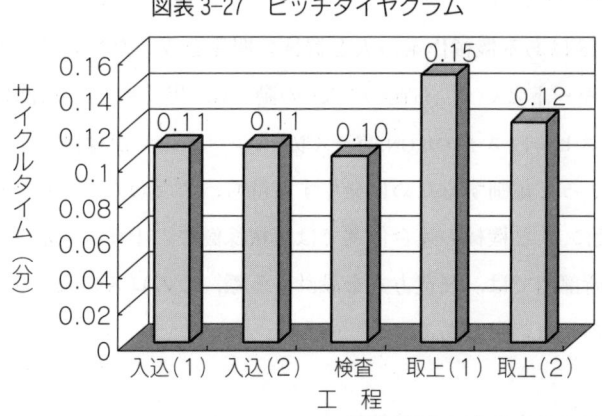

図表3-27　ピッチダイヤグラム

工程	サイクルタイム（分）
入込(1)	0.11
入込(2)	0.11
検査	0.10
取上(1)	0.15
取上(2)	0.12

$$編成効率 = \frac{\Sigma 各工程作業時間}{ネック工程作業時間 \times 作業時間}$$

$$= \frac{0.11+0.11+0.10+0.15+0.12}{0.15 \times 5} = 78.7\%$$

図表3-28　M-Mチャート

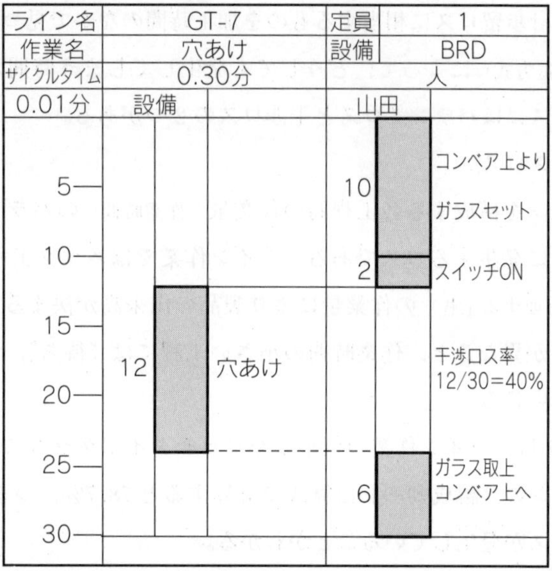

ライン名	GT-7	定員	1
作業名	穴あけ	設備	BRD
サイクルタイム	0.30分	人	
0.01分	設備	山田	

（図：縦軸は0.01分刻みで5、10、15、20、25、30。設備側は12「穴あけ」。人側は10「コンベア上よりガラスセット」、2「スイッチON」、6「ガラス取上コンベア上へ」。干渉ロス率 12/30=40%）

ンス，作業者または機械相互間のタイミングのズレなどのために発生するロスを干渉ロスという。

図表3-28はある機械作業の人と機械の関係を表したもので，M-M（マン・マシン）チャートという。右側の"人"の動きは，黒くぬられた部分（コンベア上よりガラスセット，スイッチON，ガラス取上コンベア上へ）が稼働を示し白い部分が機械によって規制するために発生する待ち，すなわち干渉ロスを意味している。一般に，人と機械の連合作業では機械稼働中の干渉ロスが多く見られる。

生産技術部門では，製造方式を設計する際，このロスの大きなものは時間低減改善のねらい目である。

■　加工時間の基本機能と補助機能

主体作業は製品の加工・組立・変形・変質をともなう作業であり，そのなかでも直接それにたずさわる作業が基本機能である。基本機能の大部分は設備が行っている。基本機能を補助する作業を補助機能と呼ぶ。生産技術部門では加

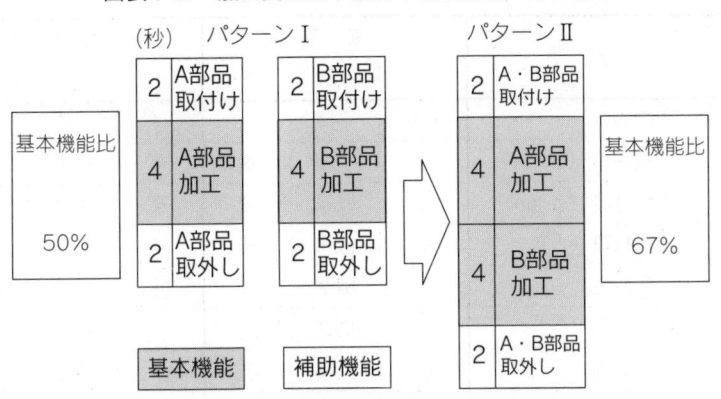

図表3-29 加工費の基本機能・補助機能の分析結果

	パターンⅠ		パターンⅡ	
(秒)	A部品	B部品	A・B部品	
基本機能比	2 A部品取付け	2 B部品取付け	2 A・B部品取付け	基本機能比
50%	4 A部品加工	4 B部品加工	4 A部品加工	67%
	2 A部品取外し	2 B部品取外し	4 B部品加工	
			2 A・B部品取外し	
	基本機能	補助機能		

工時間に占める基本機能以外の時間が大きなものは改善の第2のねらい目である。すなわち，下記算式の基本機能時間比率が低いものほど改善余地は大きい。

$$基本機能時間比率 = \frac{基本機能時間}{加工時間}$$

改善余地の大きさを簡単な例で説明してみよう。図表3-29は，加工職場の基本機能・補助機能分析結果である。パターンⅠの作業方法は，2人の作業者が同時にA・B部品の加工を行っている。この時の基本機能は，両部品の加工であり，部品の取付け・取外しが補助機能となる。この場合，基本機能比率，補助機能比率ともに50%となる。これに対して，1人で加工を行うパターンⅡでは，基本機能比率が67%，補助機能比率が33%である。作業分担を替えるだけで，補助機能比率が50%から33%にほぼ半減する。

■ **加工時間の基本機能・補助機能に含まれるロス**

加工時間の基本機能，補助機能にもロスが含まれることがある。それは，生産技術者が設備の生産条件の検討時に，工場内で発生する悪影響を考慮して，加工時間の安全係数を大きめに設定する傾向にあるからではないだろうか。

図表3-30 NC加工機の従来条件と最適条件の比較

制御因子		従来条件			最適条件		
		1	2	3	1	2	3
A	切削方向	上昇	下降	―	上昇	下降	―
B	切削速度 (m/min)	遅	標準	速	遅	標準	速
C	送り速度 (m/min)	遅	標準	速	遅	標準	速
D	工具材質	軟	標準	硬	軟	標準	硬
E	工具剛性	低	標準	高	低	標準	高
F	ねじれ角 (°)	小	標準	高	小	標準	高
G	すくい角 (°)	小	標準	高	小	標準	高
H	切り込み量 (mm)	小	標準	高	小	標準	高

図表3-30は，工場内にあるNC加工機の生産条件を比較したものである。生産技術者が意思決定できる項目（制御因子）として，"A：切削方向"から"H：切り込み量(mm)"まで8つの因子がある。これらの因子に対して，左側が従来の生産条件で，右側が品質工学のパラメータ設計により求めた最適条件である。

従来の条件は，制御因子Aが1水準（上昇）でB〜Hが2水準（標準）であった。最適条件の制御因子C「送り速度(m/min)」を見ると，水準は3水準（速）である。このことは，従来の送り速度(m/min)より速く削ることを示している。つまり，最適条件を検討すれば，加工時間の基本機能も改善余地が残されているのである。

パラメータ設計は，次の章で詳述する。

■ 加工費機能分析

実務として新規製品の基本機能・補助機能を分析するには，類似製品の工程や作業を参考にし，職場や工程・ラインの作業形態別に基本機能，補助機能，ロス比率を分析する。

たとえば機械加工職場では，加工時間における基本機能は，フライスやドリ

図表 3-31 加工費の機能分析結果
ユニット別目標加工費設定

NO	サブユニット品番	品　名	見積加工費	機能分析 基本	補助	ロス	理想加工費	加工費改善余地	差
			35,250	56%	20%	24%	23,327	11,923	
2	MTA 110	ローターユニット	2,400	60%	20%	20%	1,680	720	
3	MTA 111	スピンドル軸	11,400	60%	20%	20%	7,980	3,420	
4	MTA 112	ベアリング押え	6,430	60%	20%	20%	4,501	1,929	
5	MTA 113	ベアリング	0				0		
6	MTA 114	オイルシール	0				0		
7	MTA 120	モーターケース	10,000	50%	20%	30%	6,000	4,000	
8	MTA 121	ナット	0				0		
9	MTA 130	ステータユニット	2,000	60%	20%	20%	1,400	600	
10	MTA 131	ステータ	1,860	60%	20%	20%	1,302	558	
11	MTA 132	コア	1,160	25%	30%	45%	464	696	
12	MTA 133	コイル	0				0		

ルで切削屑を出している時間であり，基本機能を補助するワークの取付け，取外し時間などが補助機能である。さらに，工具の研磨やバイト交換のような非サイクリックに発生する付帯作業や段取作業が日常発生している。これらの項目に対して，具体的な比率を求めるには，ワーク・サンプリングによる稼働分析やストップウォッチによる直接時間研究がある。

図表 3-31 は，ローターユニット（MTA 110）の構成部品であるスピンドル軸・ベアリング押えやモーターケース（MTA 120）などの機能分析と理想加工費・材料改善余地の結果を表している。たとえばスピンドル軸（MTA 111）は，機能分析結果が基本機能 60％・補助機能 20％・ロス 20％ であり，理想材料費 1,680 円，材料費改善余地 720 円である。理想加工費・材料改善余地は，次の算式により算定する。

理想加工費＝見積加工費×基本機能比率
　　　　　＋見積加工費×補助機能比率／2
加工改善余地＝見積加工費×ロス比率＋見積加工費×補助機能比率／2
　　　　　　＝見積加工費－理想加工費

3-4 ライフサイクルの目標原価設定に余地分析を用いる

目標売価と目標利益率から算出する第1次の目標原価はすでに設定してあるが，これはあくまで仮の目標原価である。これと見積原価（成行原価）・改善余

図表 3-32　目標原価の計算手順

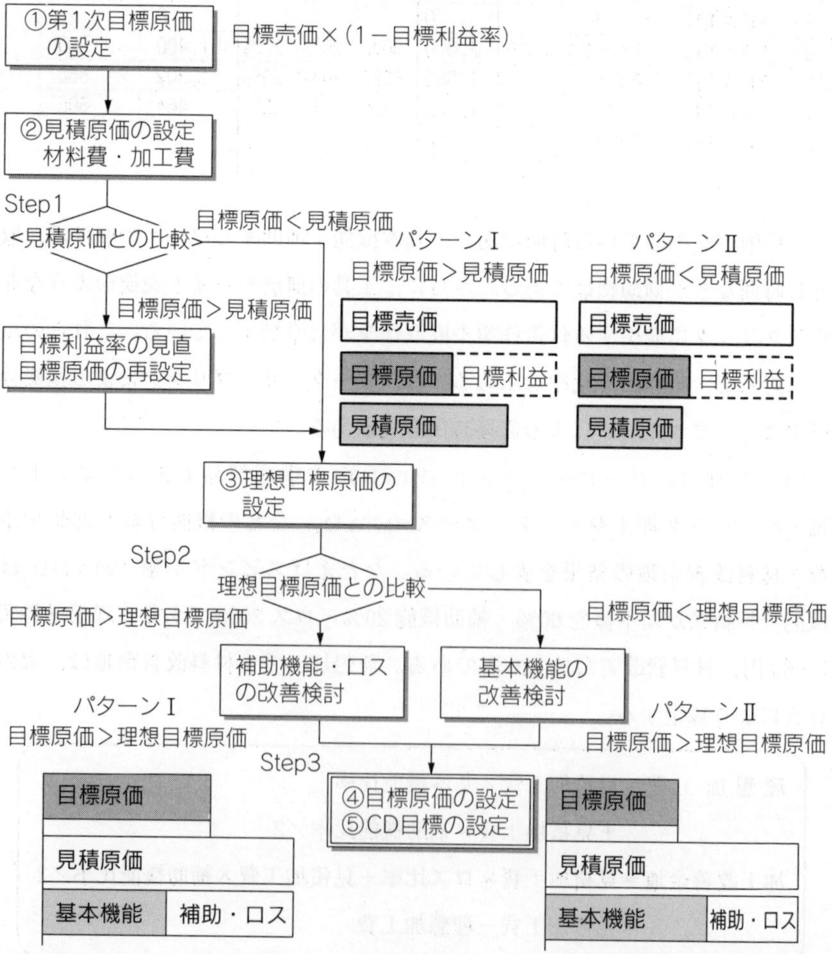

①第1次目標原価の設定　　目標売価×（1－目標利益率）

②見積原価の設定　材料費・加工費

Step1 ＜見積原価との比較＞
- 目標原価＜見積原価
- 目標原価＞見積原価 → 目標利益率の見直・目標原価の再設定

パターンⅠ　目標原価＞見積原価
（目標売価／目標原価／目標利益／見積原価）

パターンⅡ　目標原価＜見積原価
（目標売価／目標原価／目標利益／見積原価）

③理想目標原価の設定

Step2 理想目標原価との比較
- 目標原価＞理想目標原価 → 補助機能・ロスの改善検討
- 目標原価＜理想目標原価 → 基本機能の改善検討

Step3 ④目標原価の設定　⑤CD目標の設定

パターンⅠ　目標原価＞理想目標原価
（目標原価／見積原価／基本機能・補助・ロス）

パターンⅡ　目標原価＞理想目標原価
（目標原価／見積原価／基本機能・補助・ロス）

地分析結果を見比べながら，達成可能な理想目標原価を追求する。

（1）目標原価の設定手順

図表3-32は，第1次目標原価の設定から始まる目標原価設定の手順である。これをもとに，各ステップのポイントを考えてみよう。

■ Step1：見積原価との比較

第1次目標原価を設定する段階では，見積原価は未設定であったが，見積原価設定が完了した段階で，目標原価と見積原価を比較してみる。比較結果は図表3-33に示す2通りのパターンとなる。

図表3-33　見積原価との比較

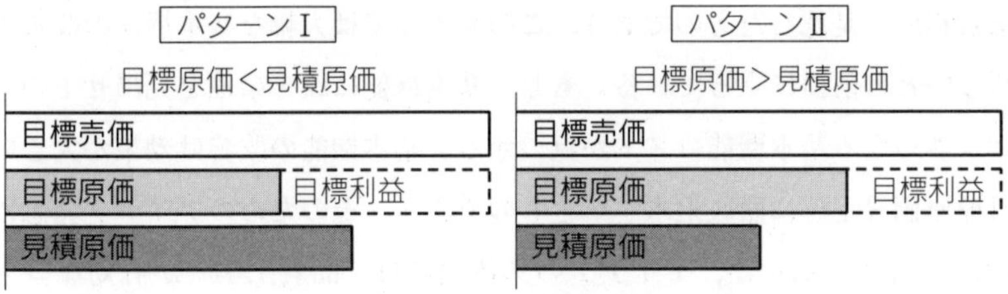

パターンⅠ	パターンⅡ
目標原価＜見積原価	目標原価＞見積原価

目標売価		目標売価	
目標原価	目標利益	目標原価	目標利益
見積原価		見積原価	

ここで確認すべきことは，パターンⅡ（目標原価＞見積原価）のケースである。見積原価とは現状の成行原価であり，第1次の目標原価より見積原価が安くては，生産準備段階で何の改善もせずに目標原価が達成でき，原価企画活動を展開する意味がない。この場合は，目標利益率を見直して第1次目標原価を再設定することになるが，このパターンは現行原価がそれだけ安くできているといってもよい。しかし，このケースはまれである。

■ Step2：理想目標原価"見積原価×(基本機能比率＋補助機能比率/2)"との比較

第1次目標原価に対し，あるべき姿の目標原価を追求するのがこのステップであり，一番時間をかけて検討する必要がある。

〔パターンⅠの場合〕

パターンⅠは，図表3-34の左図で理想目標原価より目標原価が大きい場合である。このパターンは，目標原価を基準にして補助機能，ロスの改善方針を検討するが，理想目標原価達成の可能性を追求することでより高次の目標原価が設定できる。

〔パターンⅡの場合〕

図表3-34の右図は，理想目標原価より目標原価が小さい場合がパターンⅡである。このパターンの目標原価の達成は，パターンⅠに比べ難しいと判断しなければならない。

しかし，基本機能，補助機能，ロスによる改善余地分析は，現状の見積原価の内容分析であることに注意しなければならない。それは，現状の技術レベルをある程度，是認したものであり，このレベルでは大幅な基本機能の改善は見込めないとの前提に立っている。もし，基本機能に改善余地を見出せるのであれば，さらなる基本機能コストが見つかる。基本機能の改善は効果が大きいので目標原価設定時に徹底追求すべきものである。そのためのアイデア発想には，"TRIZ（トゥリーズ）"が，アイデアの具体化には"品質工学"が有効なコストダウンツールとなる。

図表3-34　理想目標原価との比較

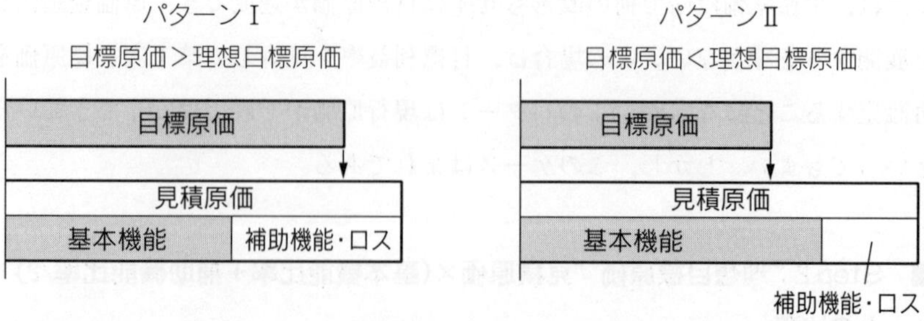

（2）第2次目標原価の決定

目標原価は，目標売価，目標利益率に基づく第1次目標原価が原則であるが，

それだけでは数字の一人歩きになってしまう。そこで，見積原価を設定してみて現状の実力を知る。さらに，技術的に達成可能なあるべき姿の理想目標原価を描くというステップで，最終の目標原価を決定する段階になる。つまり，「第1次目標原価」「見積原価」「理想目標原価」の3つの原価を考えて，技術的に改善できる限界を目標原価として決定する。回りくどいようであるが，こうして検討しているなかに，コストダウンの可能性を発見しているのである。

　大切なことは，単に数字をもて遊ぶのではなく，それを開発設計方針やコンセプトとして具現化していくことである。「ロス部分はすべて改善する」，「補助機能の半分は改善する」，「基本機能の改善にチャレンジする」だけではなかなか前には進まない。この目標を実現するために今回の原価企画活動で技術的に狙う開発設計方針を明確にすることである。

■ 目標原価設定のポイント

　以下は，目標原価設定のチェックポイントを変動費，材料費，加工費別に整理したものである。

【製品レベルの目標原価の設定にあたり】
・第1次の目標原価以下になるように第2次目標原価を設定する。
・第2次の粗利益率＞第1次の粗利益率になっている。

【製品レベルの目標変動費の設定にあたり】
・第1次目標変動費以下になるように，理想材料費＋理想加工費の近くに第2次目標変動費を設定する。
・第2次の限界利益率＞第1次の限界利率になっていることを確認する。
・（目標原価－目標変動費）で製品レベルの目標固定加工費が設定される。

【製品レベルの目標材料費の設定にあたり】
・目標原価は原則として材料費と加工費に分けて設定する。それは両者の役割分担の違いからきている。
・材料費の低減は開発設計部門主体の役割であり，加工費の低減は生産技

術部門主体の役割である。
・できる限り最低の原価レベルを担いたいので，理想目標材料費に近い値を目標材料費として設定する。
・第2次の付加価値率＞第1次の付加価値率になっていることを確認する。

【製品レベルの目標加工費の設定にあたり】
・できる限り理想目標加工費に近い値を目標加工費として設定する。
・第2次の付加価値率＞第1次の付加価値率になっていることを確認する。

上記の目標原価設定のポイントに従ってMTA 100の目標原価を設定したのが，図表3-35である。第1次と第2次を比較すると，次のように設定している。

・目標原価は67,500円→66,000円で粗利益率は25%→26.7%
・目標変動費は58,500円→57,000円で限界利益率は35%→36.7%

第3章　原価企画の手順（1）

図表 3-35　目標原価設定

目標原価設定

	目標売価	見積原価 変動費	粗利率	限界利益率	付加価値率
			現状	-11.6%	9.0%	58.5%
☐機能余地分析	90,000	100,424	第1次	25.0%	35.0%	60.0%
■目標原価設定		81,944	第2次	26.7%	36.7%	68.9%
☐目標原価割当						

目標原価割当差額 →	2	0
開発重点タイプ	目標CD金額	目標原価 変動+固定	目標 変動費
改善促進型	32,924	67,500	58,500
生技投資	34,424	66,000	57,000

目標材料費設定

■：ユニット展開されている　　MTA100　制御モーター

品番品名	ユニット品番	品名	見積材料費	累計構成比	目標設定する	機能分析 基本	補助	ロス	理想材料費	材料費割当差額 →	28,000
						67%	18%	15%		改善余地	目標材料費
			37,364	100%					28,327	9,037	28,000
										責任	
No											
2	MTA110	ローターユニット	10,580	28%	*				6,537	4,043	
14	MTA150	ブレーキ	10,280	56%	*	90%	10%	0%	9,766	514	
7	MTA120	モーターケース	5,004	69%	*				3,377	1,627	
13	MTA140	フランジ	4,830	82%	*	70%	10%	20%	3,623	1,208	
9	MTA130	ステータユニット	4,280	94%	*				2,635	1,645	
15	MTA160	サーモスタット	2,390	100%					2,390	0	
1	MTA100	制御モーター	0	100%					0	0	

図表 3-35（つづき）

目標加工費設定

｜ユニット展開されている

| 品番 | MTA100 | | | | | | | | | | | 目標加工費 | 29,000 |
| 品名 | 制御モーター | | | | | | | | | | | | |

No	品番	品名	見積加工費	累計構成比	目標設定する	機能分析 基本	機能分析 補助	機能分析 ロス	理想加工費	加工費割当差額→ 加工費	改善余地	責任	目標加工費
2	MTA110	ローターユニット	44,580	100%		57%	20%	23%	29,713	14,867			29,000
7	MTA120	モーターケース	20,230	45%	*				14,161	6,069			
13	MTA140	フランジ	10,000	68%	*				6,000	4,000			
9	MTA130	ステータユニット	6,430	82%	*	60%	20%	20%	4,501	1,929			
1	MTA100	制御モーター	5,020	93%	*	55%	20%	25%	3,166	1,854			
14	MTA150	ブレーキ	2,900	100%					1,885	1,015			
15	MTA160	サーモスタット	0	100%					0	0			
			0						0	0			

3-5 目標原価を割り当てる

目標原価を達成するには，達成目標をできるだけ具体的に分解しそれぞれに目標原価を割り付ける必要がある。

（1）目標原価の割当状況

図表3-36によれば，目標原価を決定する単位については，「完成品トータルレベル」での目標原価設定までと答えているのが業界全体で53.2％，「加工品単品レベル」が30.7％，「加工複合品（ユニット）レベル」が13.6％である。

業種別にみると，「完成品トータルレベル」は造船を除いたすべての業種で50％以上であるが，医薬（73.7％），住宅（70.6％）が特に高い数値である。「加

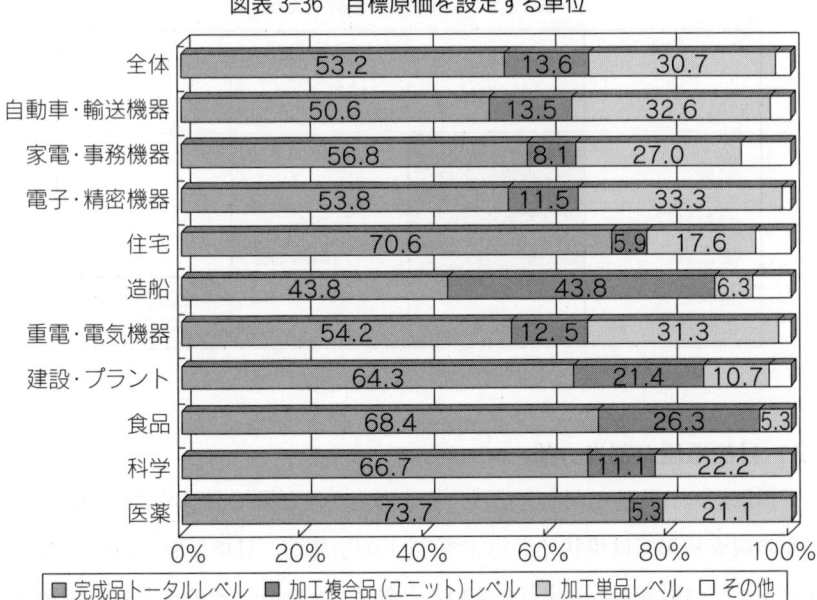

図表3-36 目標原価を設定する単位

業種	完成品トータルレベル	加工複合品(ユニット)レベル	加工単品レベル	その他
全体	53.2	13.6	30.7	
自動車・輸送機器	50.6	13.5	32.6	
家電・事務機器	56.8	8.1	27.0	
電子・精密機器	53.8	11.5	33.3	
住宅	70.6	5.9	17.6	
造船	43.8	43.8	6.3	
重電・電気機器	54.2	12.5	31.3	
建設・プラント	64.3	21.4	10.7	
食品	68.4		26.3	5.3
科学	66.7	11.1	22.2	
医薬	73.7	5.3	21.1	

出典：（社）日本能率協会「第5回資材購買・外注管理実態調査報告書」

工複合品（ユニット）レベル」まで目標原価を展開している業種は，造船(43.8%)，食品(26.3%)，建設・プラント(21.4%)が高く，「加工単品レベル」までは電子・精密機器(33.3%)，自動車・輸送機器(32.6%)，重電・電気機器(31.3%)が高い数値を示している。

この結果は，装置産業系や大型製品系の業種よりも加工・組立の小型製品系の業種で目標原価を細分化していることをものがたっている。目標原価の割当てをどの程度まで行うかは，開発設計する製品の大きさ・新規性・特性などによって異なるので，図表3-37に示す製品構成レベルと原価レベルのマトリックスで考えるとよい。

目標原価の割当ては，細分化が進めば進むほど代替案発想に制約を受けやすく，現状と類似な発想になりやすい点を考慮する必要がある。これは当該製品を開発設計する担当グループまたは担当者の分担をどの程度に細分化するかという問題と合わせて考慮すべきである。

図表3-37　目標原価割当基準

製品構成レベル＼原価レベル	完成品レベル	加工複合品（ユニット）レベル	加工単品レベル
原価	新規品開発段階		
材料費 加工費	新規品開発段階	新規品先行試作段階	
材料費 工程別加工費			大幅設計変更品 類似品

（2）目標原価の割当方法

目標原価の具体的な割当方法は，機能別割当法と構造別割当法に大別できる。

先の調査結果では現状でも約30%以上の企業が，目標原価を使用する部品レベルまでの引き下ろしを行っていると答えているが，そのうちの大部分の企業は「完成品目標原価→加工部品目標原価」と構造別割当法を採用している。

このような場合は，部品レベルの簡単なVA，あるいは単なる「買い叩き」のコストダウンの繰り返しになってしまい，真の「機能から考えるコストダウン」からかけ離れてしまう。

そこで必要になるのが機能別割当法である。目標原価を「完成品目標原価→機能別目標原価→加工部品目標原価」と順次展開するステップこそが，真の原価革新活動につながるといえる。

■ 機能別割当法

これは，目標原価を原価企画対象製品の各機能に対して細分割当てをする方法である。割当ての手順は，製品の機能を展開しこれに対して目標原価の細分割当てを行うものである。そのためには，まず機能分野を明確にしてその評価を行い，これに政策的修正を加えた評価値に基づいて原価目標を割り当てるのである。

図表3-38は，健康機器の機能展開の例であり，1次機能である「F1：運動

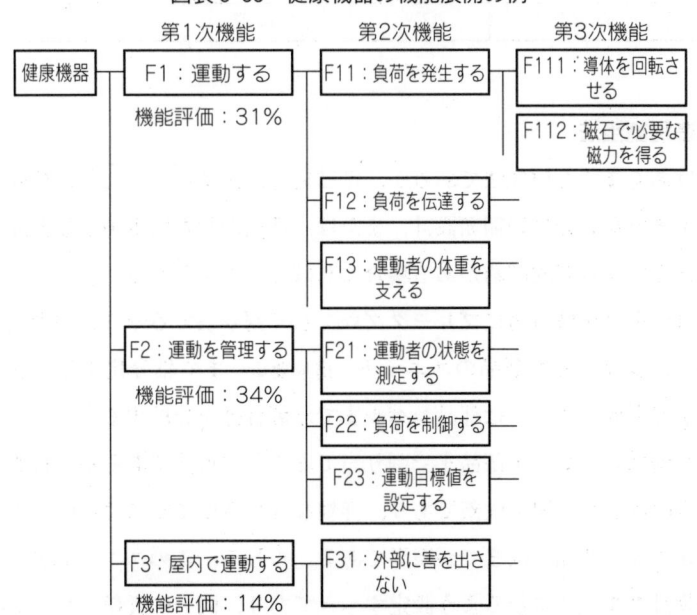

図表3-38 健康機器の機能展開の例

	第1次機能	第2次機能	第3次機能
健康機器	F1：運動する 機能評価：31%	F11：負荷を発生する	F111：導体を回転させる
			F112：磁石で必要な磁力を得る
		F12：負荷を伝達する	
		F13：運動者の体重を支える	
	F2：運動を管理する 機能評価：34%	F21：運動者の状態を測定する	
		F22：負荷を制御する	
		F23：運動目標値を設定する	
	F3：屋内で運動する 機能評価：14%	F31：外部に害を出さない	

する」「F2：運動を管理する」「F3：屋内で運動する」の単位で目標原価を割り付けることになる。そのためには機能別の評価をしなければならない。この評価にあたっては，常にユーザーサイドに立って行う必要がある。

健康機器の事例でいえば，製品全体の重要度を100％として，F1，F2，F3，…の重要度を顧客の立場から相対評価したのである。

この機能重要度によって目標原価を機能別に割り当てる。図表3-39の例では，目標原価の30,000円を「F1：運動する」の機能重要度31％により細分化し，9,300円（30,000×0.31）を求めている。さらに，使用・便宜上の開発戦略がある場合は，政策による修正を行い，機能別目標原価を設定する。

図表3-39　機能別目標原価の割当て

1次機能		機能重要度	機能別割当(円)	政策による修正	機能別目標原価
F1	運動する	31％	9,300円	－100円	9,200円
F2	運動を管理する	34％	10,200円	－200円	10,000円
F3	屋内で運動する	14％	4,200円	＋300円	4,500円
…			…		
目標原価：30,000円		100％	30,000円	±0円	30,000円

■ 構造別割当法

これはあくまでも簡便法であるが，ほぼ構造が決まっていたり，技術進歩があまり顕著でない分野の開発設計，または，構造が比較的単純か類似性の高い製品，あるいは時間的制約がある場合にしばしば採用される。

目標原価を直接構造物にブレークダウンして割り当てるやり方が構造別割当法であり，少なくとも製品のユニット（構成要素）まで細分化する。さらに，そのなかで主要ユニットは部品レベルまで原価目標を分解する。

目標原価はローレベル部品まで割り当てることが可能であるが，目標原価を設定するのは製品の開発段階であり，詳細な部品構成まで描けないのが現実で，主要なユニット部品単位までが限界である。むしろ，このユニット部品が1つの開発設計グループになるよう設定すべきであり，同一の責任グループ内での

コストの細分はその責任グループにまかせるほうがよい。つまり目標原価は部品に割り当てるべきものではなく，責任者に割り当てるという考え方が重要である。

■ **原価要素別割当法**

目標原価を機能別または構造別に割り当てた後，これをさらに原価要素別に分解する。原価要素をどう構成するかは企業の内部管理上の必要性や従来の慣行により決まるが，少なくとも，材料費と加工費に分けることが必要である。その理由は，材料費の低減責任の多くは開発設計者，加工費の低減責任の多くは生産技術者にあるからである。

■ **開発設計者別割当法**

基本設計であれ詳細設計であれ，開発設計活動はチーム編成でなされるのが普通である。そのチームリーダーは各開発設計者がどの機能分野のどの構造物を分担するかを決め，その管理をするはずである。その状況では目標原価の開発設計者ごとの達成度測定が可能となる。

（3） 目標原価の細分化の方法

図表3-40に示すように，目標原価は機能別，構造別に割り当てた後，費目

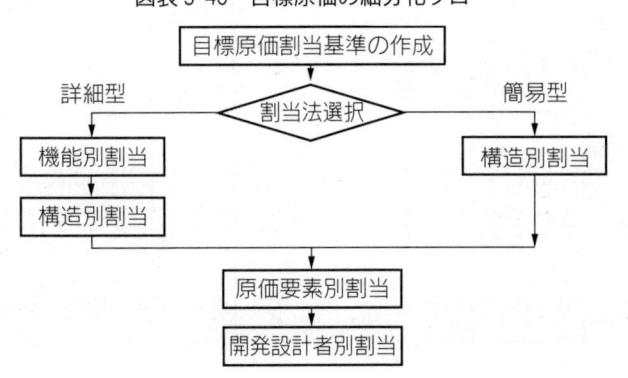

図表3-40　目標原価の細分化フロー

図表 3-41 目標原価の細分化過程

目標材料費設定

ユニット展開されている：MTA100 制御モーター

No	品番品名	ユニット品番	品名	見積材料費	累計構成比	目標設定する	機能分析 基本	機能分析 補助	機能分析 ロス	理想材料費	材料費改善余地	材料費割当差額	責任	目標材料費
				37,364	100%		67%	18%	15%	28,327	9,037			28,000
2		MTA110	ローターユニット	10,580	28%	＊								6,500
14		MTA150	ブレーキ	10,280	56%	＊	90%	10%	0%	9,766	514	4,043	SS	9,600
7		MTA120	モーターケース	5,004	69%	＊				3,377	1,627		SS	3,310
13		MTA140	フランジ	4,830	82%	＊	70%	10%	20%	3,623	1,208		SS	3,600
9		MTA130	ステータユニット	4,280	94%					2,635	1,645		KH	2,600
15		MTA160	サーモスタット	2,390	100%					2,390	0	0	SS	2,390
1		MTA100	制御モーター	0	100%					0	0	0		0

ユニット別目標材料費設定

No	サブユニット品番	品名	見積材料費	機能分析 基本	機能分析 補助	機能分析 ロス	理想材料費	材料費改善余地	差額	目標材料費
			19,864	50%	27%	24%	12,549	7,315	12,410	12,410
2	MTA110	ローターユニット	0				0		6,500	6,500
3	MTA111	スピンドル軸	3,570	38%	0%	62%	1,357	2,213		1,350
4	MTA112	ベアリング押え	4,300	50%	50%	0%	3,225	1,075		3,200
5	MTA113	ベアリング	2,400	50%	50%	0%	1,800	600		1,800
6	MTA114	オイルシール	310	0%	100%	0%	155	155		150
7	MTA120	モーターケース	5,000	65%	5%	30%	3,375	1,625	3,310	3,308
8	MTA121	ナット	4	0%	100%	0%	2	2		2
9	MTA130	ステータユニット	0				0		2,600	
10	MTA131	ステータ	1,700	65%	0%	35%	1,105	595		1,100
11	MTA132	コア	1,200	70%	0%	30%	840	360		810
12	MTA133	コイル	1,380	0%	100%	0%	690	690		690

第3章 原価企画の手順（1）

	金型・治具・専用設備	金額
1	金型	650,000
2	治工具	500,000
3	その他	1,000,000
4		

	設計・開発費	金額	時間	レート	金額	開発費	
1	設計費用		100	1,800	180,000	合計	2,330,000
2					0	単位当たり	8,998
3					0		
4	固定加工費（変動費と連動して低減計算）				6,668		

目標加工費設定

：ユニット展開されている

品番品名：MTA100　制御モーター

加工費割当額→

No	品番	品名	見積加工費	累計構成比	目標設定する	機能分析 基本	機能分析 補助	機能分析 ロス	理想加工費	加工費改善余地	加工費	責任	目標加工費
2	MTA110	ローターユニット	44,580	100%	*	57%	20%	23%	29,713	14,867	14,161	SG	29,000
7	MTA120	モーターケース	20,230	45%	*				14,161	6,069	6,000	AY	14,000
13	MTA140	フランジ	10,000	68%	*	60%	20%	20%	6,000	4,000	4,501	AY	6,000
9	MTA130	ステータユニット	6,430	82%	*				4,501	1,929	3,166	AY	4,000
1	MTA100	制御モーター	5,020	93%		55%	20%	25%	3,166	1,854	1,885	AY	2,500
14	MTA150	ブレーキ	2,900	100%					1,885	1,015	0	AY	2,500
15	MTA160	サーモスタット	0	100%					0	0	0	AY	

別，人別に割り当てる手順を踏むが，実務的に目標原価を細分化する際の考慮点を以下に述べる。

■ 原価の大きい機能・ユニットに割当て

割当対象となる機能・ユニット部品の選定は，特定機能・部品を重点主義で選定する。対象となる機能・部品はコストの高いものであることはいうまでもない。

■ 改善余地の大きさで割当て

各機能・部品にどの程度の目標原価を割り当てるかは，より客観的な方法を採用することが望ましい。つまり，基本機能・補助機能・ロスの比率で割り当てるのである。

■ 設計方針による割当て

開発設計方針や生産設計方針がある場合，これらの方針にマッチする部品や作業に関しては目標原価割当時に考慮すべきである。

■ 目標原価の細分化結果

図表3-41は，MTA 100の材料費におけるユニット別・サブユニット別細分化過程である。設定方法は，基本機能・補助機能・ロス比率より計算された理想材料費を参考にしながら，差額が0になるように調整する。ユニットに割り当てた目標材料費，さらに，そのユニットを構成するサブユニットの材料費に割り当てる。

3-6 ライフサイクルコストダウンの改善計画書を作成する

　以上述べてきた一連の作業により技術的検討を踏まえた目標原価は設定できる。しかし、製品の採算が当初の計画を満足しているかを確認するために、損益分岐点分析、原価構成分析、コストダウン分析などを行ってみる。

（1）改善計画総括表の作成

　目標原価の設定後、製品の採算が当初の計画を満足しているかを確認するために、損益分岐点分析、原価構成分析を参照してみる。満足できたら改善計画書の作成に入る。

■ **損益分岐点分析の活用**

　図表3-42は、パソコンによる損益分岐点分析の画面である。内訳は、目標売価90,000円、目標材料費28,000円、目標変動加工費29,000円、目標固定加工費6,668円、目標開発費2,330円で粗利益が24,002円（27%）となった。

図表3-42　損益分岐点分析

改善計画書

総括表	品番	MTA 100		生涯生産量	年間生産量	作成年月日	納期年月日
	品名	制御モーター		1,000	500	2000年1月1日	2000年3月1日

	見積		目標		改善金額		損益分岐点売上高	￥6,354,545
	金額	%	金額	%	単位当り	年間	損益分岐点売上数量	71
売　　価	90,000	100%	90,000	100%	円	千円		
材 料 費	37,364	42%	28,000	31%	9,364	4,682		
変動加工費	44,580	50%	29,000	32%	15,580	7,790		
限 界 利 益	8,056	9%	33,000	37%		0		
固定加工費	10,250	11%	6,668	7%	3,582	1,791		
開 発 費	8,230	9%	2,330	3%	5,900	2,950		
原　　価	100,424	112%	65,998	73%	34,426	17,213		
粗 利 益	−10,424	−12%	24,002	27%				

目標利益率を達成するための変動費コストダウン金額，固定費コストダウン金額などのシミュレーション機能と損益分岐点を構成する数値の変化のシミュレーション機能を備えている。数値の変化とは，

・売上高を変えると損益分岐点はどう変化するか。
・変動費（／個）を変えると損益分岐点はどう変化するか。
・固定費を変えると損益分岐点はどう変化するか。

をシミュレーションすることである。

■ 損益分岐点シミュレーション

MTA 100 の原価構成を例にして，粗利益率を 28% から 35% に向上させる施策についてシミュレーションしてみよう。

・35% の粗利益を確保するためには，売価 (y) をいくらにしたらよいか。

新しい売価(単価)を y とおき，売上数量は 1,000 個のままとすると 35% の粗利益を確保するためには，以下の算式を満足する y を求めればよい。

売上高 − (変動費 + 固定費) = 売上高 × 0.35

ここで変動費は，

材料費 + 変動加工費 = 28,000 + 29,000 = 57,000 円／個

固定費は，

固定加工費 + 開発費 = 6,668 + 2,330 = 8,998 円／個

である。

よって，

$1,000 \times y - (57,000 \times 1,000 + 8,998 \times 1,000) = 1,000 \times y \times 0.35$

売価 (y) = 101,535 円／個

以上のシミュレーション結果より，90,000 円の目標売価を 101,535 円に設定すれば，粗利益率は 28% から 35% に向上する。

これ以外にも，

・35%の利益を確保するためには，変動費／個(y)をいくらまで低減しなければならないか。
・35%の利益を確保するためには，固定費(y)をいくらまで低減しなければならないか。

など，多種のシミュレーションがある。これらのシミュレーション業務は，ITの得意とする領域なので，原価企画のサポーティングシステムを構築すべきである。

(2) 責任者別内訳表の作成

達成目標，担当，クリティカルポイントをまとめて改善計画書とする。計画で重要なことは，だれが，いつまでに，何をするかを明確にすることである。この改善計画書を作成すると，目標原価設定の手順は終了する。

図表3-43の改善計画書を責任者別にアウトプットし，各人に改善方針と改善内容を記載してもらう。

図表3-43　改善計画書

改 善 計 画 書

総 括 表	品番	MTA 100		生涯生産量	年間生産量	作成年月日	納期年月日
	品名	制御モーター		1,000	500	2000年1月1日	2000年3月1日

		見 積		目 標		改 善 金 額		損益分岐点売上高	¥6,167,647
		金 額	%	金 額	%	単位当り	年 間	損益分岐点売上数量	69
売	価	90,000	100%	90,000	100%	円	千円		
	材 料 費	37,364	42%	27,000	30%	10,364	5,182		
	変動加工費	44,580	50%	29,000	32%	15,580	7,790	見積	目標
限 界 利 益		8,056	9%	34,000	38%		0		
	固定加工費	10,250	11%	6,668	7%	3,582	1,791		
	開 発 費	8,230	9%	2,330	3%	5,900	2,950		
原	価	100,424	112%	64,998	72%	35,426	17,713		
粗 利 益		−10,424	−12%	25,002	28%				

責任者別合計			グ ラ フ			改 善 方 針	
表示する責任者	SS						
1.材料費・2.加工費	1						
合計	見積材料費	33,084					
	目標材料費	24,400					
	コストダウン目標	8,684					
	コストダウン率	26.2%					

	ユニット別内訳		サブユニット品番	CD%	見 積	目 標	改 善 内 容
品番	MTA 110		MTA 110		0	0	
品名	ローターユニット		MTA 111	62%	3,570	1,350	
1内訳2	見積材料費	10,580	MTA 112	26%	4,300	3,200	
	目標材料費	6,500	MTA 113	25%	2,400	1,800	
	コストダウン目標	4,080	MTA 114	52%	310	150	
	コストダウン率	39%					
品番	MTA 150						
品名	ブレーキ						
2内訳	見積材料費	10,280					
	目標材料費	9,500					
	コストダウン目標	780					
	コストダウン率	8%					
品番	MTA 120		MTA 120	40%	5,000	2,998	
品名	モーターケース		MTA 121	50%	4	2	
3内訳7	見積材料費	5,004					
	目標材料費	3,000					
	コストダウン目標	2,004					
	コストダウン率	40%					

原価企画の手順（２）

第4章

❈ POINT ❈

　原価企画活動の"Plan"に引き続き，この章ではDoにあたるコストダウン手法について述べる。その内容は，ライフサイクル設計の開発方式と製品設計，生産設計のコストダウン手法である。

　数多くのコストダウン手法が世の中にあるが，大切なことはこれらの目的をよく理解し，それぞれの特徴を生かしシステマティックに適用することである。具体的に有効なコストダウン手法として，製品設計には，QFD，VE，TRIZ，品質工学などがあり，生産設計ではIE，TRIZ，品質工学などがある。

　環境経営に対応するこれらコストダウン手法の適用ポイントを開発方式と合わせて考えてみよう。

4-1 ライフサイクル設計にコストダウン手法を統合化し適用する

(1) ライフサイクル設計に必要な開発方式

20世紀の科学技術は急速に発展し，めまぐるしい進歩を遂げた。特にエレクトロニクスを中心とした発展のめざましい分野では，過去の経験則やマニュアルは次第に役立たなくなってきた。また，急増した環境負荷低減などの未知・未経験の分野までを開発段階で保証していくという，新たな技術課題であるライフサイクル設計が大きくクローズアップされている。このライフサイクル設計の範囲は，顧客要求にともなう研究・マーケティング活動から製品を企画し，開発設計・製造し，顧客使用に対するメンテナンス・サービス，そして，製品がリサイクル・廃棄されるまでをいう。

こうした背景を考えると，設計，試作，確認実験をし，その結果を設計改善に結びつけていく従来の"確認修正型"の開発方式は，ライフサイクルをカバーできず，時代遅れのやり方となる。環境経営の時代に必要な開発方式は，開発設計の段階でライフサイクルで発生する問題や環境負荷を予測し，予測した問題が起きないように，事前に対応する"予測対応型"である。今後，予測対応型の開発方式に製品開発のメカニズムを変換することが，ライフサイクル設計のコストダウン手法の原点となる。

(2) 製品開発と技術開発

従来日本の企業の製品開発方式は，顧客要求に合わせて製品を企画・開発するやり方である。この方法は，顧客要求が出ないと設計に着手できないため，開発業務を製品の企画業務に先行させることができないという欠点を持つ。また，確認修正型であるため，確認漏れや見逃しが出た場合には，市場に出荷した後で予想外のクレームが発生することがある。さらに，開発納期に追われて

いる開発設計者は，十分な確認実験を行う時間が取れないので，安全係数を高めに設定して機能の安定性を確保する傾向にあり，製品自体は過剰品質になりがちである。ここに，見えないコストダウンの余地が存在している。

これに対して，事前に必要な要素技術の機能を研究して機能のばらつきを低減しておき，顧客要求が出てきたときには，直ちに特性を合わせるようにしておく開発方法を"技術開発"と呼ぶ。技術開発は，製品開発の方法とは異なり，開発業務を製品企画業務に先行させることができる。製品企画が終了して，顧客要求から要求特性が出てきたときには，機能のばらつきが小さい製品を，短時間に効率よく開発でき，開発効率は著しく向上する。

図表4-1は，技術開発によるライフサイクル設計の概要手順である。事前にシステムの機能のばらつきや環境負荷を低減する領域をオフライン設計，顧客要求から製品の企画，開発を行う領域をオンライン設計と呼ぶ。

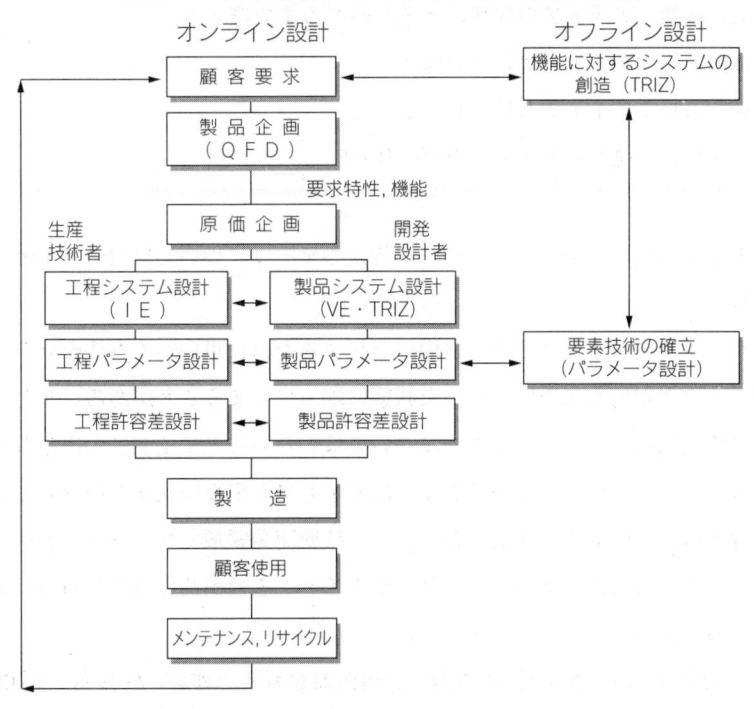

図表4-1　技術開発によるライフサイクル設計の概要

（3）オフライン設計の概要

オフライン設計とは，顧客要求からの要求特性が出てくる前に，対象システムの機能のばらつきや環境負荷を低減し，要求特性が出てきたときには，直ちに特性に合わせるように準備しておく開発方法である。

■ 技術開発のスタートはコンセプトの創造

オフライン設計の第1ステップは，機能に対するコンセプトの創造から始まる。コンセプトのアイデア出しには，「ブレーンストーミング」による発想法がよく用いられる。この方法は，ブレーン（頭脳）でストーミング（嵐を起こす）という意味であり，既成の概念にとらわれることなく，連鎖反応的に，頭脳に刺激を与えていこうというものである。

ブレーンストーミングには，以下の4つの原則がある。

> ・批判厳禁：アイデアの批判は会議が終わるまで控える
> ・自由奔放：アイデアは奔放なほどよい
> ・量を求む：アイデアの量は質を変える
> ・結合改善：他人のアイデアただのりOK

この原則に従い，数人のメンバーで特定のテーマについて自由にアイデア出しを行う。

ブレーンストーミングでは，自由に発想するために思いつく方法が分からないとアイデアが何も出ないといった状態に陥ってしまうことがある。また，自分の専門領域に関するテーマなどについてはいろいろとアイデアが出そうだが，専門外のテーマについては知識がないので手も足も出ない状況になってしまうこともある。このような状況を考えると，技術開発領域でブレーンストーミングを成功させるには，リーダーの資質やアイデアを効率的に出すための工夫が必要なのである。

ここで注目すべき手法にTRIZ（発明的問題解決の理論）がある。TRIZは

「トゥリーズ」と発音するが，ロシア人の Genrich Altshuller（ゲンリッヒ・アルトシューラー）により理論化された問題解決の考え方や方法である。ブレーンストーミングに比べて，アイデアを出す効率が2～10倍高いともいわれている。TRIZ の具体的内容については"4-2　製品設計にコストダウン手法を統合化し適用する"で詳述するが，TRIZ は必要機能を実現するためのコンセプトを与えてくれる。このコンセプトを肉付けすることで，短期間に機能を満足する機構が定義できる。

■　コンセプトを評価するパラメータ設計

コンセプトを実現する機構がよいか悪いかの評価をし，それを具体化するのがパラメータ設計である。この段階のパラメータ設計は，コンセプトを肉付けした機構に対して，入力と出力の関係により機能性を評価する。この入力と出力の関係で表す特性を動特性と呼び，オフライン設計を実施するのに重要な要素である。

従来の製品開発は，ある目標値を持っている製品を開発しているので，入力が1つのときの出力を調整しているだけなのである。このように，出力を一定にしたい特性値を動特性に対して，静特性と呼ぶ（図表4-2参照）。静特性では，顧客要求により入力の特性が変更になり出力の特性を調整する場合，再度確認実験が必要になることが多い。この特性は，特定の入力条件に対する出力の安

図表4-2　静特性と動特性

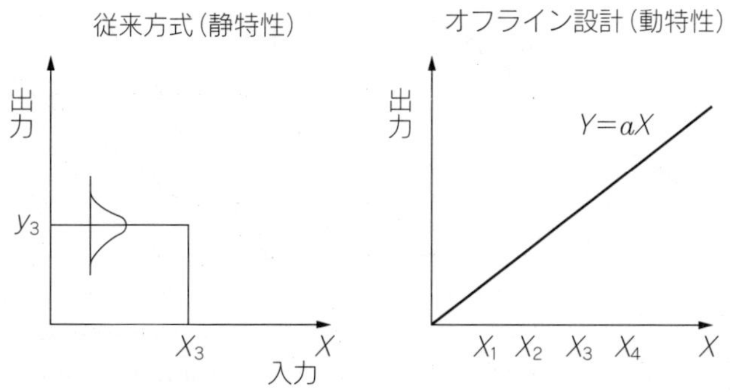

従来方式（静特性）　　　　　オフライン設計（動特性）

定化をはかるものであって，入力条件を変化させたときの出力の安定化については，考慮していない。

これに対して動特性を考慮したオフライン設計は，現実的に想定される入力範囲を選択し，入力と出力の比例関係が成立する要素技術を開発するのである。その後，開発した要素技術を類似した製品に適用して，一度に多くの製品開発を可能なものにする。

たとえば，自動車関係の樹脂成形品は，金型を用いて射出成形したときに良品が一度で完成することはほとんどない。図面寸法と製品寸法が異なる部分に対して金型を修正し再度射出成形すると，金型を修正したことが他の部分に影響し別の部分の寸法が図面と異なってくる。さらに金型を修正する方法をとっているかぎり，修正作業は永遠と続くことになる。しかもこのノウハウが別の部分に活かせないので，一度設計変更が発生すると悪魔のループが始まってしまう。これは，図面寸法（入力）に製品寸法（出力）を合わせようとする静特性の製品開発方式のまずさである。

これに対して動特性を考慮するオフライン設計では，製品寸法が金型寸法に比例するように射出成形の要素技術を確立する。金型寸法（入力）を Xi としたとき，Xi に対応した製品寸法（出力）を Yi とし，図表4-3のように，$Y=aX$ の関係を成立させる射出成形の要素技術を事前に開発しておく。

図表4-3 射出成形の動特性

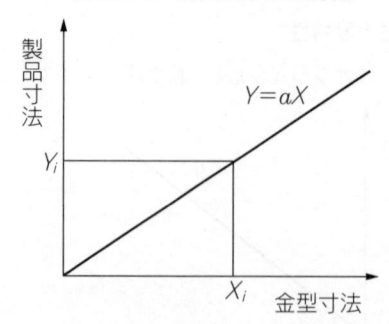

図表4-4 動特性による改善方向

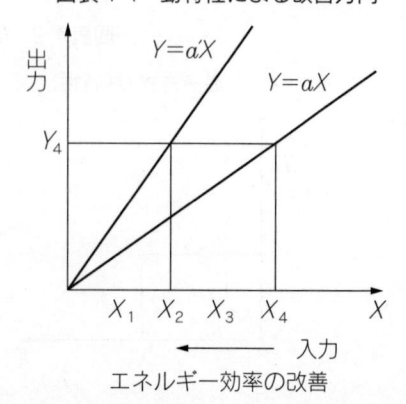

この要素技術を用いれば，要求される図面寸法が Yj ならば，金型寸法は Xj $=Yj/a$ として製作する。この金型と射出成形の要素技術を用いることで，1トライで良品を完成させることが容易にできる。

このように，動特性は $Y=aX$ で表せるので，図表4-4のように比例定数 a の大きさを大きくする（a'）ことができれば，同じ出力に対して入力の大きさを小さくすることができる。これは，機能性の向上とエネルギー効率の改善を同時に行うことになる。つまり，環境負荷の低減と機能性の向上によるコストダウンを両立する開発方式が，動特性を考慮したオフライン設計である。

（4）オンライン設計の概要

オンライン設計とは，顧客要求を満足させる製品をオフライン設計で構築した要素技術を用いながら開発するメカニズムである。

■ 顧客要求から要求特性への変換

オンライン設計は，顧客要求を具体化し，どのような製品を企画するかの検討から始める。健康機器製品（エアロバイク）メーカーの例をひくと，「もっと体力をつけたい」，「快適に運動したい」，「メンテナンスが楽である」などが，顧客の声である。これらのニーズは，顧客の視点から出た声であり，主観的で，定性的で，非技術的な傾向である。製品を開発するには，顧客要求をより定量的で技術的に変換する必要がある。この変換を QFD（Quality Function Deployment：品質機能展開）により実施し，製品性能・品質の確保，環境負荷低減など必要な要求特性や機能を確立する。

製品企画に引き続く原価企画では，対象製品の目標原価を設定する。材料費と加工費のそれぞれの目標原価が個別に設定されるので，主に目標材料費に対し製品構造面の設計を行うのが開発設計者で，目標加工費に対し生産技術面の検討を行うのが生産技術者である。

このように製品企画で決めた機能を持つ製品を，原価企画で要求する目標原価のもとで，納期までに開発するために用いる手段が次の3ステップである。

■ 製品設計の3ステップ

Step 1：製品システム設計

開発設計者は，企画段階で決めた機能，環境負荷低減，目標原価などの目的に合う製品の構造を立案する。その目的は，製品の構造，機構，使用材料などを循環型に適したように設計することである。また，ライフサイクルの各プロセスである，製造，使用，メンテナンス，回収，リサイクルを対象に省エネルギー，廃棄物の無毒化なども検討する。

このステップで有効な管理技術に，VE（Value Engineering）・TRIZ（発明的問題解決の理論）がある。

Step 2：製品パラメータ設計

ここでは，Step 1 で立案した構造の品質・コストの面からの改善を実施する。その目的は，ノイズに強い安定設計を行うことにある。すなわち，機能をばらつかせる誤差因子（開発設計者がコントロールできないノイズ）の影響を，制御因子（開発設計者がコントロールできるもの）の水準の組合せで最も少なくする方法の追求である。これにより，製品を容易に低コストで設計でき，出荷後の製品の性能が，環境条件や劣化によって影響されないように改善できる。

オフライン設計で，動特性の要素技術が確立しているので，短時間で製品パラメータ設計は完了させることができる。

Step 3：製品許容差設計

製品パラメータ設計後，グレードの異なる材料や部品について品質とコストのトレードオフ評価を行うのが，製品許容差設計である。その目的は，品質とコストのトレードオフで，部品，材料の機能限界と機能しなかったときの損失を検討し，最適な許容差の設定により，過剰品質を抑えていくことにある。

以上のステップにより最適構造の設計が完了する。

■ 生産設計の3ステップ

生産技術者は，仕様書や図面を十分満足する生産工程について次の3段階の設計を行う。

Step 1 : 工程システム設計

工程システム設計では，IE（Industrial Engineering）の技術を適用し，加工の工程系列を立案する。新しい工法や工程系列の立案には，TRIZ の適用も有効である。

Step 2 : 工程パラメータ設計

工程系列の立案後，安定した製品を生産できるように，最重要な工程から最適化するのが工程パラメータ設計である。製造工程の誤差因子（材料のばらつき，ノイズなど）を生産技術者がその水準値を指定できる制御因子（設備の送り速度や切込量など）で減衰させる最適生産条件を追求する。

加工工程に関しても，オフライン設計で加工の要素技術を確立しておくことが重要である。

Step 3 : 工程許容差設計

最適生産条件の確立後，各工程の作業条件やばらつき原因について，それらの機能限界や許容範囲を決めるのが，工程許容差設計である。

この生産設計のステップにより安定した工程が設計でき，各工程で行われる詳細な技術情報（冶工具，加工手順，作業条件）が得られる。

以上が生産準備段階の流れであり最適構造・最適工程を追求した製品が製造され，販売されて顧客のもとで使用される。使用時のランニングコストや環境負荷低減についても，QFD により要求特性に展開してあるので，製品設計，工程設計の段階で対応済みである。使用中に不具合があったものはメンテナンスされ，寿命を終えたものはリサイクル・廃却される。

4-2 製品設計にコストダウン手法を統合化し適用する

　ライフサイクル設計の全般について前節で述べたので、ここでは製品設計に焦点を合わせ、コストダウンの進め方を述べる。世の中には数多くのコストダウン手法があるが、これらは手段である。目的は、顧客や社会の要求するQ（品質）、D（納期）、E（環境）を確保して、いかにコストを下げるかである。それには、コストダウン手法を効率的に組み合わせて適用する必要がある。

（1）製品設計とコストダウン手法

　開発・設計部門の大きなテーマは、新製品に対し、日頃研究開発された技術やマーケティングの情報を生かして、製品という具体化された"もの"にすることである。オンライン設計、オフライン設計のステップは前述したが、それ

図表4-5　製品設計とコストダウン手法

ステップ		オンライン設計				オフライン設計	
		製品企画	製品システム設計	製品パラメータ設計	製品許容差設計	機能に対するシステムの創造	要素技術の確立
役割		製品機能追求	製品構造追求		部品・材料グレード追求	機能に対するコンセプトの創造	動特性による技術開発
コストダウンの狙いどころ		製品再編成	製品機能見直	製品構造見直	部品材料見直	機能のばらつきや環境負荷低減技術の確立	
コストダウンの可能性		大	大	中	小	大	
コストダウン手法	QFD						
	VE	0-Look		1st-Look	2nd-Look		
	TRIZ						
	品質工学						
	標準化						

ぞれのステップは，製品の機能追求→構造追求→部品追求の役割を担っている。

開発・設計段階でコストダウンを追求していくためには，図表4-5に示すように，各ステップに対応したコストダウン手法を適用する。製品企画，製品システム設計の段階では製品の編成・機能を，製品パラメータ設計の段階では製品構造を，製品許容差設計の段階では部品材料を中心に材料費のコストダウンを考える。以下，コストダウン効果の大きい手法の概要と環境経営に対する考慮点を述べる。

(2) QFD（品質機能展開）
■ QFDとは

QFD（品質機能展開）の具体的な進め方は，専門書に譲るとして，まず定義を明確にしておく。

> 品質展開（Quality Deployment）の定義
> ユーザーの要求を代用特性（品質特性）に変換し，完成品の設計品質を定め，これを各種機能部品の品質，さらに個々の部分の品質や工程の要素に至るまで，これらの間の関係を系統的に展開していくこと。
>
> 狭義の品質機能展開（Quality Function Deployment）の定義
> 品質を形成する職能ないし業務を目的手段の系列でステップ別に細部に展開していくこと。

QFDは，上記に示した品質展開と狭義の品質機能展開の総称で，製品の機能と目標とする品質の関係を明確に表現するツールである。図表4-6はQFDの概要を表している。

QFDを開発・設計の初期段階に行う目的は，開発する製品が"顧客ニーズを満たす要求性能・特性をいかに作り込むか"を明確にするためである。

図表 4-6　品質機能展開

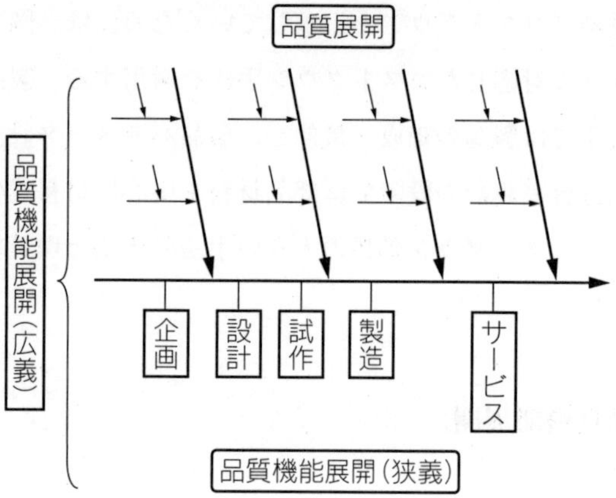

(図表省略：品質展開、品質機能展開（広義）、企画・設計・試作・製造・サービス、品質機能展開（狭義））

■　品質表の作成

　QFDの全体像は，Ⅰ品質展開・Ⅱ技術展開・Ⅲコスト展開・Ⅳ信頼性展開の4つの品質展開があり，さらにそれぞれが1要求品質・2機能展開・3ユニット部品のレベルに分かれている。このなかで最も重要な役割を果たすのがⅠ品質展開の"品質表"である。品質表は，"真の品質（客先の求める）を機能中心に体系化し，この機能と代用特性である品質特性の関連を表示したものである"と定義されている。

　図表4-7の左欄は，要求品質展開表といわれ顧客要求をできるだけ顧客の言葉で表現し，それを系統的にまとめたものでこれが真の品質にあたる。これだけでは現実の製品を技術的に構成していくことができないため，計測可能な品質特性に変換する必要がある。品質特性を体系的にまとめたものが，品質特性展開表で図表4-8の上欄である。これら，要求品質展開表と品質特性展開表とをマトリックスとして結合させたものが品質表である。

　図表4-7は，健康機器製品の品質特性展開表の作成過程であり，図表4-8は品質表の作成過程である。ここで強い関係，中くらいの関係，弱い関係のあるところに，それぞれ3，2，1をつけてある。このようにして，要求品質を代用特性に変換して設計品質を決めることができる。

第4章 原価企画の手順(2)

図表4-7 品質特性展開表の作成過程

要求品質			期待度	満足度	アクション	品質要素
第1次要求	第2次要求	第3次要求				
もっと体力をつけたい	筋持久力と心肺機能を向上したい	距離競技でいい成績を収めたい	3	4		負荷容量, 増速比
		子供との遊び相手を十分やりたい	2	4	過剰	負荷容量, 増速比
		昔と変わらず走りたい	3	3		負荷容量, 増速比
	筋力を向上したい	長座の腰痛をなくしたい	3	2		負荷容量, 増速比
		買い物の荷物を楽に運びたい	3	2		負荷容量, 増速比
		庭の手入れを楽にしたい	2	2		負荷容量, 増速比
快適に運動したい	乗り心地が良い	お尻のいたくならないシートがほしい	5	2	改善	形状, 重心, 安定性
		座ったときリラックスしたい	5	2	改善	耐転倒基準, クランク半径
		回転が滑らかだ	5	4		増速比, 伝達トルク, 水面水平度
	他を害さない	マンションでも使用できる	5	4		遮音性(50dB以下), クッション性
		きしみ音がしない	5	3	改善	釣り合い良さ, 可動部重量
		ゴミや油で汚れない	4	3		カバー形状
魅力的で飽きない	デザインが良い	見た目がガッチリしている	5	3	改善	上限荷重
		好みに合わせて色を選びたい	4	1	改善	色度合
		クラブ, ジムとメディカルで違うデザイン	2	1		ユニット, 部品共用性
	魅力的機能	複数台で競技できる	2	1		拡張性
		TV&ゲーム対応ソフト	2	1		拡張性
		運動パターンを選べる	4	1	改善	操作性
メンテナンスが楽	寿命が長い	錆びにくい	5	1		対汗性, 対薬品性
		故障が少ない	5	2	改善	耐久性
		ユニットが汗に強い	5	3	改善	帯電防止
	補修・組立簡単	消耗品の交換が簡単	5	4		修理性
		故障箇所が簡単に分かる	5	3	改善	操作性
		工具がいらない	5	3	改善	分解性, 組立性

要求品質展開表

第1部　原価企画とは何か

図表4-8　品質表の作成過程

要求品質			品質特性展開表 電気的特性				機械的特性				光学的特性	音的特性	デザイン性		保全性	共用性
第1次要求	第2次要求	第3次要求	帯電特性	トルク特性	増速特性	磁束密度特性	耐久性	機械的精度	安定性	移動性	投光特性	防音特性	色度合	サイズ	修理性	部品共用性
もっと体力をつけたい	筋持久力と心肺機能を向上したい	距離競技でいい成績を収めたい	3	3	3	1	1				2					
		子供との遊び相手を十分やりたい	3	3	3						1					
		昔と変わらず走りたい	3	3	3		1				1					
	筋力を向上したい	長座の腰痛をなくしたい	2	2	2											
		買い物の荷物を楽に運びたい	3	3	3											
		庭の手入れを楽にしたい	2	2	2											
快適に運動したい	乗り心地が良い	お尻のいたくならないシートが欲しい						2	3							
		座ったときリラックスしたい						2	2							
		回転が滑らかだ					2	2								
	他を害さない	マンションでも使用できる								1		3				
		きしみ音がしない						2				2				
		ゴミや油で汚れない						2								
魅力的で飽きない	デザインが良い	見た目がガッチリしている							3							
		好みに合わせて色を選びたい											3	2		
		クラブ、ジムとメディカルで違うデザイン											1	1		3

要求品質展開表は顧客の世界であり、生産者がマーケットの要求を十分取り入れて製品を作っていくことが、真の意味のマーケット・イン（消費者指向）である。一方、図表4-9の品質特性展開表は技術の世界で、品質表は"お客様の世界から技術の世界への変換"という役割を担う。

要求品質展開の評価項目については、図表4-10に示すように、その性格によって規範的なもの（必要条件）と探索的なもの（十分条件）に2分される。

ライフサイクル設計の要求品質展開の評価項目については、原料調達から処

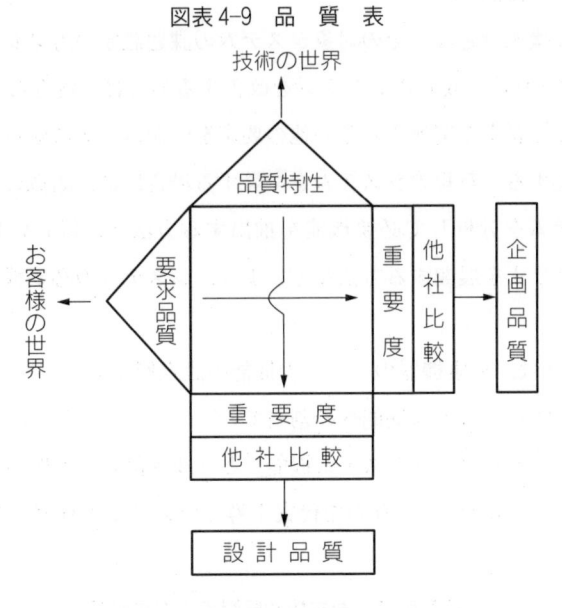

図表4-9　品　質　表

（図）

図表4-10　要求品質の2つの区分

要求品質	内　　　　容	
必要条件	新しく付加される要求条件	
	関連する諸法規類から導き出される要求条件	
十分条件	ニーズミニマム （少なくともこれだけは解決したい）	問題点
		諸原則チェックリスト
	諸特性	考慮すべき諸条件
		システム設計上の制約となる要素

理・廃棄までの各ライフサイクルに対して，大きく環境影響・製品性能・コスト・顧客指向・法規制が必要となる。

■ 要求機能展開表の作成

QFD の次のステップは，図表 4-11 のように品質表をもとに対象システムの機能構造やそのシステムと係わる関連システムの機能構造をつかみ，目的とするシステムなどの対象機能を定義し設定することである。

① システム機能の設定

ここでの機能設定は，その対象システムの課題設定の方策レベルによって 2 つに分けられる。現状のシステムを改善する場合は，既存のシステムの構成されている要素や関連するその他の要素をつかみ，そこから機能を抽出し，評価，設定する。新規のシステムを開発する場合には，類似のシステムや既存のシステムを分析して必要機能を抽出する方法と，新しい目的や使命によってシナリオを展開する方法などにより，システムの必要機能を評価設定する。

図表 4-12 は，健康機器のシステム機能の設定例である。

② 要求品質のシステム機能への割当て

今までのステップで「システム機能」と「要求品質」が明らかにされた。次に検討すべき項目は，「有効な代案を導くための基本仕様や開発設計およ

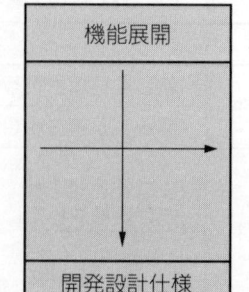

図表 4-11　要求機能展開表の作成概要

図表 4-12　システム機能の設定過程

健康維持	目的：エルゴバイクを使って運動する		
目的機能……のために	手段……で	対象……を	機能……する
負荷を発生させる	負荷抵抗発生機構で	発生したエネルギーを	消費する
負荷を伝達する	伝達機構で	発生した負荷を	ペダルに伝える
運動者を保持する	構造体補助器具で	運動者を	固定する

び改善指針を作ること」である。そのためには，対象システムの構成機能に対して，該当する要求品質を割当てし，システム全体の基本仕様や指針を設定することである。

次頁の図表 4-14 は，健康機器の要求品質のシステム機能への割当過程である。要求品質に対して，「要求品質をどの機能へ折り込むことがシステム仕様として望ましいか」を検討し，その結果を機能と要求品質の交点のマス目に割り当てる。このとき，強い関係，中くらいの関係，弱い関係のあるところに，それぞれ 3，2，1 をつける。

③　要求仕様の記述

このステップでは，個別の機能に割り当てられた要求品質群を「機能＋品質」の要求仕様としてまとめる。図表 4-13 は，負荷を発生させる機能に対する要求品質から品質特性としての負荷，回転数を整理している過程を示し

図表 4-13　要求仕様の作成過程

機能 No	要求 品質 No	対象機能の記述	要求品質の記述	品質特性	
				負荷	回転数
10	10	負荷を発生する	距離競技でいい成績を収めたい	200 W	
	11	負荷＝トルク×回転数	子供との遊び相手を十分やりたい	50 W	

図表4-14　要求品質のシステム機能への割当過程

第1次要求	第2次要求	第3次要求	期待度	満足度	アクション	No	運動する 負荷を発生する	運動する 負荷を伝達する	運動する 運動者の体重を支える	運動を管理する 運動者の状態を測定する	運動を管理する 負荷を制御する	運動しやすい機器 機器の姿勢を安定させる	運動しやすい機器 長時間快適に運動する	運動しやすい機器 機器を移動する
もっと体力をつけたい	筋持久力と心肺機能を向上したい	距離競技でいい成績を収めたい	3	4		10	3	3	1					
		子供との遊び相手を十分やりたい	2	4	過剰	11	3	3	1					
		昔と変わらず走りたい	3	3		12	3	3	1					
	筋力を向上したい	長座の腰痛をなくしたい	3	2		20	2	2	1	1				
		買い物の荷物を楽に運びたい	3	2		21	3	3	1		2			
		庭の手入れを楽にしたい	2	2		22	2	2	1		1			
快適に運動したい	乗り心地が良い	お尻のいたくならないシートがほしい	5	2	改善	40						2	3	
		座ったときにリラックスしたい	5	2	改善	41							2	
		回転が滑らかだ	5	4		42							2	
	他を害さない	マンションでも使用できる	5	4		50								
		きしみ音がしない	5	3	改善	51								
		ゴミや油で汚れない	4	3		52								1
魅力的で	デザインが	見た目がガッチリしている	5	3	改善									

ている。これをすべての機能に対して実施すれば，要求仕様書が完成する。

以上機能展開の手続きについて示したが，この手法は特定のアイデアを出すものではなく，多元的な要求品質の仕様への変換，かつ系統的，客観的に対象システムの開発や改善の仕様を導くための手続きである。

（3） VE（バリュー・エンジニアリング：価値工学）

QFDにより顧客要求を機能，品質特性に変換したので，次はVEによる機能とコスト（構造）の追求である。VEは製品の機能とコストを改善するための代表的な手法であり，1947年米国のGE社で当時の購買部長ローレンス・D・マイルズにより創始されVA（バリュー・アナリシス：価値分析）と名づけられた。その後，1954年にこの成果に注目した米国国防省がVEと名づけて採用し，産業界へ急速に普及していった。

■ VEの定義

VEは，（社）日本バリューエンジニアリング協会において次のように定義されている。

> ① 最低のライフサイクルコストで
> ② 必要な機能を確実に達成するために
> ③ 製品とかサービスの
> ④ 機能分析に注ぐ
> ⑤ 組織的努力である

① 最低のライフサイクルコストで

商品が企画され，製品化されて顧客の手に渡り，使用されて廃棄されるまでに発生するトータルのライフサイクルコストのことで，イニシャルコスト，ランニングコスト，メンテナンスコスト，スクラップコスト，リサイクルコストなど，製品に関与してあらゆる場面で発生するすべての費用をいう。

② 必要な機能を確実に達成するために

　顧客が期待する品質を保持している製品またはサービスに対し，顧客の期待する機能および達成度（性能，信頼性，保守性，安全性，操作性等）はどのようなものか，それを確実に達成するためには，どのような手段が必要かを検討する。したがって，不足機能の発見，追加と，不要である余剰機能，重複機能や過剰機能の排除が重要なポイントである。

③ 製品とかサービスの

　価値工学の対象は，システム全体の場合もあれば，構成する製品（ハード，ソフト）や部品，またこれらを生産するための設備や治工具など"製品"に相当するものと，事務の流れ，組織，制度，作業工程，販売方法，流通，教育など人間が大きく関与する"サービス"に相当するものがある。つまり，企業活動のあらゆるコスト発生要因に価値工学は適用される。

④ 機能分析に注ぐ

　"機能"とは，物の働き，役目，作用，任務などと一般に解釈されている。価値工学では対象とする製品やサービスを"機能"として把握し，それを目的と手段との関係で整理，体系化して，顧客が期待，要求する事項を明確に認識する。そのうえで，機能を分析，評価してより適切な製品またはサービスの達成手段の構築を行う。

⑤ 組織的努力である

　価値工学を遂行するためには，1人で取り組むのではなく，その対象に関与すると思われるあらゆる専門分野の結集が必要である。この専門家の集合による活動を「チームデザイン」と称し，チームは，設計・生産技術・購買・製造・経理，およびバリューエンジニアなどで編成される。

　このようにVEでは，ライフサイクル全体を対象にし，顧客ニーズを機能重視で製品の性能・信頼性等に反映させ，対象製品もハードのみならずサービス面にも適用する。取組みは，チームデザインの名のもとに全社一丸となって，推進することを目指している。

■ VEにおける価値の概念

　価値とは目的に対する手段の適合度合を表す尺度であり，それを判断する人の立場，場所，時間，動機などにより適合度合は異なる。われわれが価値を判断したり認めたりするのは，客観的・絶対的なものではなく，それぞれの状況での，その人にとっての相対的な満足の度合をいっている。

$$満足の度合 = \frac{得られた効用の大きさ}{支払った費用の大きさ}$$

　VEでは上式の関係をそれぞれ，下の式に置き換え，価値を機能の達成とコストとの関係でとらえている。

$$V（価値：Value）= \frac{F（機能：Function）}{C（コスト：Cost）}$$

　VEといえば，現有製品についての検討を加えコストダウンをはかることであるように思われがちである。しかし，図表4-15のように，製品の価値向上における機能の創造やコストの追求など製品の原点に立った検討を行おうとすると，製品企画段階からVEを適用するのが最も効果的である。そこでVEでは，この段階を0-Look(ゼロルック)VE，1 st-Look(ファーストルック)VEと呼び，既存製

図表4-15　VEの種類と考え方

VEの種類	0-Look VE	1 st-Look VE	2 nd-Look VE
活動体系	開発部門主導	設計部門主導	製造・資材部門主導
活動時期	製品企画段階	設計段階	製造段階
VE対象	機能の創造	上位機能	下位機能
価値向上	$V=\frac{F\uparrow}{C\downarrow}$	$V=\frac{F\uparrow}{C\downarrow}$	$V=\frac{F\rightarrow}{C\downarrow}$
アプローチ	F創造とC設定	F向上とCダウン	Cダウン指向

品の見直しの場合は，2nd–Look(セカンドルック)VE として両者を区分している。

■ **価値向上の方法**

価値向上の方法は，以下の5種類に大別できる。

> ① 機能を一定に維持し，コストを下げる。
> ② 機能を向上させ，かつ，コストを下げる。
> ③ 機能を向上させ，コストはそのまま。
> ④ 少々コストは上がるが，それ以上に機能は向上する。
> ⑤ 少々機能は下がるが，それ以上にコストも下がる。

企業として価値の本質を理解するということは，顧客やユーザがどのような価値基準で，その製品なりサービスを受け入れようとしているかを，ユーザの立場に立って考え，できる限り，客観的，定量的にとらえることである。そして，図表4-16に示すように，パターン①～⑤のそれぞれの価値のとらえ方をよく見きわめ，各パターンに対応させた製品作りを心がけて，消費者のニーズに答えることが大切である。また最近では，企業活動や消費活動において，産出される廃棄物のリサイクル問題，有害物質のチェックなど，商品価値をどの断面で考えるかの判断も重要になってきている。

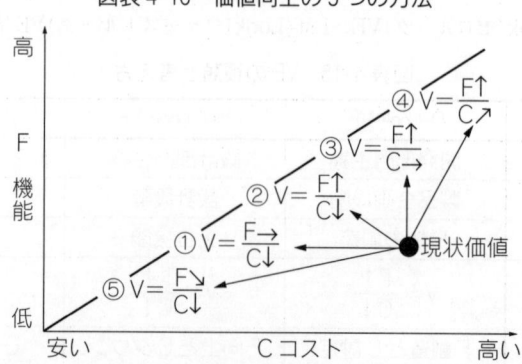

図表4-16 価値向上の5つの方法

① $V = \dfrac{F \rightarrow}{C \downarrow}$
② $V = \dfrac{F \uparrow}{C \downarrow}$
③ $V = \dfrac{F \uparrow}{C \rightarrow}$
④ $V = \dfrac{F \uparrow}{C \nearrow}$
⑤ $V = \dfrac{F \searrow}{C \downarrow}$

●現状価値

縦軸：F 機能（低～高）
横軸：C コスト（安い～高い）

■ VEの展開手順

VEの特徴の1つは進め方が手順化されている点にあり，図表4-17に展開手順の一例を示す。VEは製品の機能とコストを分析し，より価値の高いものを設計したり改善する手法であり，この面で最も特徴的なステップが"Step 3 価値分析"である。その内容は機能整理と機能評価とがある。

図表4-17　VEの展開手順

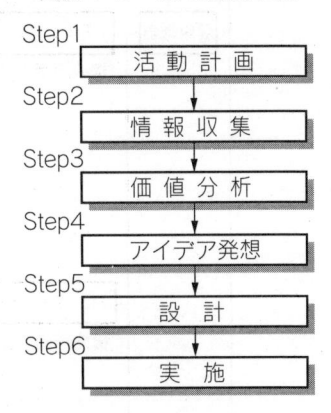

Step1　活動計画
Step2　情報収集
Step3　価値分析
Step4　アイデア発想
Step5　設計
Step6　実施

① 機能整理：機能系統図の作成

機能整理は，製品の機能を明らかにするために行うが，一般には図表4-18のように階層的に把握する（これを機能系統図と呼ぶ）とわかりやすく，改善案も出しやすい。機能系統図は製品の基本機能，上位機能と下位機能の関係，末端機能などを明らかにするために作成する。機能は名詞と動詞を用いて簡潔に表示することに留意する。

② 機能評価：機能係数の決定

機能評価は，機能系統図で明らかにした機能それぞれを一対ずつ取り出し，「どちらの機能がどれだけ重要か」を検討する。検討するにあたり，あまり細かい点まで行わず「製品の価値に対してどちらが重要か」という観点で決める。機能整数は，製品全体の重要度を100％として，各機能の重要度を相対評価したものである。

図表4-18は，健康機器の機能系統図と機能係数の作成過程である。健康機器の機能を100％としたとき，"F1：運動する"は31％，"F2：運動を管理する"は34％が相対評価の結果として割り当てられている。これらは，目標原価の割当てで述べた機能別割当法と同じ考え方である。

③ ユニット，部品の攻めどころの追求

すでに設定してある目標原価を機能係数で細分化したものが機能別目標原価であり，これをFCとする。また，対象製品の見積原価をC，理想目標原

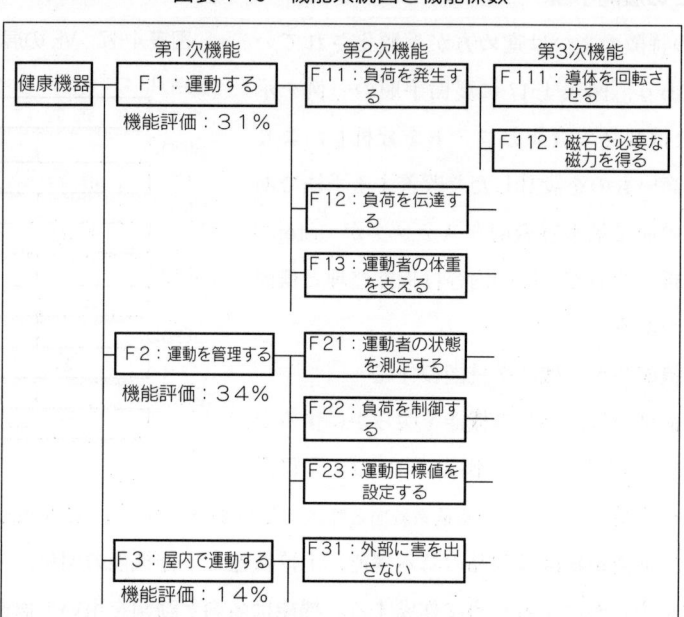

図表 4-18　機能系統図と機能係数

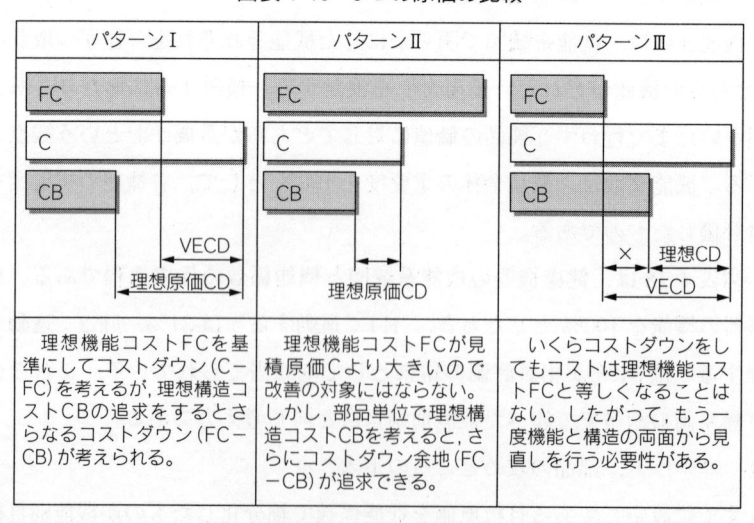

```
健康機器 ─ 第1次機能                第2次機能              第3次機能
          F1：運動する           F11：負荷を発生す      F111：導体を回転さ
          機能評価：31％              る                       せる
                                                          F112：磁石で必要な
                                                                磁力を得る
                                 F12：負荷を伝達す
                                      る
                                 F13：運動者の体重
                                      を支える
          F2：運動を管理する      F21：運動者の状態
          機能評価：34％              を測定する
                                 F22：負荷を制御す
                                      る
                                 F23：運動目標値を
                                      設定する
          F3：屋内で運動する      F31：外部に害を出
          機能評価：14％              さない
```

図表 4-19　3つの原価の比較

パターンⅠ	パターンⅡ	パターンⅢ
FC C CB 　　　VECD 　理想原価CD	FC C CB 　　理想原価CD	FC C CB 　×　理想CD 　　VECD
理想機能コストFCを基準にしてコストダウン（C－FC）を考えるが，理想構造コストCBの追求をするとさらなるコストダウン（FC－CB）が考えられる。	理想機能コストFCが見積原価Cより大きいので改善の対象にはならない。しかし，部品単位で理想構造コストCBを考えると，さらにコストダウン余地（FC－CB）が追求できる。	いくらコストダウンをしてもコストは理想機能コストFCと等しくなることはない。したがって，もう一度機能と構造の両面から見直しを行う必要性がある。

価（基本機能＋補助機能×1/2）を CB とする。現在把握している部品別コストを機能系統図で明確になった機能とを対応させることで，FC，C，CB の関係を図表 4-19 の I，II，III の 3 つのパターンに分類できる。さらに，機能コストを満足させるために，理想原価をベースにして機能と構造の両面よりコストダウン余地（C − CB）を分析する。

以上の手順により V＝F/C の分析が完了し，パターン I，II，III により改善の方向性が明確になる。

次は具体的なアイデア発想であり，TRIZ が有効なツールとなる。

（4）TRIZ（発明的問題解決の理論）

■ TRIZ とは

TRIZ は「トゥリーズ」と発音し，T・R・I・Z の文字は「発明的問題の解決理論（Theory of Inventive Problem Solving）」という意味のロシア語の頭文字を取った造語である。「こんな理論が存在するのか？」，「発明は創造するプロセスではないのか？」，「発明とは，神秘的できまぐれで，行き当たりばったりで初めて発見されるため，価値が高いのではないか？」，これらに対する Genrich Altshuller（ゲンリッヒ・アルトシューラー）の答えが以下である。

> 発明的問題は，その他の技術的問題と全く同じように，成文化され，分類され，方式に乗っ取って解決されるものである。(by Genrich Altshuller)

■ TRIZ の歴史

TRIZ 理論を考え出した，Genrich Altshuller は 1926 年にロシアで生まれた。14 歳にして初めての発明を行い，のちに教育を受けてメカニカルエンジニアとなった。1946 年に TRIZ を手がけ始めた当時，彼はロシア（当時はソビエト）海軍の特許部で働いて，発明家が出す特許の整理をする手伝いをしていた。そして，彼は発明が起こる仕組みに興味を持ち，何千という特許を調べ，共通

点・パターン・発明的考えの主幹となることがらを研究し文章にまとめあげた。

それが出版されると，世界中の数百万を超える特許にかかわる人々から大反響があり，結果として，TRIZに関する何百もの記事や本が出版された。そのなかにAltshuller自身が書いた本も14冊含まれる。そして，TRIZ専門のプロ集団もでき，研修コースも開発され，5万人ものロシアのエンジニアたちがTRIZの教育を受け，その理論を実践で使った。

現在，ロシア人のTRIZ専門家が米国に100人以上も移住し，コンサルタントとして成功している。今後もTRIZ専門家の移住は続きそうである。

■ TRIZの問題解決方法

次のような2次方程式において，Xを求めることを考えてみる。

$$2X^2+9X+4=0$$

もし，代数学を知らなければXの値に適当な数値を代入し，まさに思考錯誤とトライ＆エラーの方法で進めていくであろう。代数学を知っていれば，図表4-20のように2次方程式の解の公式によって簡単に解くことができる。この場合，まず左下の方程式が左上の方程式の特有なケースだと認識することから始める。ここで，特有の値，$a=2$，$b=9$，$c=4$をこの解の公式に当てはめさえすれば，右下にある特定の問題の答えを求めることができる。

図表4-20における解決方法を，一般的に考えると以下のようになる。

図表4-20　2次方程式の問題解決方法

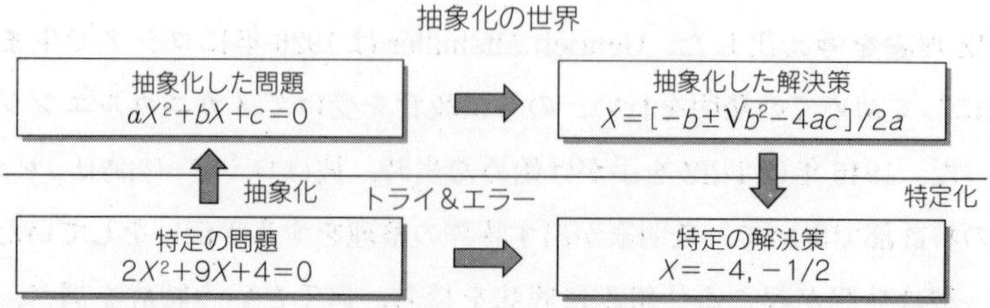

抽象化の世界

抽象化した問題	抽象化した解決策
$aX^2+bX+c=0$	$X=[-b\pm\sqrt{b^2-4ac}]/2a$

↑抽象化　　トライ＆エラー　　↓特定化

特定の問題	特定の解決策
$2X^2+9X+4=0$	$X=-4,-1/2$

第4章　原価企画の手順（2）

　左上は一般的な方程式で，左下の特定の方程式を抽象化したもので，「抽象化した形」，「抽象化した方程式」，「抽象化した問題」ということができる。

　この抽象化した方程式は，2次方程式の a, b, c のパラメータの範囲において解を求めることができる。つまり，左下の式を，抽象化した方程式の特別なケースの1つと考えることができる。また，特定の問題から形を抽象化するステップは，問題のすべてのケースを定義するのと同じである。

　通常，2次方程式の解は複数の数字であり，複数の数字の集合である。右上の方程式は，数学的な関数なので，特定の方程式の解答を得るためには，単純にその方程式に対して関数を特定化すればよい。

　Altshuller は，特許を整理・解析することで問題解決の抽象化した世界を作り上げた。それが特定の問題を抽象化する「39の技術特性」と抽象化した解決策の「40の発明原理」である。図表4-21にそれらの一部抜粋を示す。

図表4-21　「39の技術特性」と「40の発明原理」の一部抜粋

39の技術特性	
1	動く物体の質量
2	不動物体の質量
3	動く物体の長さ
4	不動物体の長さ
5	動く物体の面積
6	不動物体の面積
7	動く物体の体積
8	不動物体の体積
…	………
35	適応性
36	装置の複雑さ
37	コントロールの複雑さ
38	自動化のレベル
39	生産性

40の発明原理	
1	分割原理
2	抽出原理
3	局所的性質原理
4	非対称原理
5	組合せ原理
6	汎用性原理
7	入れ子原理
8	つりあい原理
…	………
35	凝集状態変更原理
36	相変化原理
37	熱膨張原理
38	高濃度酸素利用原理
39	不活性雰囲気利用原理
40	複合材料利用原理

図表 4-22 対立マトリックス表

改善する特性 \ 悪化する特性	1 動く物体の質量	2 不動物体の質量	3 動く物体の長さ	...	7 動く物体の体積	...	39 生産性
1 動く物体の質量			15, 08, 29, 34	...	29, 02, 40, 28	...	35, 03, 24, 37
2 不動物体の質量				...		...	01, 28, 15, 35
3 動く物体の長さ	15, 08, 29, 34			...	07, 17, 04, 34	...	14, 04, 28, 29
...	...	...	...	...	...	...	...
7 動く物体の体積	02, 26, 29, 40		01, 07, 35, 04	...		...	10, 06, 02, 34
...	...	...	...	...	...	...	...
39 生産性	35, 26, 24, 37	28, 1...		...	02, 06, 34, 10	...	

発明原理
01. 分割原理
07. 入れ子原理
35. 凝集状態変更原理
04. 非対称原理

　特定問題を抽象化するには，39の技術特性を「改善する特性」と「悪化する特性」の組合せで表現する。この組合せは39×39個あるので，これを対立マトリックスにまとめた。図表4-22は39×39個のマトリックス表の一部抜粋である。

　この表は，改善する特性（行）と悪化する特性（列）の組合せを選択し，その交点を求めることにより，発明原理に結びつく形になっている。たとえば，改善する特性として「7. 動く物体の体積」，悪化する特性として「3. 動く物体の長さ」を選択すると，発明原理として「01. 分割原理」，「07. 入れ子原理」，「35. 凝集状態変更原理」，「04. 非対称原理」が示される。これらが抽象化した解決案である。そして，この抽象化した解決案をヒントにして，特定問題の解決策を検討するのである。

　この対立マトリックスは，TRIZの仕組みの一部であるが，問題定義と問題解決の2つの部分を持っている有効なツールである。

■ TRIZの特徴

　TRIZの特徴・有効性を一言で説明するのが難しいため，今までに実践した経験をもとに3つの特徴を整理した。当然ではあるが，TRIZの特徴が決して

この3つということではない。

> 特徴1：短時間でのアイデア発想

図表4-23　システマティックな問題解決

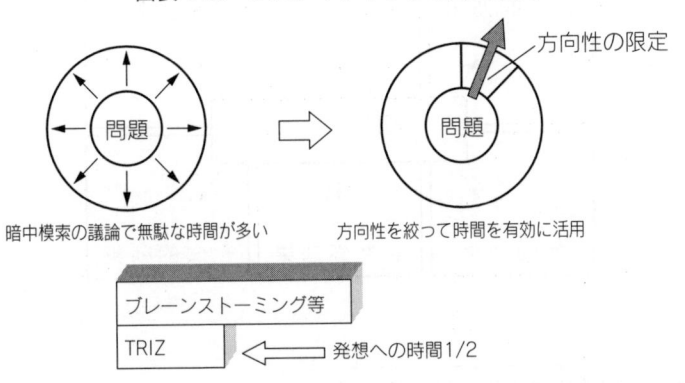

暗中模索の議論で無駄な時間が多い　　方向性を絞って時間を有効に活用

ブレーンストーミング等
TRIZ　　　←　発想への時間1/2

　アイデア発想において，ブレーンストーミングは非常に有効なツールである。しかし，メンバーが経験のない者の集まりの場合，議論が暗中模索になってしまい，良いアイデアが出たとしても無駄な時間が多い。また，特定の者のみが精通している場合，議論が1人の意見に引っ張られ偏った方向へ行く可能性もある。TRIZ理論の1つの特徴は，問題を限定し抽象化することにあるため，方向性を絞ってシステマティックに問題を解決できる。今までの実績では，同じアイデアを発想するのに，TRIZ理論を使用すると時間が半分以下になり，短時間で中身の濃い議論が可能となる。

> 特徴2：他分野への発想のツール

　人間が何か問題を解決しようとするとき，当然であるが自分の今までの経験をもとに良いアイデアを考える。たとえば，メカニカルエンジニアの場合，問題解決にあたり機械的効果をベースにいくつかの代替案を発想し，最適なアイデアを発想していく。しかし，世の中にはいろいろな業種があり，同じような

問題をまったく別の方法で解決している。たとえば、磁気的効果の使用により、信頼性・コスト面で非常に有利なアイデアが出る可能性がある。このように、TRIZ理論は経験がなくとも、他の分野への発想の手助けをしてくれる。

図表4-24 問題解決のヒントをあらゆる分野に求める

磁気的効果	電気的効果	機械的効果
	現状の問題点	
熱的効果	自然界効果	化学的効果

特徴3：物理的原理の追求による原点

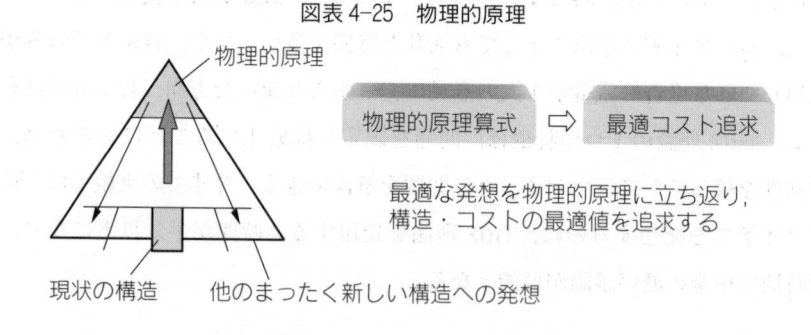

図表4-25 物理的原理

物理的原理算式 ⇨ 最適コスト追求

最適な発想を物理的原理に立ち返り、構造・コストの最適値を追求する

物理的原理
現状の構造　他のまったく新しい構造への発想

問題を抽象化するのは前述したが、VEのように機能からアイデアを幅広く発想することは大切である。TRIZでは、科学的・物理的原理をアイデア発想に使うことを推奨している。これらは、多くの会社でTRIZ理論を実践した結果、機能を追求することは重要であるが、さらに現状の製品構造の科学的・物理的原理を追求することで、他のまったく新しい構造への発想の手がかりになることがわかった。VEの分析結果で図表4-19のパターンⅢのケースでは、

特に効果がある。

コストダウンの究極の姿は，物理的原理算式とコストを結びつけることであり，TRIZ の発想をパラメータ設計で追求するのである。

（５）品 質 工 学

VE, TRIZ により顧客要求をどのような機能，構造で実現するかのアイデアは創出された。次に必要なことは，機能の安定性により，アイデアの評価を実施することである。ここで，品質工学のパラメータ設計がふたたび登場する。以下，図表 4-26 に示すパラメータ設計の展開手順を述べる。

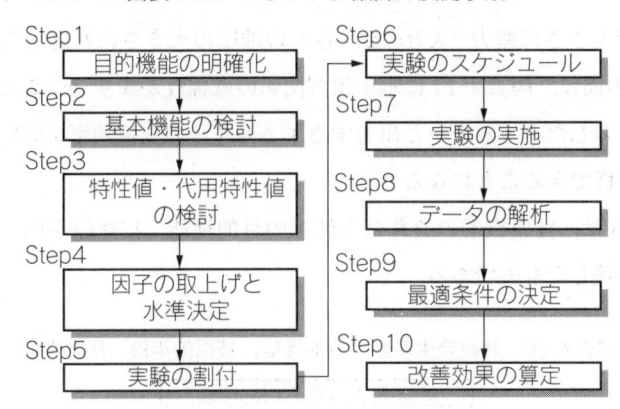

図表 4-26　パラメータ設計の展開手順

Step1	目的機能の明確化	Step6	実験のスケジュール
Step2	基本機能の検討	Step7	実験の実施
Step3	特性値・代用特性値の検討	Step8	データの解析
Step4	因子の取上げと水準決定	Step9	最適条件の決定
Step5	実験の割付	Step10	改善効果の算定

■　Step 1：目的機能の明確化〜Step 2：基本機能の検討

技術には目的機能（システムに要求される役割）があり，その目的機能を達成するためには，技術に固有のメカニズムがある。それは基本的にはエネルギーの入出力関係（エネルギーの変換）として表される。

たとえば，自動車の足踏み式ブレーキの目的機能は，走っている自動車の速度を落としたり，停止させることである。そのための技術手段として，ブレーキペダルを踏むと踏力が発生し，踏力に対応して制動力が発生するような仕組みになっている。このことをもう少し技術的手段で考えると，ブレーキペダルを踏んだ踏力によって油圧を発生させ，発生させた油圧を伝達させて制動トル

クを発生させている。つまり，入力はいろいろな大きさの油圧であり，出力はそれぞれの油圧の大きさに対応した制動トルクということになる。

図表4-27　ブレーキの基本機能

効率100%の理想的なブレーキ

制動力（出力）

比例関係の直線性

踏力（入力）

このような目的機能を達成する技術的手段やメカニズムを品質工学では，基本機能と呼んでいる。基本機能は，入力と出力の関係が明確なものであり，機能性の評価指標である。ここで機能が安定した状態とは，いろいろな大きさの踏力（入力）と，各々の油圧の大きさに対応した制動トルク（出力）の間に，図表4-27に示す比例関係の直線性が成り立つことである。つまり，入力したエネルギーと出力するエネルギーの変換効率を測定すれば，機能性は評価できることになる。

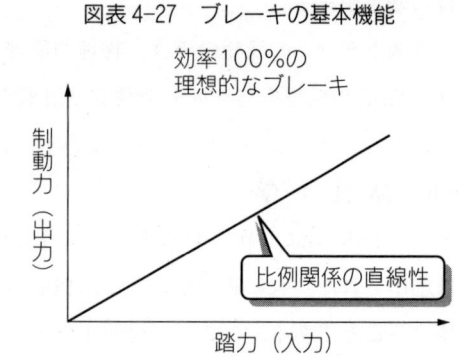

図表4-28は，健康機器の負荷発生装置の目的機能，技術的手段，基本機能の関係を整理したものである。

図表4-28　負荷発生装置の目的機能，技術的手段，基本機能

	負荷発生装置の目的機能	
	運動に必要な負荷を発生させる。	
インプット	技術的手段	アウトプット
ペダルの回転	ペダルの回転により導体を回転させ，磁力によりトルクを発生させる。	トルク
回転数(rpm)	基本機能 ペダルの回転数とトルクの間に比例関係が成り立つ。	トルク(kgm)

■ Step 3：特性値・代用特性値の検討

機能性の評価には，対象機能の特性値または代用特性値の選定が必要になる。特性値には，動特性と静特性がある。図表 4-29 のように，動特性には，「能動的動特性」と「受動的動特性」があり，静特性には，「望小特性」，「望大特性」，「望目特性」がある。

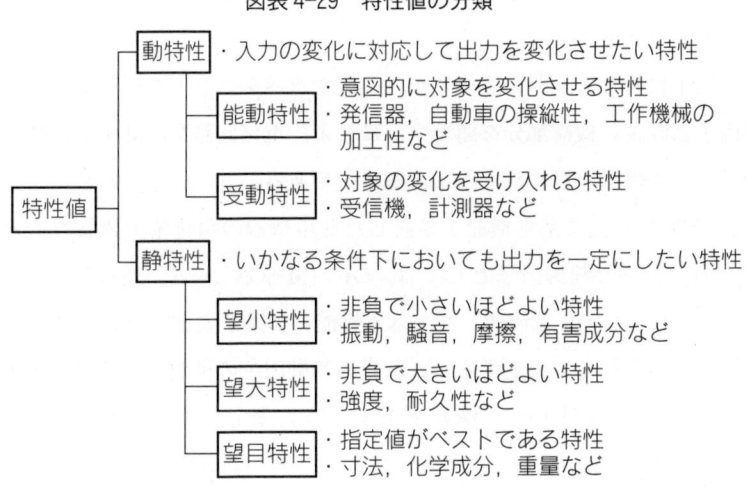

図表 4-29　特性値の分類

```
特性値 ─┬─ 動特性 ─── ・入力の変化に対応して出力を変化させたい特性
        │           ├─ 能動特性 ・意図的に対象を変化させる特性
        │           │           ・発信器，自動車の操縦性，工作機械の
        │           │             加工性 など
        │           └─ 受動特性 ・対象の変化を受け入れる特性
        │                       ・受信機，計測器 など
        └─ 静特性 ─── ・いかなる条件下においても出力を一定にしたい特性
                    ├─ 望小特性 ・非負で小さいほどよい特性
                    │           ・振動，騒音，摩擦，有害成分 など
                    ├─ 望大特性 ・非負で大きいほどよい特性
                    │           ・強度，耐久性 など
                    └─ 望目特性 ・指定値がベストである特性
                                ・寸法，化学成分，重量 など
```

■ Step 4：因子の取上げと水準決定

製品の基本機能は，さまざまなノイズ（機能を乱す原因の総称）の影響でばらついている。基本機能に影響を与える要因を洗い出し，「開発設計者がコントロールできるもの」と「できないもの」に分類する。

開発設計者がコントロールできる要因を制御因子，できない要因を誤差因子と呼ぶ。

誤差因子は，次の 3 種類に分類できる。

> ・環境条件のばらつきで，外乱と呼ぶ。
> ・劣化によるばらつきで，内乱と呼ぶ。
> ・品物間のばらつきで，品物ごとの差である。

これらは生産や使用の場において，水準の指定も選択も不可能な要因である。開発設計者は，誤差因子による外乱，内乱を抑えるために，環境の影響を補正する装置を取り付けたり，劣化しにくい部品を使うなどの対策をとることが多い。しかし，これらの対策は過剰機能，過剰品質に結びつき，すべてコストアップ要因となる。つまり，過剰機能，過剰品質の根本的解決は，誤差因子によるばらつきを減衰させることであり，このことが品質向上とコストダウンに結びつくのである。

誤差因子に対して，開発設計者が中心値や水準をコントロールできる要因を制御因子と呼ぶ。機構部分を開発するにせよ，電気回路を設計するにせよ，制御因子というのはかなりたくさんあるはずである。

図表4-30は，先に基本機能を検討した健康機器の負荷発生装置のイメージ図である。ここで制御因子としては，"A：Cu厚さ"，"B：空隙"，"C：フィン形状"，"D：コイル電流値"など基本機能に影響が大きいと思われる因子から主要なものを絞って決定する。これらの制御因子の種類とか条件を変えることを，水準を変えるといい，図表4-31のように表す。

また，図表4-28で示した負荷発生装置のペダル回転数のように，動特性の入力になる要因を信号因子という。

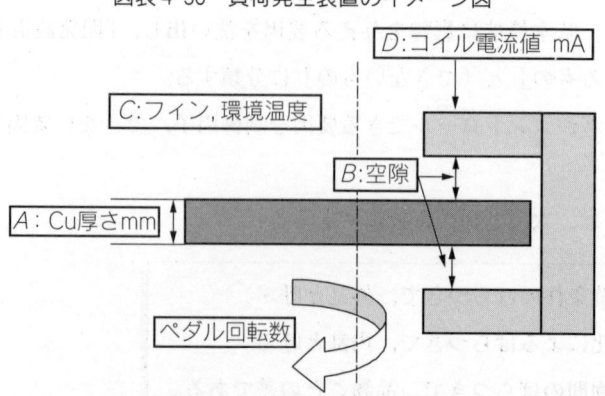

図表4-30　負荷発生装置のイメージ図

図表4-31 制御因子の水準値

A：Cuの厚さ（mm）	薄い場合	A_1
	中くらい	A_2
	厚い場合	A_3
B：空隙（mm）	狭い場合	B_1
	中くらい	B_2
	広い場合	B_3
C：フィン形状	Xタイプ	C_1
	Yタイプ	C_2
	Zタイプ	C_3
D：電流値（mA）	弱い場合	D_1
	中くらい	D_2
	強い場合	D_3

■ Step 5：実験の割付

　図表4-31に示した負荷発生装置のAからDの条件を全部組み合わせると，3×3×3×3＝81通りの組合せになる。このなかから最適な水準を決定する1つの方法は，81回の確認実験を実施することである。実務的には実験回数を少なくしたいので，直交表というツールを使用する。

　たとえば，設計上の制御因子としてA, B, Cの3種を2通りずつ取り上げる。これをAが2水準，Bが2水準，Cが2水準であるという。

　A, B, Cのあらゆる組合せは，次の8通りである。

　1：$A_1B_1C_1$，2：$A_1B_1C_2$，3：$A_1B_2C_1$，4：$A_1B_2C_2$
　5：$A_2B_1C_1$，6：$A_2B_1C_2$，7：$A_2B_2C_1$，8：$A_2B_2C_2$

　このように，いくつかの因子の水準があるとき，そのすべての組合せを多元配置という。しかし，安定性のよい設計条件を探すために取り上げた制御因子の数が多い場合の実験では，すべての組合せを検討する多元配置を採用することは実務的ではない。

　そこで，考えられたのが直交表と呼ばれるあらかじめ決められた特定の組合せである。直交表には2水準系，3水準系，混合系などがあるが，最も規模の

小さいものが，図表 4-32 の直交表 $L_4(2^3)$ と呼ばれているものである。

図表 4-32 の No. は，実験番号または割付番号と呼ばれ，1 から 4 までである。一方，縦の列は直交表の列と呼ばれ，どの列も 1 と 2 という数字 4 個ずつから構成されている。直交表 L_4 は，4 行 3 列から構成されており，各行各列の数字は 1 と 2 であり水準を表している。3 つ列に 2 水準の因子を対応させると，各行は因子の水準組合せを示すことになる。

先に述べたように，2 水準の因子が 3 つあるとき，多元配置では 8 通りの組合せであるが，直交表 L_4 に従った組合せでは 4 通りだけが実験対象になる。どういう 4 通りになるかは，どの列にどの因子を対応させるかによるが，A，

図表 4-32　直交表 L_4

No.	列		
	1	2	3
1	1	1	1
2	1	2	2
3	2	1	2
4	2	2	1

図表 4-33　多元配置と直交表 L_4

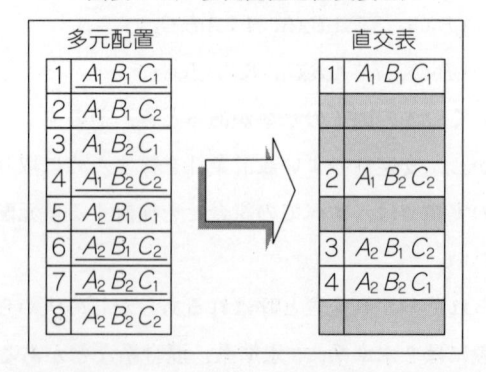

多元配置		直交表
1	$A_1 B_1 C_1$	1　$A_1 B_1 C_1$
2	$A_1 B_1 C_2$	
3	$A_1 B_2 C_1$	
4	$A_1 B_2 C_2$	2　$A_1 B_2 C_2$
5	$A_2 B_1 C_1$	
6	$A_2 B_1 C_2$	3　$A_2 B_1 C_2$
7	$A_2 B_2 C_1$	4　$A_2 B_2 C_1$
8	$A_2 B_2 C_2$	

B, C を 1, 2, 3 列に対応させれば, 次の 4 通りになる。

1：$A_1B_1C_1$, 2：$A_1B_2C_2$, 3：$A_2B_1C_2$, 4：$A_2B_2C_1$

このように，直交表を用いることで実験回数を大幅に低減させることができるのは，すべての制御因子が，同じ回数の組合せ実験を行うからである。

直交表は L_4 以外にも多数あり，制御因子や誤差因子の数により最適なものを選択するが，品質工学では，図表4-34 の直交表 L_{18} を推奨している。

直交表 L_{18} は2水準の因子を1つ，3水準の因子を最大7つまで扱う直交表である。直交表の各列に因子を割り付けると，1と2と3という数字は因子の水準を表している。

直交表の各列に因子を割り付けて実験計画を作成することを内側直交表の割付と呼ぶ。また，同じ行の実験を数回繰り返す場合の実験計画を作成すること

図表4-34　直交表 L_{18}

直交表 L_{18}

実験No.	列番							
	1	2	3	4	5	6	7	8
1	1	1	1	1	1	1	1	1
2	1	1	2	2	2	2	2	2
3	1	1	3	3	3	3	3	3
4	1	2	1	1	2	2	3	3
5	1	2	2	2	3	3	1	1
6	1	2	3	3	1	1	2	2
7	1	3	1	2	1	3	2	3
8	1	3	2	3	2	1	3	1
9	1	3	3	1	3	2	1	2
10	2	1	1	3	3	2	2	1
11	2	1	2	1	1	3	3	2
12	2	1	3	2	2	1	1	3
13	2	2	1	2	3	1	3	2
14	2	2	2	3	1	2	1	3
15	2	2	3	1	2	3	2	1
16	2	3	1	3	2	3	1	2
17	2	3	2	1	3	1	2	3
18	2	3	3	2	1	2	3	1

←行

↑列

を外側直交表の割付と呼ぶ。特性値による割付方法が以下である。

① 静特性の割付

静特性の場合には，図表4-35のように，制御因子を直交表の内側に，誤差因子Nを直交表の外側に割り付けることが多い。誤差因子Nはデータの繰返し数とみなすこともある。

② 動特性の割付

動特性の場合は，制御因子を直交表の内側に，信号因子Mと誤差因子Nを直交表の外側に割り付けることが多い。静特性と同様に，誤差因子Nは

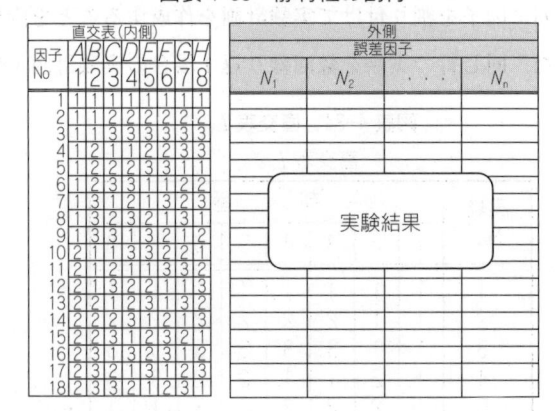

図表4-35　静特性の割付

図表4-36　動特性の割付

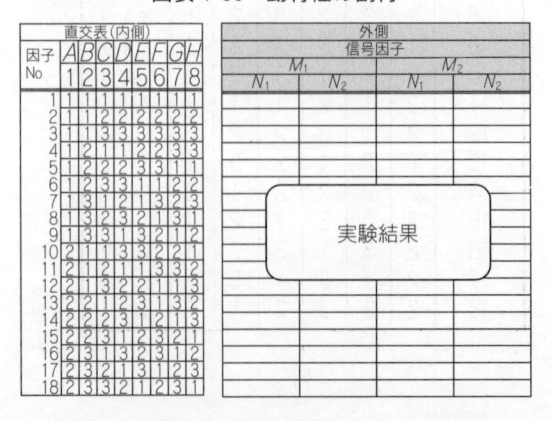

データの繰返し数とみなすこともある。

このように実験計画を立案し，実施に移る。

■ Step 8：データの解析

品質工学ではSN（エスエヌ）比という尺度を使って，機能の安定性を測定する。SN比のSはシグナル（信号）であり，Nはノイズ（誤差）である。ノイズには，材料の規格に対するばらつき，部品の規格中央値に対する寸法の狂い，環境の変化による性能の低下などさまざまなものがある。

SN比と言われると，何かまったく異質の世界に紛れ込んだように思うかもしれないが，ステレオやCDプレーヤーなどのオーディオ機器を使うとき，音量を上げると，同時にノイズ（雑音）も大きくなる状態をSN比が悪いという。必要な音は大きく，ノイズは小さい方がオーディオ機器の機能性はよい。全部の音の中で必要な音の大きさが信号（シグナル）で，出力の中で不要部分が雑音（ノイズ）である。これを技術全体に広げて考えれば，雑音が誤差とかばらつきになる。抽象的にいうと，SN比は，システムの入出力におけるエネルギーの分解として，次のように定義でき，計算結果が大きいほど機能の安定性は高いことになる。

$$\text{SN 比} = \frac{\text{その技術の働きで投入されたエネルギーの有効な成分（信号）}}{\text{投入されたエネルギーのうち，出力として有効に働かなかった有害な成分（誤差）}}$$

SN比の算定方法は，特性値により異なるので詳細は専門書に譲るが，値が負にならず，小さければ小さいほどよい望小特性の計算式は以下の通りである。

制御因子の各処理条件でのデータを $y_1, y_2, \cdots, y_n$ とすると望小特性のSN比は次の式で与えられる。

$$\eta = -10 \log \left(\frac{1}{n} \times \sum_{i=1}^{n} y_i^2 \right) \quad \cdots \cdots (4.1)$$

望小特性の目標値をゼロと考えれば，特性値 y の目標値との差の2乗は y^2

である。ある望小特性 y がいろいろな値をとるとき，目標値との差の2乗である y^2 の平均を σ^2 で表すと，(4.2) 式となる。

$$\sigma^2 = \frac{1}{n}(y_1^2 + y_2^2 + \cdots + y_n^2) = \frac{1}{n} \times \sum_{i=1}^{n} y_i^2 \quad \cdots\cdots\cdots\cdots\cdots\cdots (4.2)$$

品質工学では，σ^2 の逆数を SN 比といい，SN 比の対数の 10 倍をデシベル単位の SN 比といい，記号 η （イーター）で表す。

$$\eta = 10 \log \frac{1}{\sigma^2} = -10 \log \sigma^2 = -10 \log \left(\frac{1}{n} \times \sum_{i=1}^{n} y_i^2 \right) \quad \cdots\cdots\cdots (4.3)$$

目標値との差が少なければ少ないほど，σ^2 の値は小さくなるので SN 比（η）の値は大きくなる。

■ **Step 9：最適条件の決定～Step 10：改善効果の算定**

SN 比を解析特性として，制御因子に関する補助表や分散分析表を作成し，SN 比に効果のある制御因子を見出すことで，最適条件を推定できる。

図表 4-37 は負荷発生装置の制御因子の SN 比の水準別合計であり，これを補助表と呼ぶ。表の数字は SN 比なので，大きいほど機能が安定性している。制御因子 "A：Cu 厚さ" では，1 水準の値が 1 番大きく，"B：空隙" では 2 水準，"C：フィン形状" では 2 水準，"D：コイル電流値" では 1 水準である。つまり，A：Cu 厚さは薄く（1 水準），B：空隙は中くらい（2 水準），C：フィン形状は Y タイプ（2 水準），D：コイル電流値は弱い（1 水準）が最適条件であ

図表 4-37　負荷発生装置の補助表

補　助　表	水　準		
	1	2	3
A：Cu 厚さ mm	−88.7	−98.8	−101.6
B：空隙 mm	−97.1	−95.2	−96.7
C：フィン環境温度	−96.8	−95.9	−96.4
D：コイル電流値 mA	−95.5	−97.2	−96.4

ると推定できる。この制御因子の中でSN比に効果のある要因を見出すには、図表4-38のような分散分析表を作成する。このなかで、一番右の寄与率に着目すると、A：Cu厚さの効果がSN比全体の95.9%を占めていることが判明するので、ここに着目して改善案を検討する。

最後に、推定した最適条件が直交表での処理条件に含まれていないときには、最適条件でもう一度確認実験を行う。

図表4-38　分散分析表

分散分析表	f (自由度)	S (変動)	V (分散)	S' (純変動)	ρ (%) (寄与率)
A：Cu厚さ mm	2	30.42	15.210	30.42	95.9
B：空隙 mm	2	0.68	0.340	0.68	2.1
C：フィン環境温度	2	0.14	0.070	0.14	0.4
D：コイル電流値 mA	2	0.47	0.235	0.47	1.5
e	0	0.00	0.000	0.00	
合　計	8	31.71		31.71	100.0
一般平均		9282.68			

■　VE, TRIZ, 品質工学の共通点

以上、製品設計に必要なコストダウン手法について述べたが、これらのコンセプトをまとめてみる。

TRIZの考え方の1つに"理想を増大させるという法則"がある。製品構造は次第に理想像に接近しながら進化するという法則で、下記に示すように活用効果 Ui の和を悪影響 Hi の和で割ったものである。活用効果（アウトプット）とは製品の機能がもたらす有用な価値の成果であり、悪影響（インプット）はコスト、サイズ、エネルギー消費、公害、危険など望ましくない状態を含む。この考え方は、前述したVEの〔V(価値)＝F(機能)/C(コスト)〕や、機能性評価のSN比と同じである。TRIZでは価値向上の理想的な状態とは、ΣUi 活用効果だけが存在しΣHi 悪影響がまったくない状態をいう。

$$\text{Ideality} = I = \frac{\Sigma Ui \uparrow \rightarrow}{\Sigma Hi \downarrow \downarrow}$$

活用効果 Ui：製品の機能がもたらす有用な価値の成果

悪影響 Hi：コスト，サイズ，エネルギー消費，公害，危険

　このように各手法とも，"理想を増大させるというコンセプト"を持ち，目標原価の達成には，欠かせない手法である。

4-3 生産設計にコストダウン手法を統合化し適用する

製品設計に引き続き，オンライン設計の重要な側面である生産設計について考えてみよう。

（1）生産設計とコストダウン手法

生産設計のコストダウンの焦点は工数（加工費）にある。そのためのコストダウンの手法を図表4-39に示す。

工程システム設計の段階では工程設計や作業設計により工程・作業系列を，工程パラメータ設計の段階では作業条件を，工程許容差設計の段階では作業許容差を追求し加工費のコストダウンを考える。コストダウン手法のなかで，重要なものはIE，TRIZ，品質工学である。TRIZ，品質工学については，製品設計で述べたので，IEを中心に加工費のコストダウンの考慮点を述べる。

図表4-39 生産設計とコストダウン手法

ステップ		オンライン設計			オフライン設計	
		工程システム設計	工程パラメータ設計	工程許容差設計	加工機能に対する工法の創造	要素技術の確立
役割		工程・作業系列追求	作業条件追求	作業許容差追求	工法に対するコンセプトの創造	動特性による加工技術開発
コストダウンの狙いどころ		工程・作業機能見直	生産条件見直	機能限界見直	加工機能のばらつきや環境負荷低減技術の確立	
コストダウンの可能性		大	中	小	大	
コストダウン手法	IE					
	TRIZ					
	品質工学					
	GT・標準化					

■ 生産設計とIE

生産設計を実施する過程で，1つの製品（部品）を生産するために，いくつかの方法が発見できる。そのなかから生産量，品質仕様，リードタイムなどの要件を満たすのに必要な最低コストの製造システムを，最適な工程，作業として選択する。コストの中で，生産技術段階でのコストダウンの焦点は加工費である。

加工費低減に有効な手法としてIE（Industrial Engineering）がある。従来の生産技術は設備依存型で，生産要素の経済的な組合せによる製造システムの設計に多くの時間をとることが少なかったために，製造システムにロスを生じることがあった。IEは改善手法として幅広く活用されてきたが，この手法を生産設計段階から織り込み，最少工程，最少工数となる製造システムを設計していくことで大幅な加工費低減が実現できる。VEで述べたと同様に，IEでも0-Look（ゼロルック）IE，1st-Look（ファーストルック）IEが必要なのである。

（2）IE（インダストリアル・エンジニアリング）

IEは1890年代に米国のフレドリック・テーラーが鉄鋼所のズク（銑鉄）運び作業の方法研究を行ったのが発端である。その後作業研究の方法は進化し，1910年代にはIEといわれるようになった。

■ IEの定義

IEは次のように定義されている。

> IEとは，人，資材，設備およびエネルギーの総合したシステムの設計，改善，および実施に関することを扱う。その場合にIEはこれらのシステムから得られる結果を規定し，予測し，評価するために，工学的な分析と設計の原理と方法の原則とともに，数理科学，自然科学および社会科学における専門知識と経験を利用する。

この定義は，3つの部分で構成され，何に対して（扱うものの範囲），どのよ

うなことをするのか（やり方・進め方），どのような方法で行うのか（その方法・手法）について示している。

　生産活動は，人（Men），資材（Materials），設備（Equipments），エネルギー（Energy）の4つの生産要素から成っている。これを生産の4要素と呼び，これらがバランスよく組み合わされた状態を作ることが，最も安いコストで生産することを意味する。しかし，この4要素の組合せはシステムを設計する時はもちろんのこと，運用段階でも崩れるのが常である。崩れた部分はロスとなって現われるが，意外とそれに気づかないことが多い。

　IEは改善手法として幅広く活用されてきたが，この手法を生産設計段階から織り込み，最少工程，最少工数となる製造システムを設計していくことで大幅な加工費低減が実現できる。

■ デザインアプローチとリサーチアプローチ

　製造システムの設計方法には，「リサーチアプローチ」と「デザインアプローチ」がある。「リサーチアプローチ」は，現状の製造システムにムダがないか問題はないかという分析から始め，詳細にその内容に検討を加えて，より良いシステムを追求するというもので，一般にはこのやり方が多い。

　もう1つは「デザインアプローチ」である。これはどちらかというとハードウェア（機械，製品）の設計手順に近い方法である。デザインアプローチによる製造システム設計は，システムの目的とする"機能"は何かということから思考を進め，システムの"あるべき姿"を描く。そして次第に制約条件を加えて現実的なシステムへと修正していく。このアプローチは，従来の改善手法で

図表4-40　デザインアプローチとリサーチアプローチ

	デザインアプローチ	リサーチアプローチ
Step 1	現状をシステムとして把握する	現状を分析する
Step 2	機能を発見する	改善箇所を発見する
Step 3	機能を満たす理想システムを設計する	改善部分を排除していく
Step 4	理想システムに近いものを制約から提案する	新たなシステムを構成し，提案していく

は得られない大きな成果，たとえば工数を半減するといった劇的な成果をもたらす点で注目に値する。

■ IEと工程システム設計

加工費（時間）の基本機能は，製品の加工，変形，変質をともなう作業と定義される。工程システム設計の第1段階は，アウトプットを得るために必要不可欠な機能（基本機能）である工程を抽出し，できるだけ基本機能のみで構成されるプロセスを設計する。その際，製造から廃却までの製品ライフサイクル間に地球環境に与える影響を最小にする省エネルギーや有害物質への取組みを忘れてはならない。

■ デザインアプローチによる作業設計

工程システム設計の後半は，作業設計である。デザインアプローチによる作業設計は，現状システムの目的とする"機能"から思考をすすめ，次第に制約条件を加えて現実的なシステムへと修正していく。作業設計の手順については，門田武治氏の著書『オードリックス　定員最適化の新手法』の考え方をもとにして紹介する。その設計手順は図表4-41に示す「現状メソッドの標準化」，「基本設計」，「詳細設計」，「改善提案書の作成」からなる。ここで，IEでは製造システムのことをメソッドと呼ぶ。

Step 1：現状メソッドの標準化

既存製品の場合，現状のメソッドは作業者によって，また同一の作業者であってもその時により作業方法が異なる。そこで現状のメソッドを標準化し，作業の構成要素を確定して，これを図表4-42のオペレーションリストにまとめる。新製品の場合は，工程設計・工数見積をした結果を現状メソッドと考える。

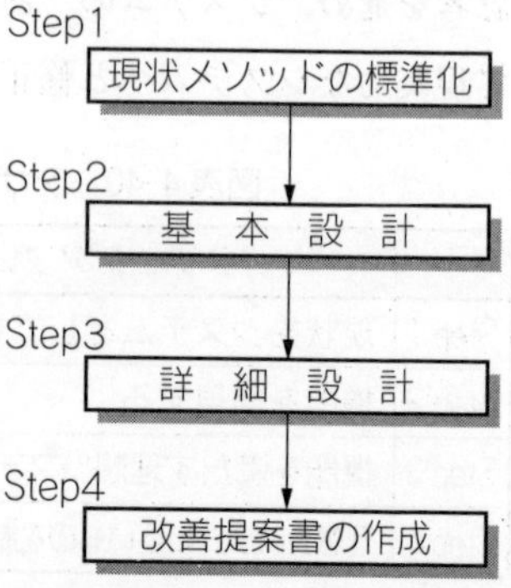

ここで，TCT (Target Cycle Time) とは，これ

図表4-41　作業設計の手順

Step1 → 現状メソッドの標準化
Step2 → 基本設計
Step3 → 詳細設計
Step4 → 改善提案書の作成

図表4-42　オペレーションリスト（箱詰め作業の例）

TCT＝22.5秒

プロセス オペレーション	時間			BF %	基本機能	改善着想	
	時間	頻度	計			ECRS	
箱詰め A				428			
① ダンボール準備	6	1	6	26			
② 箱作り	6	1	6	26			
③ 空箱運搬	12	1/10	1.2	5			
④ 部品ポリ取崩し	2	2	4	17			
⑤ 袋詰め	3	12	36	160			
⑥ 箱詰め	2	12	24	106			
⑦ 箱封函	5	1	5	22			
⑧ ラベル貼	3	1	3	13			
⑨ 箱手運搬	12	1	12	53			
箱詰め B				386			
⑩ ダンボール準備	6	1	6	26			
⑪ 箱作り	6	1	6	26			

から改善するラインの目標サイクルタイムであり，下記算式によって求める。

$$TCT = \frac{稼働日数／月 \times 稼働時間／日 \times 稼働率}{月間生産量}$$

また BF（Balancing Factor）とは，各オペレーションに要する時間が TCT に対し，どれ位の大きさであるかを見るための数値であり，100％ を1人分の作業量と見る。最初のオペレーションであるダンボール準備の BF は，次の算式で求めた。なお，小数点以下切り捨てている。

$$BF = \frac{各オペレーション基本時間 \times 頻度}{TCT} \times 100 = \frac{6 \times 1}{22.5} \times 100 = 26$$

Step 2：基本設計

製造または作業システムの基本機能を，オペレーションのなかより選出する。

図表4-43 オペレーションリスト（基本機能の選出）

プロセス オペレーション	時間	頻度	計	BF%	基本機能	ECRS	改善着想
箱詰めA				428			
① ダンボール準備	6	1	6	26			
② 箱作り	6	1	6	26	○		
③ 空箱運搬	12	1/10	1.2	5			
④ 部品ポリ取崩し	2	2	4	17			袋規格化パッカーの導入仮置きせず直接に箱に入れる
⑤ 袋詰め	3	12	36	160	○		
⑥ 箱詰め	2	12	24	106	○		
⑦ 箱封函	5	1	5	22			
⑧ ラベル貼	3	1	3	13	○		
⑨ 箱手運搬	12	1	12	53			
箱詰めB				386			
⑩ ダンボール準備	6	1	6	26			
⑪ 箱作り	6	1	6	26	○		

基本機能は製品の加工・変形・変質をともなう作業であり，図表4-43のオペレーションリストでは，○印をつけた"箱作り"，"袋詰め"，"箱詰め"などである。

そして，選択した基本機能の1つ1つに対し，その存在目的までさかのぼって検討し，それを排除することを考える。基本機能を排除しようとすると，ほとんどの場合，設計改善に直結する。製品・部品の裏返しが基本機能作業なのである。

基本設計のまとめは，真に必要な基本機能だけでの基本構想検討であり，今後の作業設計の根幹をなすものである。どのような方針で設計するかの視点は，基本機能の作業のみで作業編成する作業の流し方・手順を見つけ出すことである。図表4-44の比較表の特徴欄に書かれている内容がそれであり，最適案を選択後，次の詳細設計へと進む。

Step 3：詳細設計

基本設計比較表より選択したA案に補助機能を肉付けする。補助機能は基本機能を補助するオペレーションで，運搬など，補助機能の役割を果たす作業である。

補助機能の作業を付加した各工程のなかで，ネックになる工程のBFを減らす改善を考える。改善案は，まず，基本機能について簡素化を検討する。補助機能については，排除，結合，入替え，簡素化という"改善4原則"を適用する。このように改善検討を加えて実施可能なメソッドに仕上げ，詳細設計案を作成したものが，図表4-45の詳細設計比較表である。

図表4-44　基本設計比較表

	A案	B案	C案
特徴	・箱詰め者が仕分け ・箱詰め場とコンテナ搭載場をローラーコンベアで結ぶ	・コンテナを箱詰め場に横付けする	・トラックを箱詰め場に横付けする
工程編成の概略	箱詰めA　箱詰めB 部品計量　箱詰め 袋詰め ↓ コンテナ搭載	箱詰めA　箱詰めB 部品計量　箱詰め 袋詰め ↓ 仕分け ↓ コンテナ搭載	箱詰めA　箱詰めB 部品計量　箱詰め 袋詰め ↓ 仕分け ↓ トラック搭載
効果	12人→4人	12人→6人	12人→6人
費用	40万円	1200万円	160万円
期間	2日	納期3ヶ月工事1週間	工事1週間
技術的可能性	・箱が自然に流れるよう傾斜をつけたローラーコンベアの設置 ・搭載者がコンベアをまたいでの移動が発生する	・コンテナ移動のため駆動式コンベアが必要	・トラック入場のための床板外しと補強工事が必要 ・トラックの待機場所 ・箱のバッファ用ローラーコンベアが必要

図表4-45　詳細設計比較表

	A1案	A2案	A3案
特徴	・箱詰め者が箱作り ・箱詰めと仕分けを兼任 ・コンテナ搭載専任	・箱作り場を2Fに設置 ・箱作り専任化 ・箱詰めと仕分けを兼任 ・コンテナ搭載専任 ・スペース最小	・箱作りとラベル貼りとコンテナ搭載を兼任する ・箱詰めと仕分けを兼任 ・箱詰めA者はBも行う
工程編成の概略	箱詰めA　箱詰めB 箱作り　箱作り 部品セット　箱詰め ↓ コンテナ搭載	箱作り 箱詰めA　箱詰めB 部品セット　箱詰め ↓ コンテナ搭載	箱作り 箱詰めA　箱詰めB 部品セット　箱詰め ↓ コンテナ搭載
生産性向上率	240% 人員 12人 → 5人	240% 人員 12人 → 5人	300% 人員 12人 → 4人
	・袋詰めの自動機 ・仕分ローラーコンベア設置 940万円	・箱作り用中2F設置 ・袋詰めの自動機 ・仕分ローラーコンベア設置 1410万円	・箱作り機を導入 ・袋詰めの自動機 ・仕分けローラーコンベア設置 1090万円
期間	納期 3ヶ月　工事 2日	納期 3ヶ月　工事 1週間	納期 3ヶ月　工事 2日

詳細設計比較表は，基本設計時と同じように作成するが，補助機能の作業量が確定するため，費用・期間・改善内容が具体化する点が異なる。なお，最終案の選択にあたっての成果は，生産性向上率に求める。

Step 4：改善提案書の作成

最終的に選択された詳細設計案をもとに，改善提案書を作成する。

以上述べたように基本機能をベースに作業設計すると，不必要なオペレーションがなくなった状態のラインができ，生産性2倍の成果が出ている。これだけの成果を自動化で出そうとすると投資金額で高すぎて採算が合わない。これを，作業設計の基本である人，材料，設備，エネルギーの最適組合せを考えると，安いコストで効果の大きい作業設計ができる。

（3）工程パラメータ設計

工程システム設計により工程系列，作業設計を立案した後は，工程のパラメータ設計に入る。工程パラメータ設計の例をNC加工機で述べるが，基本的な手順は製品パラメータ設計と同様に進めてよい。

図表4-46　NC加工機

NC加工機の目的機能は，「素材を設計どおりの形状にする」と表せる。NC加工機の目的機能を達成する技術的手段は，図表4-46のように「加工プログラムどおりに主軸を動かし工具を素材に当て素材の形状を変える」ことである。NC加工機を1つのシステムととらえ入出力を考えると，入力は加工プログラム，出力は加工品となる。つまりNC加工機は，設計寸法をNCデータという形で入力し，加工品の実寸法を出力している。

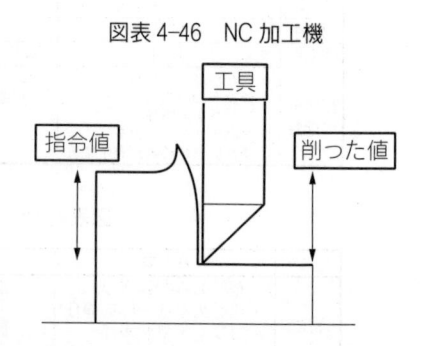

ここでNC加工機の基本機能は，「入力したNCデータと実際に加工した製品の実寸法の間に比例関係が成り立つ」と定義できる。

図表4-47は，NC加工機の目的機能，技術的手段，基本機能の関係を整理

図表4-47 NC加工機の目的機能，技術的手段，基本機能

	NC加工機の目的機能	
	素材を設計通りの形状にする	
インプット	技術的手段	アウトプット
NC加工プログラム	加工プログラムどおりに主軸を動かし工具を素材に当て素材の形状を変える	加工品
	基本機能	
1mm	入力したNCデータと実際に加工した製品の実寸法の間に比例関係が成り立つ	1mm

図表4-48 NC加工機の制御因子

制御因子		水準		
		1	2	3
A	切削方向	上昇	下降	―
B	切削速度（m/min）	遅	標準	速
C	送り速度（m/min）	遅	標準	速
D	工具材質	軟	標準	硬
E	工具剛性	低	標準	高
F	ねじれ角（°）	小	標準	高
G	すくい角（°）	小	標準	高
H	切り込み量（mm）	小	標準	高

したものである。

NC加工機の基本機能をばらつかせる要因のなかで，制御因子としては図表4-48に示す8つがあげられる。各制御因子には，Aの「切削方向」が2つ，B〜Hまでは3つの水準が設定してある。これら制御因子の水準のなかで，一番ばらつきの小さい条件を設定するのがパラメータ設計である。

図表4-49は，NC加工機の工程パラメータ設計の全体フローである。Step 4：因子の取上げでは，「誤差因子」として素材の硬度のばらつきを取り上げている。たくさんのノイズの影響が，素材の硬度のばらつきに現れると考え，これだけを検討すれば主要なノイズを考慮したことと同じである。

Step 8：データ解析では，制御因子の水準別SN比と感度をグラフ化している。ここで感度とは，動特性$Y=aX$における比例定数aにあたる。SN比を

第1部 原価企画とは何か

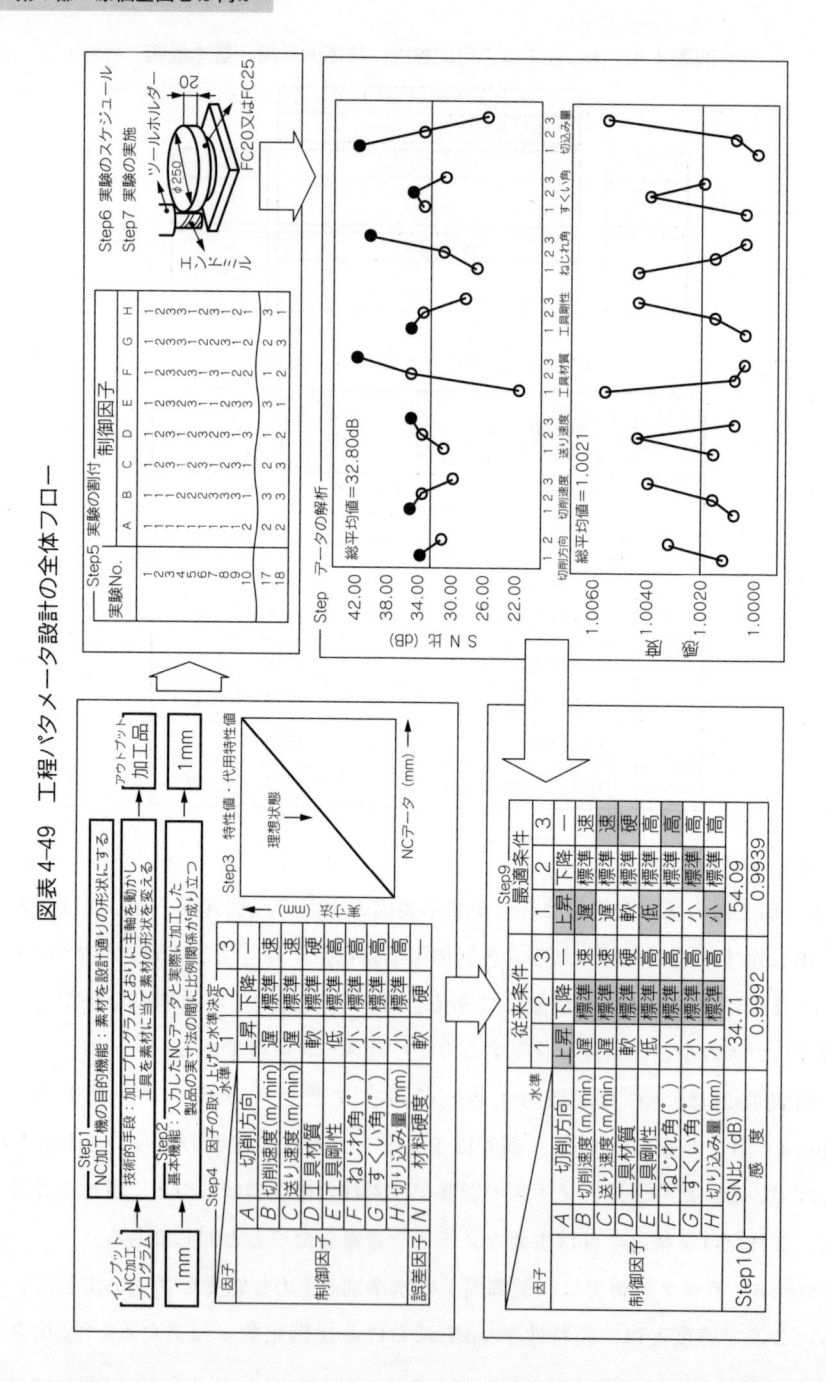

図表4-49 工程パラメータ設計の全体フロー

大きくする制御因子の組合せ（グラフの●）によりNC加工機の，理想機能からのばらつきが小さい生産条件となる。

次に，安定性を高めた後，感度の値を大きくすることができれば，入力に対する出力の効率を向上させたことになるので，同じ出力を得るために必要な入力の大きさを小さくすることができる。エネルギー効率を向上させるために比例定数aの値を大きくするには，グラフより工具材質が一番影響することが読み取れる。

以上のように工程パラメータ設計を展開することで，ノイズに強い安定した生産条件が確立できる。

原価企画成功の条件

第5章

❖ POINT ❖

　第1部の最終章では，原価企画活動を成功させるための条件について述べるが，その内容は2つある。
　1つ目が，目標原価の設定やコストダウン評価に必要な原価情報である。原価企画活動には原価情報システムが不可欠であり，原価情報システムの具体例としてCAD見積システムを紹介する。
　2つ目は，原価企画活動を支援する周辺技術とマネジメントの関係について述べる。環境経営時代の原価企画は，国際標準であるISO 14000シリーズを組み込むことがマネジメントシステムとして望まれる。

5-1 原価企画活動に必要な原価情報

　原価企画に必要な原価情報の話しを展開する前提として，原価計算を体系的に整理してみる。

（1）原価計算の体系

　原価計算には，大きく分けて事前原価計算と事後原価計算がある。事前原価計算とは，製品を生産する前に原価を計算することで，予定原価の計算である。事後原価計算は製品を生産した後での原価を計算することで，実際にかかった原価を計算する。図表5-1は各種の原価計算の関係を，一表にまとめたものである。

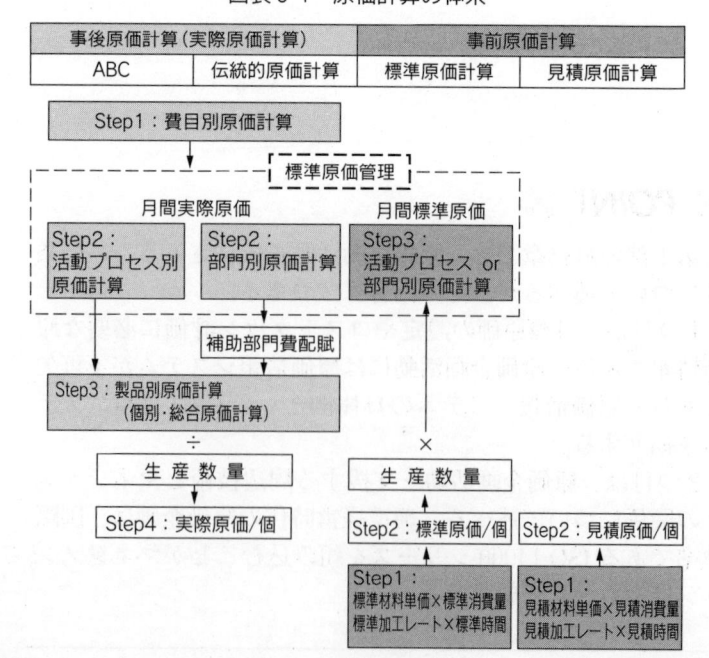

図表5-1　原価計算の体系

事後原価計算（実際原価計算）		事前原価計算	
ABC	伝統的原価計算	標準原価計算	見積原価計算

```
Step1：費目別原価計算
  ┌─────── 標準原価管理 ───────┐
  月間実際原価              月間標準原価
  Step2：        Step2：    Step3：
  活動プロセス別  部門別原価  活動プロセス or
  原価計算       計算        部門別原価計算
           ↓ 補助部門費配賦
  Step3：製品別原価計算
       （個別・総合原価計算）
           ÷                  ×
       生産数量              生産数量
  Step4：実際原価/個    Step2：標準原価/個   Step2：見積原価/個
                       Step1：              Step1：
                       標準材料単価×標準消費量  見積材料単価×見積消費量
                       標準加工レート×標準時間  見積加工レート×見積時間
```

事後原価計算では発生費用がすでにわかっているので，それを，費目別・部門別・製品別に集計し，最後に製品別の実績生産数量で割って単位原価を計算する。ABC（Activity-Based Costing：活動基準原価計算）は事後原価計算の新しいやり方の1つに位置づけられる。

事前原価計算である見積原価計算や標準原価計算は発生費用がわからないので，実際原価計算とまったく逆の手順で単位原価を計算する。あらかじめ，材料単価表（材料単価／個）と加工費レート表（加工費レート／hr）を基礎資料として準備しておき，原価計算をしたい製品の1個当たりの材料消費量と時間を求める。材料費は「材料単価／個×材料消費量／個」，加工費は「加工費レート／hr×時間／個」で単位原価を計算する。それを算式に示すと図表5-2のようになる。

図表5-2　見積原価計算の算式

製造原価(見積原価)＝単　価　　　×消　費　量
材　料　費　　　　＝材料単価　　×消費量（重量・個数）
加　工　費　┬労　務　費＝賃　率　　　×時　間 　　　　　　├変動経費＝変動経費レート×時　間 　　　　　　└固定経費＝固定経費レート×時　間（正常操業度）

■　原価計算の目的

原価計算や原価情報は，それぞれの立場で目的に合った使い分けをしていくことが重要である。それには，「何のために原価を必要とするのか」というニーズに従って原価計算をしてみることである。そこで，原価計算の目的を，「どのようなアクションを取るために，どのような計算方法があるか」を，事前と事後に行われる原価計算に分けて図表5-3に整理してみた。

原価企画活動は，図表5-3の技術部門に相当する。原価計算方法としては，"製品別"，"部品別"，"工程別"に原価を集計し，原価のレベルは標準原価（見積原価）である。

図表5-3　原価計算の目的と原価計算方法

部		原価計算ニーズ	アクション	事業別	製品別	部品別	部門別	工程別	実際	標準
トップ	事前後	・成長性収益性を知る	・事業戦略	○					○	
		・どの事業が儲かり，損をしているか								
営業	事前	・売価をいくらにするか	・売価決定		○				○	
			・受注可否判断		○				○	
	事後	・どの得意先が儲かり，損しているか	・売価の見直し		○				○	
			・値引・販売促進		○				○	
		・どの製品が儲かり，損しているか	・製品の改廃		○				○	
購買	事前	・購買価格をいくらにするか	・購買価格決定			○	○			○
			・内外製の決定			○	○			○
	事後	・どの仕入先が高いか	・購買価格低減			○			○	
		・部品の実際原価はいくらか	・内外製の変更			○			○	
技術	事前	・いくらで作らなければならないか	・新製品設計改善		○					○
			・新製品VE改善			○				○
		・原価のシミュレーション	・新製品工程改善					○		○
		・設備投資をするか	・設備投資					○		○
	事後	・どの製品が儲かり，損しているか	・既存製品設計改善		○					○
		・どの製品の材料費が高いか	・既存製品VE改善			○				○
		・どの製品の加工費が高いか	・既存製品工程改善					○		○
製造	事前	・いくらで作らなければならないか	・不良低減・歩留向上				○			○
		・どれ位コストが下がるか	・生産性の向上				○			○
	事後	・どこに原価ロスがあるか	・経費低減				○		○	○
		・コストダウンできているか	・作業改善				○		○	○
管理	事前	・どれ位コストが下がるか	・間接費の低減				○		○	
	事後	・どこに原価ロスがあるか	・業務改善				○			
		・コストダウンできているか					○		○	○
経理	事前	・予算編成をする	・経理は情報提供部門であり経理独自のアクションはない				○		○	
	事後	・予算・実績差異分析		○	○	○			○	
		・棚卸資産評価				○			○	

（2）技術部門に必要な原価情報
■　原価企画部門の役割と原価情報

　原価企画部門は、総合的なコストダウンを企画する部門である。ここでは新製品の目標原価を決め、それをユニット・部品別に担当者に割り当てて、コストダウン計画を立案する。目標原価を設定するためには、製品別見積原価計算が必要である。さらに、既存の製品に対しては「どの製品が儲かり、損しているか」の情報からコストダウン計画の立案をするために、製品別実際原価計算が必要である。

■　開発設計部門の役割と原価情報

　開発設計部門は、原価企画で立案された目標原価に対して、開発設計の実務のなかで原価のシミュレーションを行って、設計改善・VE改善によるコストダウンに結びつける。このため、タイムリーな見積原価計算が必要になる。さらに、「どの製品の付加価値が低いか」の情報から、既存製品の改善対象製品を抽出し、製品設計改善・VE改善に役立てる。また、誰の設計した製品が原価高かの情報により、設計担当者の業績評価とすることもあり、この場合には担当者別の原価集計が必要となる。

■　生産技術部門の役割と原価情報

　生産技術部門においても、原価企画で立案された目標原価に対して、生産設計の実務のなかで原価のシミュレーションを行い、工程改善によるコストダウンに結びつける。開発設計部門と同様にタイムリーな見積原価計算が必要になる。そのなかで、設備投資の判定のために経済計算が必要になることがある。開発設計部門と生産技術部門の見積原価計算の違いは、前者が材料費の見積が中心であるのに対して、後者は加工費の見積が中心である。さらに、生産技術部門は「どの製品の加工費が高いか」の情報から改善対象製品・工程を抽出し、工程改善に役立てる。

■ 原価計算に必要な技術情報と見積精度

　見積原価計算はどの段階で見積を行うかによってその粗さが異なる。図表5-4は受注から始まるオンライン設計段階で，見積原価計算のために入手できる情報を示したものである。受注段階で行う見積原価計算では概算見積であるから精度よりも迅速性が要求され，仕様レベル（方式・容量・能力・大きさ）の情報位しかわからない。原価企画では仕様レベルの情報に加えて機構構造・形状などの情報から見積を行う。製品設計段階では品番・品名・部品構成・型式・材質・精度などの情報が付け加わって，製品のタイプ・キャパシティ・グレードに関する情報が決定するので，材料費の詳細見積ができるようになる。さらに生産設計段階では工程・設備・作業方法・手順・標準時間に関する情報が決定するので，加工費の詳細見積ができるようになる。

　図表5-4に示すように，見積のレベルはこの情報のレベルによって概算見積，基本見積，詳細見積の3段階に分けることができる。見積原価計算ではそれぞれの見積レベルに合わせたデータベース（コストテーブル）とそれぞれのデータベースを作成するためのプログラムを準備しておく必要がある。

図表5-4　技術情報と原価情報

	営業購買	オンライン設計			見積原価システム	
		原価企画	製品設計	生産設計	データベース	プログラム
技術情報	タイプ 方式 キャパシティ 容量・能力 大きさ	タイプ 品番・品名・部品構成 方式・機構構造・形状 グレード 材質・精度		ライン・工程 設備 設備能力 作業方法 手順 標準時間		
マスター情報	製品品目	製品品目 ユニット品目	製品品目 部品品目	製品品目 部品品目	品目マスター	品目登録
			部品構成	部品構成	構成マスター	構成登録
				工程設備	工程マスター	工程設計
原価情報	原価	材料費	材料単価	材料単価	単価マスター	単価登録
			材料消費	材料消費	消費資料	消費見積
		加工費	加工レート	加工レート 設備レート	レートマスター	レート計算
			部品時間	部品別 工程別時間	標準時間 資料	工数見積
	見積原価	目標原価	標準原価			
	概算見積	基本見積	詳細見積			

5-2 図面段階での見積を可能にするCAD見積

（1）図面段階でコストを読む

　一般に開発設計者には，コストは結果であると考える風潮があるが，これではコストダウンのイニシアチブは取れない。こうしたなかで開発設計段階で事前にコストが読める体制を整備することは，コストダウン活動の展開を変える。その具体的方法は，データベースとしてのコストテーブルをCAD（Computer Aided Design）システムに蓄積し，図面を描くと同時に原価情報をアウトプットすることによって，設計者のコスト意識を高揚することである。このためのコストデータの整備は重要である。開発設計者はより低い標準原価レベルを目指して，一層の専門的技術の向上に努めると同時に，より安いコストを目指した開発・設計体制の整備が望まれる。

（2）見積原価計算の自動化

　コンピュータによる原価見積システムの完成度を実態調査した結果が次の表である。図表5-5の実態調査を見ると，コンピュータによる原価見積システムの「採用を考えていない（5.2％）」，「その他（2.4％）」なので，90％以上の会社でコンピュータによる原価見積をシステム実施，作成，検討している結果が出ている。

（3）オンライン設計段階で必要な見積原価

　オンライン設計段階では，どのような見積が必要になるか検討してみよう。図表5-6に示すように，オンライン設計段階は，製品企画，製品システム設計，製品パラメータ設計，製品許容差設計，工程システム設計，工程パラメータ設計，工程許容差設計の各ステージから成る。

第5章 原価企画成功の条件

図表5-5 コンピュータによる原価見積システムの完成度

	全体	電機	精密機器	機械・精密	その他
ほぼ完全に完成している	45(17.9%)	25(24.0%)	8(12.9%)	6(9.5%)	6(26.1%)
ほぼ半分完成している	38(15.1%)	17(16.3%)	9(14.5%)	8(12.7%)	4(17.4%)
一部出来あがっている	69(27.4%)	28(26.9%)	13(21.0%)	22(34.9%)	6(26.1%)
原価見積システム作成中	21(8.3%)	9(8.7%)	6(9.7%)	5(7.9%)	1(4.3%)
作成を検討中	60(23.8%)	20(19.2%)	18(29.0%)	17(27.0%)	5(21.7%)
採用を考えていない	13(5.2%)	4(3.8%)	6(9.7%)	3(4.8%)	0(0.0%)
その他	6(2.4%)	1(1.0%)	2(3.2%)	2(3.2%)	1(4.4%)
合計	252(100.0%)	104(100.0%)	62(100.0%)	63(100.0%)	23(100.0%)

出典:「原価企画研究の課題」森山書店

図表5-6 オンライン設計と原価見積の関係

		オンライン設計						
		製品企画	製品システム設計	製品パラメータ設計	製品許容差設計	工程システム設計	工程パラメータ設計	工程許容差設計
開発設計対象品	新規品	機能別原価見積				工程別原価見積		
	大幅設計変更品		構造別原価見積					
	類似品							

　製品企画や製品システム設計のステージでは，開発設計対象製品の設計仕様，特性値や性能を対象とした「機能」別の原価見積が必要である。機能別原価見積は，新規品や大幅設計変更品を開発する初期段階の構想設計や中期の基本設計段階で行われることが多い。これは，仕様書や図面などに示された設計仕様値や特性値と原価の関係を算定する見積である。

　一方，開発ステージの後半では，具体的な図面が完成するので，"この製品の原価"，"このユニットの原価"，"この部品の原価"はといったそれぞれ「構造」別の原価見積が重要となる。構造別原価見積は，部品の原価を材料費，加

工費などの原価要素別に見積もり，この原価を積み上げてユニットの原価，さらに製品の原価というように積算方式で行われることが多い。

　このようにオンライン設計で開発設計者に必要な原価見積は，見積の対象が製品・ユニット・部品などの「構造」であるか，設計仕様や特性を示す「機能」であるかによって，「構造別原価見積」と「機能別原価見積」に分類できる。しかし，この段階での原価見積はあくまで材料費の詳細見積が中心であり，加工費の詳細見積は工程や設備を設計する生産技術者が行う。

　生産技術者は，工程システム設計，工程パラメータ設計により部品の加工工法や製品の組立工法を検討し，最少工程・最少工数となる工程を設計する。ここでは製品の機能や構造という概念よりも，ラインや工程，最適設備，作業方法や手順を意識した工程別加工費の原価を算定する。

　CADによる設計時に機能別原価見積は一括見積方式，構造別原価見積は積算方式または一括方式で原価を算定する。構想設計や基本設計の段階では，「機能別コストテーブル」や「構造別コストテーブル」により一括見積方式で原価見積を行う。そして，オンライン設計終了時のコストダウン評価を算定する段階では，積算見積方式で詳細な原価を算定する。一括見積方式，積算見積方式のいずれの方法でも，見積に必要なコストテーブルと原価見積の計算手順さえ明確になっていればCAD見積システムは構築できる。

（4）CAD見積の実態

　図表5-7は，CADと原価見積との連動性に関する調査結果である。これによると，「CADと原価見積を関連づけていない」が51.2％で半数を占めているが，「一部が有機的に結合」が7.7％，「ほぼ完全に結合」が1.2％あり，8.9％の会社ではCAD見積を実施している。さらに，38.7％の会社が「有機的な結合を検討」している結果を考えると，CADと見積システムが連動し，CAD見積が通常業務になる日は近い。

図表5-7　CADと原価見積の連動性

	全　体	電　機	精密機器	機械・精密	その他
関連づけていない	127(51.2%)	48(46.7%)	34(56.7%)	33(54.1%)	12(54.5%)
有機的な結合を検討中	96(38.7%)	46(43.8%)	22(36.7%)	23(37.7%)	5(22.7%)
一部が有機的に結合	19(7.7%)	9(8.6%)	3(5.0%)	3(4.9%)	4(18.2%)
ほぼ完全に結合	3(1.2%)	2(1.9%)	0(0.0%)	0(0.0%)	1(4.6%)
その他	3(1.2%)	0(0.0%)	2(3.3%)	1(1.6%)	0(0.0%)
合　　計	248(100.0%)	105(100.0%)	60(100.0%)	61(100.0%)	22(100.0%)

出典:「原価企画研究の課題」森山書店

5-3 CAD見積システムへのアプローチ

(1) CAD見積システムの構築手順

　CAD見積システムの構築は図表5-8に示す，「フィジビリティースタディー（可能性研究）」，「プロトタイプ構築とデータベース構築」，「運用システム構築」の3ステップで進める。技術部門と情報処理部門のプロジェクトチームを作り，システム構築作業を展開する。詳細な説明は省略するが，CAD見積システムを構築した企業の例を次に述べる。

図表5-8　CAD見積システムの構築手順

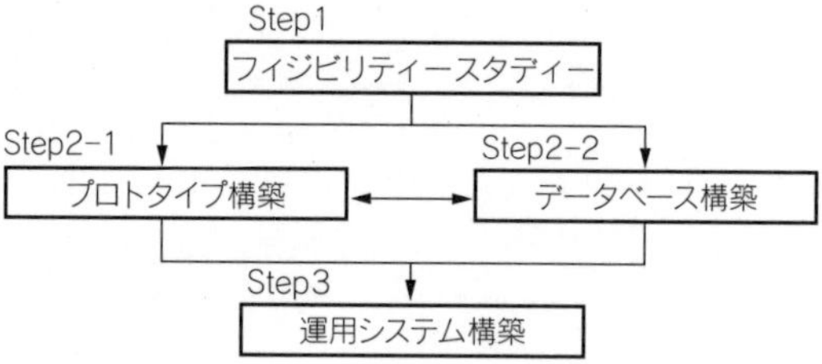

```
           Step1
    ┌─────────────────────┐
    │ フィジビリティースタディー │
    └─────────────────────┘
Step2-1   ↓            Step2-2
┌──────────────┐  ┌──────────────┐
│ プロトタイプ構築 │←→│ データベース構築 │
└──────────────┘  └──────────────┘
           Step3
    ┌─────────────────────┐
    │    運用システム構築    │
    └─────────────────────┘
```

■ Step1：フィジビリティースタディー

　フィジビリティースタディー（可能性研究）では，「プロセス（業務）面」，「コンピュータシステム面」，「データベース面」について検討する。

　プロセス面では，先に述べたオンライン設計と見積との関係など開発設計の基本的な仕組みを検討し，新プロセスでの業務形態を立案する。

　コンピュータシステム面では，情報技術の観点から"CADデータの活用範囲"，"CADシステムとアプリケーションとのインターフェイス"，"CADシステムとアプリケーションとのインターフェイス"などを検討する。

　データベース面は，技術データ，見積データ，図面データに関する検討であ

第5章　原価企画成功の条件

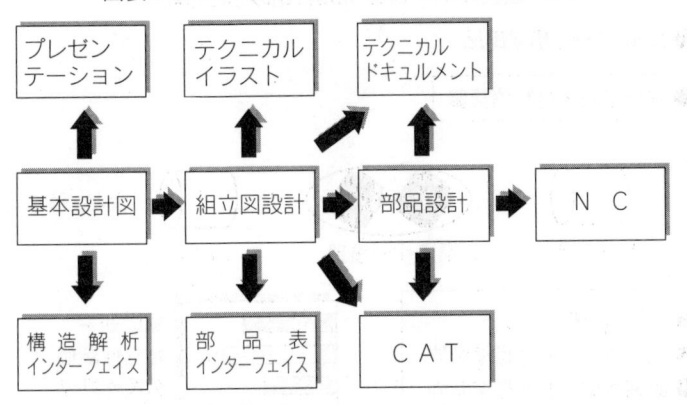

図表5-9　コンピュータシステム面での検討項目

```
プレゼン      テクニカル    テクニカル
テーション    イラスト      ドキュルメント
   ↑           ↑             ↑
基本設計図 → 組立図設計 → 部品設計 →  ＮＣ
   ↓           ↓             ↓
構造解析      部品表        ＣＡＴ
インターフェイス  インターフェイス
```

図表5-10　図面の標準化の観点

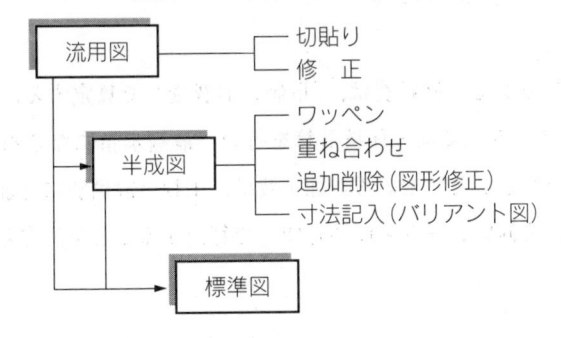

```
流用図 ─┬─ 切貼り
        └─ 修　正

半成図 ─┬─ ワッペン
        ├─ 重ね合わせ
        ├─ 追加削除（図形修正）
        └─ 寸法記入（バリアント図）

標準図
```

る。技術データ，見積データに関してはすでに述べたが，図面データに関しては，図面の標準化を検討する。図面の標準化は，"標準図"，"半成図"，"流用図"の観点からCAD図面データを分析する。

図表5-9は，コンピュータシステム面での検討項目，図表5-10は図面の標準化の観点を示す。

■ Step 2：プロトタイプの構築

　フィジビリティースタディー（可能性研究）の結果より，CAD見積に組み込む機能を整理する。図表5-11に示す企業では，品番・品名・構成部品単位に見積原価を設定する。その内訳は，"材料費"，"加工費"，"外注費"，"購入品

図表5-11　CAD見積に組み込む機能

- ● 品番・品名，構成部品
- ● 材料単価×材料消費量

ツカミ代　＋　最適切断重量　＋　後端　　面積・体積計算

- ● 工程・設備ユニット
- ● 加工費レート×標準時間
- ● 設備費レート×標準時間

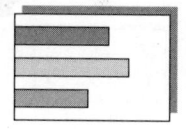

編成効率
組立性評価
分解性評価

- ● 外注費，購入品費，金型費

費"，"金型費"である。材料費は，「単価×消費量」で算定する。消費量の計算は，CADシステム上で面・体積計算を行い，最適歩留になる材料取りをシミュレーションすることで求める。加工費は，工程・設備別に「加工費レート×標準時間」，「設備費レート×標準時間」で算定することを決定した。

■　CAD見積システムの種類

　CAD見積の技術的な方法には，次の2つのやり方がある。CADシステムのカスタマイズの可能性など情報処理技術の観点からCAD見積の方法を決定する。

① CADシステムに見積機能やデータベースを構築し，CADのディスプレー上で見積もる（これをCAD共生見積と呼ぶ）。

② CADシステムから見積に必要な情報を取り出し別のシステムで見積もる（これをセミオートマティク法と呼ぶ）。

　そして，CAD見積に組み込む機能を実現するプロトタイプシステムを構築する。

第 5 章　原価企画成功の条件

図表 5-12　CAD 見積の種類

・CADシステムに見積機能やデータベースを構築してCADの画面上で見積もる

↓

CAD 共生見積

CADシステム　　　　　　見積システム

・CADシステムから見積に必要な情報を取り出し別のシステムで見積もる（セミオートマティック法）

（2）CAD 共生見積システムの構築例 ― 1

　CAD システムに見積機能やデータベースを構築し，CAD の画面上で見積をするやり方が CAD 共生見積である。

　ここでは，ヒューレット・パッカード (HP) の CAD である「ME-10」，「ME-30」を導入し，CAD 共生見積システムを構築した T 社の事例を紹介する。このシステムは，開発設計者が CAD システムの画面上で自分が設計した製品の原価を算定し，目標原価を達成する設計を推進するツールである。

　図表 5-13 は T 社で構築した CAD 共生見積システムの機能構成図である。カスタマイズ領域内に見られる各種コストテーブルと見積機能を CAD システ

図表 5-13　CAD 共生見積システムプロトタイプの機能構成図

```
┌─────────────┐   ┌──── カスタマイズ領域 ────┐
│ DMS         │   │ 材料費    │   加 工 費    │
│ Data        │   │ 材料単価  │ 加工費コストテーブル │
│ Management  │   │           │ レート │ 時間テーブル │
│ System      │   └──────────┬──────────────┘
│ 類似図面    │              ↓
│ 検索        │         ┌─ 見積機能 ─┐
│ 類似品      │  製図機能 →│ 材料費見積 │
│ 原価検索    │  図面データ →│ 加工費見積 │
└─────────────┘         └───────────┘
```

183

ム上に構築することで，CAD共生見積システムを実現した。

　CADシステムには，構想設計や基本設計段階で使用する一括見積の機能と，詳細設計段階で使用する積算見積の機能がある。このような環境に，HPがサポートするDMS（データ・マネジメント・システム）を類似品検索のデータベースとして利用している。DMSはリレーショナル型のデータベースであり，各種の検索条件により類似図面を検索することができる。DMSのデータベース上には，類似図面の情報とともに原価情報がセットしてあり，図面を検索した段階で類似品の原価を参照できる仕組みになっている。

　"一括見積の画面"（図表5-14），"詳細見積の画面"（図表5-15）を紹介する。

　図表5-14は，ベアリングフランジの加工費を一括見積するための画面である。変動要因として，材質係数，最大外径，最大長さ，種類係数，ロット数を入力すると見積（標準）加工費として492円（注1）を算定する。

　図表5-15は，詳細見積の対象図面と見積画面例である。これは，工程別に加工費を積算見積するもので，画面では軸の旋盤工程の加工費を見積もっている。一括見積と同様に，変動要因として，材質係数，加工最大径，加工長，加工係数を入力することで，見積（標準）時間が5.9分（注2），見積（標準）加工費として236円（注3）を算定する。

　T社では，このようにして算定した標準原価が責任者別に設定された目標原価を達成していないときは，達成可能な設計に再チャレンジすることで，Plan–Do–Seeの管理サイクルを回している。

（3）CAD共生見積システムの構築例—2

　もう1社CADシステムを構築した事例を紹介しよう。図表5-16は，I社における開発設計段階の原価管理システムの構築例である。I社のCADシステムには，UNIX系のCADとWINDOWS系のCADがあり，CAD共生見積とセミオートマティク法の2種類のCAD見積システムを活用している。UNIX系のシステムではCADの画面上で見積を，WINDOWS系のシステムではインターフェイスプログラムにより見積に必要な図面情報を取り出し，パソコンの

第5章 原価企画成功の条件

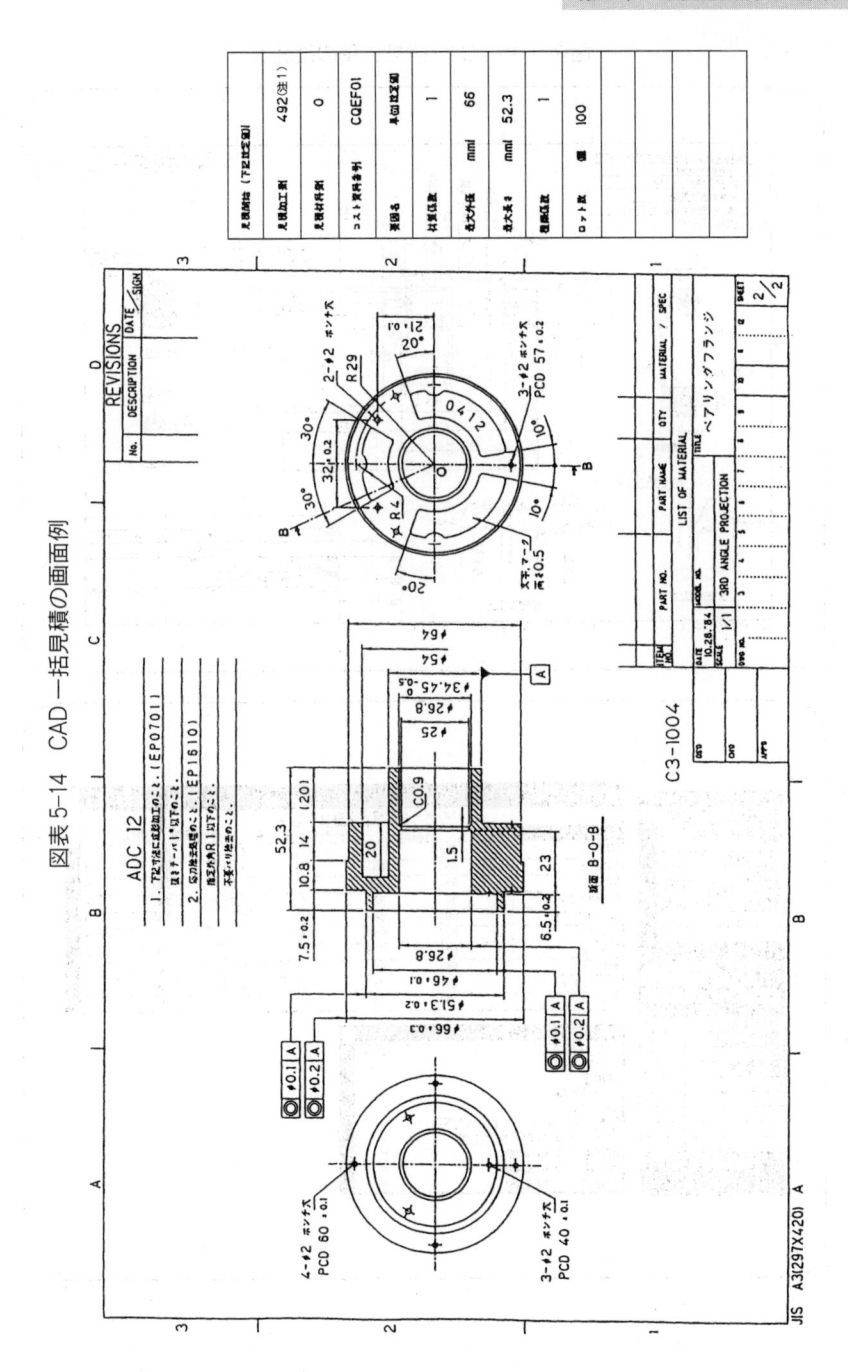

図表5-14 CAD一括見積の画面例

第1部 原価企画とは何か

図表5-15 CAD詳細見積の画面例

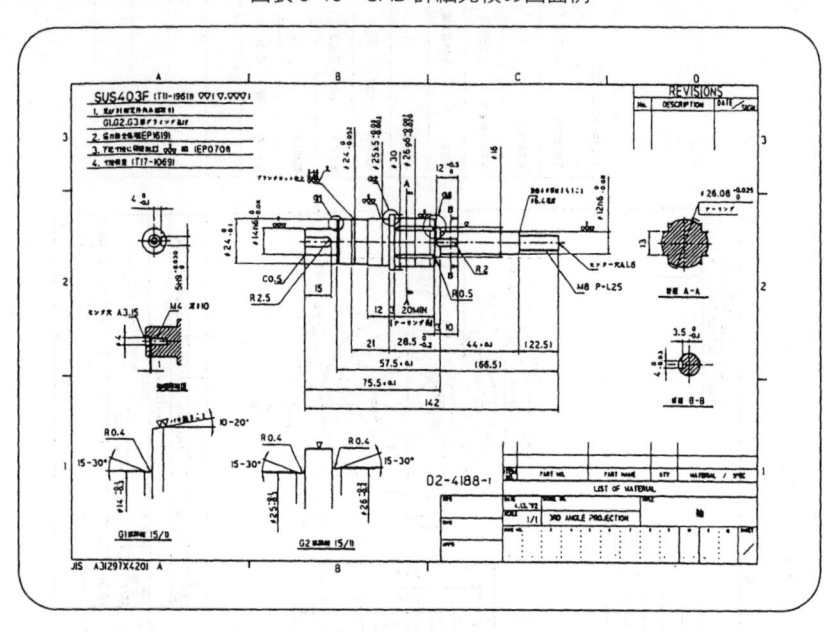

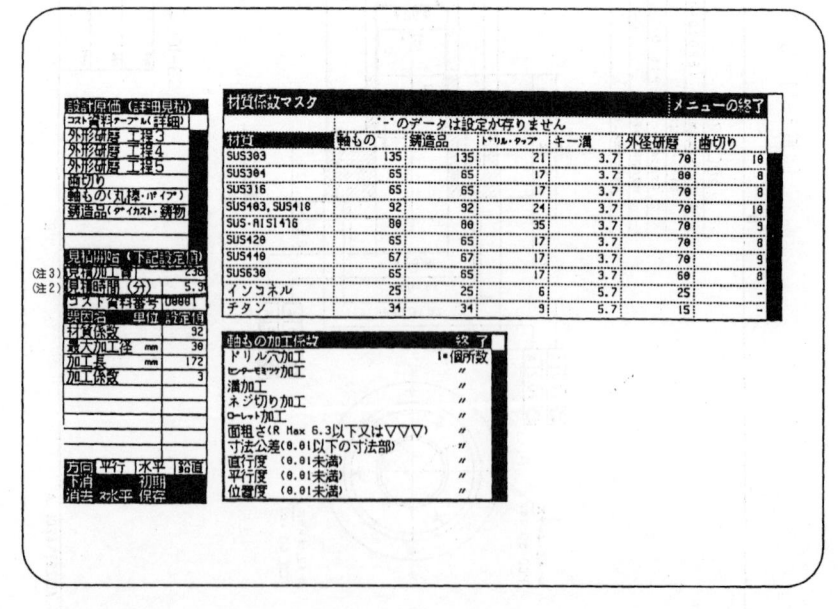

第5章 原価企画成功の条件

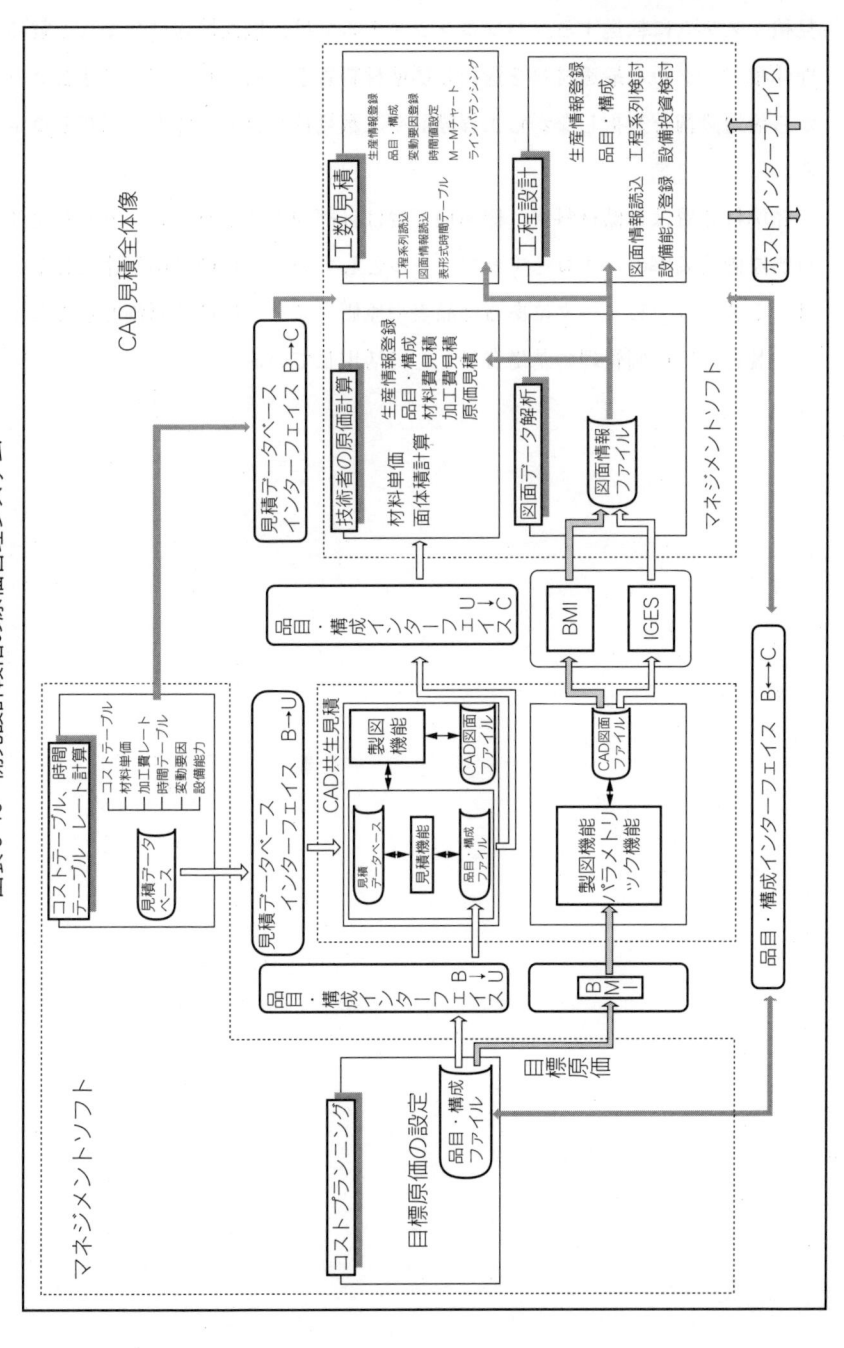

図表5-16 開発設計段階の原価管理システム

見積システムに転送する。パソコンシステムでは，図面情報に含まれる製品の面体積データから最適材料を選択し標準材料費を見積もり，図面の寸法データから最適設備を選択しながら工程設計や工数見積を行い，標準加工費を算定する。

　標準材料費は目標材料費，標準加工費は目標加工費とパソコン上で対比させ，目標原価達成率のフォローアップツールとしている。目標原価を達成したものは，ホストコンピュータにある部品表や原価マスターに標準原価としてセットし，製造部門原価管理の基礎資料として活用している。

5-4 原価企画の支援方法

　CAD見積に代表される原価見積システムによりオンライン設計後の標準原価を算定することで，Plan（目標原価）—Do（コストリダクション）—See（標準原価）の管理サイクルは一巡した。

　この章の後半は，原価企画を支援する技術やマネジメントについて述べる。

（1）デザイン・レビュー

　デザイン・レビュー（Design Review：DR）は，1960年代に米国の宇宙開発プロジェクトで，機器の信頼性を確保する1つの方法として実施された。その後，米国では産業界へ急速に普及し，日本においても1970年代より導入されている。

■ デザイン・レビューの必要性

　元来，工場における製品の品質は，検査さえ行っていれば確保されると考えられていた。しかし，検査をいくらやっても良い品物は作れないため，次の時代は「品質は製造工程のなかで作りこむ」という考え方が製造現場の末端まで浸透した。そして，家電製品や自動車などの耐久消費材，コンピュータなどの発展にともない，製品を使用するうえでの機能の安定性が重要になり，消費者・使用者の満足する品質を目標とする信頼性がクローズアップされてきた。これらの品質に関わる部分の多くは，設計の品質に起因するものであるため，「品質は設計と工程で作り込め」といわれ，総合的な品質保証システムの確立が叫ばれるようになった。

　今日，顧客ニーズの品質要求も多様化し，製品性能が高度化することにより，製品構造は複雑さを増している。顧客を満足させる製品開発に対して，製品価格・機能・デザイン・安全性・メンテナンス性・使いやすさに加え，環境問題

に関連するリサイクル性・環境負荷低減などのトータル的な視野が必要となっている。また，製品ライフサイクルは短縮し，これに伴い技術革新もますます進歩しているため，製品開発期間の短縮も必要に迫られている。

以上のような背景により，製品の品質が作り込まれる上流の設計段階で，組織的にいろいろな角度からの評価・改善を事前に行うことが，後工程や品質・コスト面に有効であると考えられるようになった。そのための具体的手段がデザイン・レビューである。

■ デザイン・レビューとは

デザイン・レビューとは，製品の設計品質およびそれを具現化するために計画された製造・輸送・据付・使用・保全などのプロセスについて，客観的に知識を集めて評価し，改善点を提案し，次の段階に進むことが可能な状態にあることを確認する組織的活動の体系である。また，JIS信頼性用語では，「アイテムの設計段階で，性能・機能・信頼性などを価格，納期などを考慮しながら設計について審査し改善を図ること。審査には設計・製造・検査・運用など各分野の専門家が参加する。」とされている。

環境経営の時代では，製品の基本機能，品質，コストなどについて製品仕様を満足しても環境アセスメント（影響評価）で重大事項が指摘されると，その製品の開発計画に支障をきたすことになる。したがって，製品開発計画のなかに製品アセスメントのレビュープロセスを組み込み，製品のQ（品質），C（コスト），D（納期）とともにE（環境）の側面に対する検討を同時に行うことが重要である。

■ デザイン・レビューの適用段階

デザイン・レビューは，対象とするシステムの規模や新規性の程度により異なるが，オンライン設計では次のような区分に分けて考えることもできる。

① デザイン・レビューⅠ

これは，製品企画の段階でのレビューである。この段階では，QFDによ

り定義した開発製品のあるべき機能だけでなく，顧客要求品質の必要十分条件を網羅し，ライフサイクル全体の情報を確認する必要がある。図表5-17は，ライフサイクル全体の環境側面のチェックリスト例であり，デザイン・レビューⅠの欄に実績値を記入する。

図表5-17　ライフサイクルの環境側面例

区分	環境側面	技術的可能性	技術担当	目標値	デザイン・レビュー（実績）			法的要求事項
					Ⅰ	Ⅱ	Ⅲ	
原料調達段階	・再生資源，未利用資源，代替原料の受入れの拡大							
	・環境負荷の少ない燃料の選択および新エネルギー，再生可能エネルギー等の活用							
	・原料採取に伴う環境負荷（騒音，振動，自然環境への影響等）の低減							
	・原料の工場等への輸送に伴う環境負荷の低減							
製造段階	・省エネルギーの推進							
	・省資源のための製造プロセス改善および必要な技術開発							
	・産業廃棄物排出削減のための工程内発生物の有効利用							
	・排出物等の低減のための製造プロセス改善							
	・有害物質等の使用の低減							
	・革新的な環境調和型製造プロセスの研究開発							
流通段階	・包装，梱包の合理化							
	・物流の合理化							
	・クリーンエネルギー車の導入等，輸送時のNOx等排出低減							
	・流通段階における環境負荷の低減							
使用段階	・製品開発時における環境配慮の組込み							
	・製品メンテナンス時における環境負荷の低減							
	・化学物質総合安全管理の推進							
廃棄段階	・製品開発時における環境配慮の組込み							
	・製品使用の長期化							
	・自社製品，素材等のリサイクルに必要な回収の推進，適正処理							

② デザイン・レビューⅡ

次のレビューは，製品システム設計や工程システム設計の段階である。設計仕様に基づき対象システムの構想を固める際のレビューであり，レビューⅠで目標未達成の項目は，実績を確認しデザインレビューⅡの欄に記入する。

③ デザイン・レビューⅢ

システムの全体の枠組みを確定する製品パラメータ設計の段階で3回目のデザイン・レビューを実施する。システムの操作性や健全性などもこの段階で組み込み，ノイズに強い機能性を確保するレビューを行う。目標未達成の場合は，Ⅱと同様のフォローアップをする。

(2) サプライヤーとの関係を強化する標準化

原価企画は，サプライヤーを巻き込んだ活動を展開することでより一層の成果が上げられる。しかし，サプライヤーの技術レベルにはばらつきがある。そこで，コンカレントに原価企画を展開するには，標準化により技術レベルを向上させる必要がある。

■ 標準化の目的

標準化の目的は以下に定義することができる。

> 現状の技術水準を標準として確保し，この標準を常に現実に即したものにするために改善し続けること。

標準化とは現在の企業の技術水準を標準として確保し，この標準を常に現実に即したものにするために改善し続けることである。また，企業のもつ技術力とは，統一された技術水準の標準を保持していくだけでなく，もっている標準を改善し続ける能力である。

企業における標準化は，物（ハード）的要素と業務（ソフト）的要素に対して実施される。物的要素の標準化目的は，最小手段の最大活用であり，標準化の

第5章　原価企画成功の条件

方向性としては，統一化，機能集約化・モジュール化，レンジ化・系列化がある。業務的要素の標準化目的は，生産活動の容易化・安定化にあり，この標準化の方向としては，一定化，明文化，規定化がある。

以下コストリダクションに関係の深い，製品の物的要素の標準化について述べる。

■　物的要素標準化の考え方

図表5-18は，シリーズ化された4製品に対し，標準化を実施する前と実施した後のイメージである。実施前の図は，ハッチングされた現状の固定化領域が4製品の共通化された部分であり，その他が各製品特有の構造を表している。標準化とは，このハッチングされた部分を拡大していくことであり，その方法には，機能集約化・モジュール化・レンジ化・系列化などがある。固定化領域の拡大をはかるのは，モジュール化と機能集約化が有効である。機能集約化とはVE手法により，ユニット・部品の機能から過剰なものを排除して固定化しようとするものである。固定化が完了したならば，ユニット・部品に数列・標準数などの一定の規則を持たせ，標準化の領域を拡大していく。一定の規則の拡大をはかるのは，レンジ化・系列化が有効である。

このように，標準化を機能集約化・モジュール化・レンジ化・系列化などの方法で拡大していき，図のハッチング領域を増やすことが，材料の発注から加工工程・製品の信頼性・管理面などすべてにわたり非常に有効となってくる。

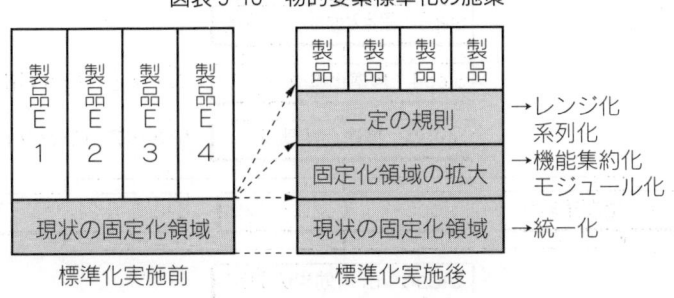

図表5-18　物的要素標準化の施策

製品E1	製品E2	製品E3	製品E4
現状の固定化領域			

標準化実施前

製品	製品	製品	製品
一定の規則				→レンジ化 系列化
固定化領域の拡大				→機能集約化 モジュール化
現状の固定化領域				→統一化

標準化実施後

第1部　原価企画とは何か

■　物的要素標準化の進め方

　次の図表5-19は，物的要素標準化のステップである。まず，"Step 1：製品機能構造分析"において，シリーズ化された製品群の製品機能別・ユニット別のコストのばらつき原因を部品数などの比較により追求する。次に構造面より，"Step 2：固定変動分析"において，構造を標準化共有化すべき部分（固定）とそうでない部分（変動）に分解する。変動している部分に対し，ユニットについては機能・方式・構造の何が異なり変動しているのか。また，部品については形状が違う（4要素）・形状が同じだが3次元の寸法が違う（3要素）・3次元の

図表5-19　物的要素標準化のステップ

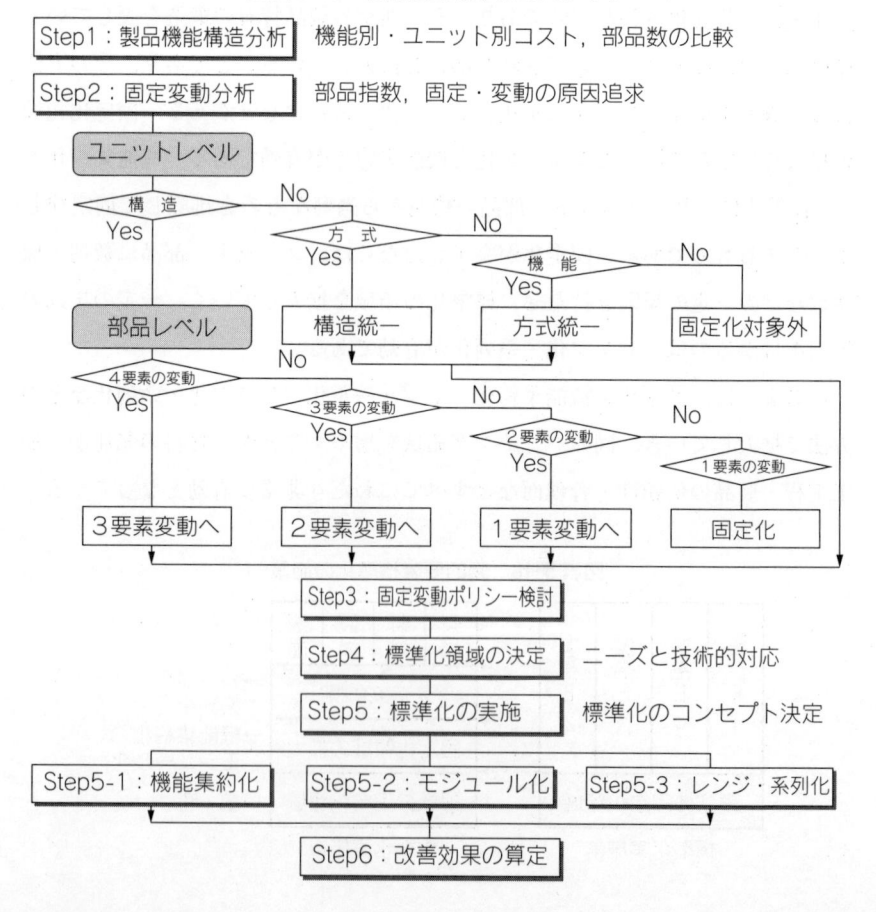

Step1：製品機能構造分析	機能別・ユニット別コスト，部品数の比較	
Step2：固定変動分析	部品指数，固定・変動の原因追求	

ユニットレベル
- 構造　Yes → 構造統一
- 構造　No → 方式　Yes → 方式統一
- 方式　No → 機能　Yes → （固定化へ）
- 機能　No → 固定化対象外

部品レベル
- 4要素の変動　Yes → 3要素変動へ
- 4要素の変動　No → 3要素の変動　Yes → 2要素変動へ
- 3要素の変動　No → 2要素の変動　Yes → 1要素変動へ
- 2要素の変動　No → 1要素の変動　→ 固定化

Step3：固定変動ポリシー検討		
Step4：標準化領域の決定	ニーズと技術的対応	
Step5：標準化の実施	標準化のコンセプト決定	
Step5-1：機能集約化	Step5-2：モジュール化	Step5-3：レンジ・系列化
Step6：改善効果の算定		

うち2次元の寸法が違う（2要素）・3次元のうち1次元の寸法が違う（1要素）の分類を行い，固定化に近づける改善案を検討する。Step 1 と Step 2 の分析結果を踏まえ，"Step 3：固定変動ポリシー検討"においては，標準化の方向性を決定する。また，"Step 4：標準化領域の決定"では，顧客のニーズに対する標準化の技術対応を検討する。

以上の結果をもとに，機能集約化・モジュール化・レンジ化・系列化などの標準化手法を使い，"Step 5：標準化の実施"をして，最後に改善効果の算定を行う。

■ 固定変動分析

固定変動分析とは，作成したモデル製品の製品構成（ユニット・サブユニット・部品など）の上位レベルから他の対象製品との違いを分析していく方法である。具体的には，対象製品と各ユニット・部品との関連を調べ，標準化共有化すべき部分（固定）とそうでない部分（変動）に分解し，変動する要因を解析しながら，標準化の方向性を模索する手法である。

標準化の実務としては，標準化共有化されていない部分（変動）の原因追求がキーポイントになってくる。変動する理由は大きく分けて2つある。1つは，設計者の標準化が徹底されておらず，設計思想がばらばらのためばらつきを生

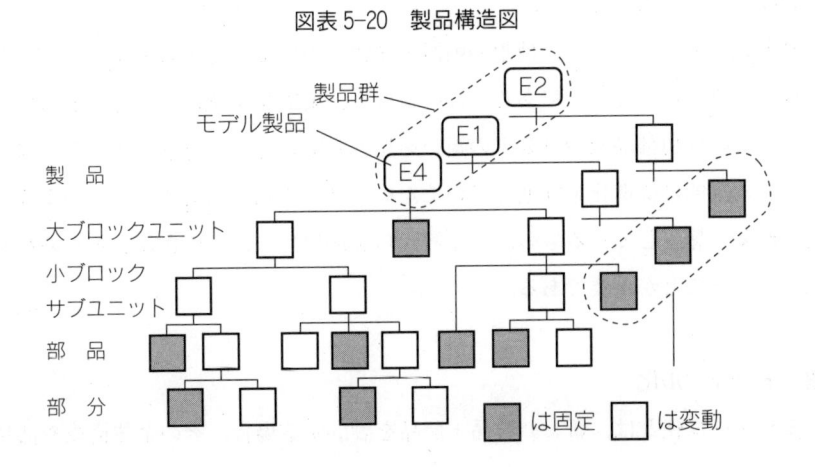

図表5-20 製品構造図

じ変動するケースである。2つ目は、顧客の製品仕様により決まってしまい、仕方なく変動するケースである。前者は、標準化するにはばらつきを是正すればよく、比較的容易に標準化が可能である。後者は、仕様をベースに製品が構成されているため、標準化を行うにはばらつきが発生している理由を仕様段階まで遡り見直す必要がある。製品がシリーズ化されるのは、最初1種類の製品が設計・製作され、これが顧客ニーズにより追加され、いつの間にかシリーズ化されているケースが多い。したがって、原点に返り固定変動分析を行うことによって、変動理由を明確にしていくことが、標準化を進めるにあたり重要となってくる。

図表5-21は、ある製品群におけるユニットレベルの固定変動分析結果の一部である。対象製品群は、AC 2000からAC 6600までの7製品である。たとえば、方向操作ユニットの種類は3種類あり、これらの発生原因は設計者の設計思想がばらつきで、変動形態は構造レベルでばらつきが発生していることを表している。荷重受けユニットは、すべての7製品に対し共通であり、固定化されていることを表している。また、駆動力伝達ユニットは、7製品に対し7種類のユニットが発生していて、ばらつき原因は各々の仕様の違いで、変動形態は方式レベルでの違いを表している。この場合、標準化のアプローチは、過剰仕様の再チェックを行い、方式レベルの違いを統一し、さらに構造レベルの統一の検討を行うことである。

標準化で大切なことは、種類の削減を念頭において、発生要因をいろいろな角度から明確にすることである。この他にも、要因を明確にする方法として、ユニットの使用部品数やコストの違いを比較していくのも有効である。実務において効果的に標準化を推進していくためには、駆動力伝達ユニットのように種類が多く発生しているもの、単なるから設計思想のばらつきによるものを優先して行うことが重要である。

■ モジュール化

モジュール化とは、新しい製品・部品を設計する場合、その全体構成や部品

図表 5-21　固定変動分析結果の一部

No	構造	ユニット名	ユニットコード	生産数 個/月	使用部品数 個	ばらつき 仕様	ばらつき 設計者	変動形態 構造	変動形態 方式	変動形態 機能	固定	種類 合計	AC 2000	AC 3500	AC 4000	AC 4700	AC 5500	AC 6100	AC 6600
0		ユニット指数＝Σユニット種類×Σユニット数						1,540				22	10	10	10	10	10	10	10
1	方向操作		DC1124	1,500	12		*					3	1	1					1
1			DC1127	720	10									1	1	1	1	1	1
1			DC1135	2,750	11									1	1	1	1	1	1
2	荷重受け		WE0015		5						*	1	1						
3	駆動力伝達		PC53789		16	*			*			7	1	1	1	1	1	1	1
3			PC53790		20														
3			PC53791		15											1			
3			PC53792		15												1		
3			PC53793		12														
3			PC53794		15														
3			PC53795		12														
4	車輪		WH2700		1			*				2	2	2	2	2	2	2	
4			WH2703		1								2	2					
5	車輪制動		WB7810		10		*	*				3	2	2	2	2	2	2	2
5			WB7830		10														
5			WB7850		8														

第 5 章　原価企画成功の条件

図表5-22　6つのモジュール方式

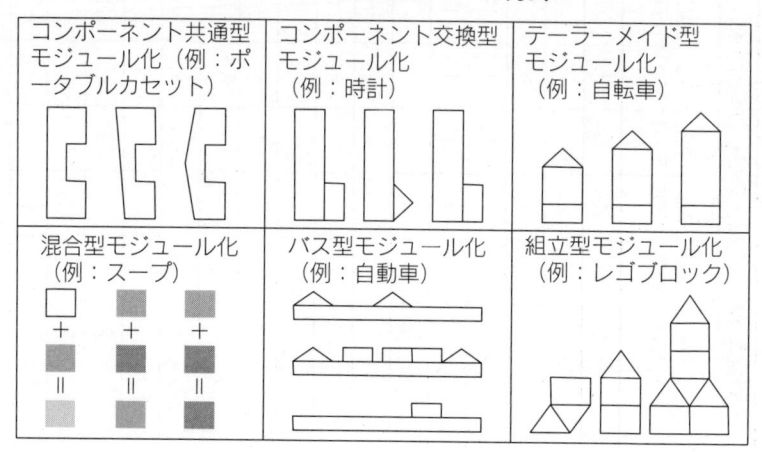

コンポーネント共通型モジュール化（例：ポータブルカセット）	コンポーネント交換型モジュール化（例：時計）	テーラーメイド型モジュール化（例：自転車）
混合型モジュール化（例：スープ）	バス型モジュール化（例：自動車）	組立型モジュール化（例：レゴブロック）

を新しく設計することなく，それぞれの要求機能に対してあらかじめ準備された製品・ユニット・部品・技術情報より適切なものを選び，組合せによって新しい製品を開発していく方法である。サイズや容量の異なる製品を設計するとき，最小のサイズや容量のものを種類ごとにいくつか設計しておき，これを整数配列することにより目的を達成する。

　モジュラー設計からリバース・エンジニアリングする方が，1から始める設計に比べるとはるかに容易であり，モジュールを減らしたりなくすことによって，コストが低減する可能性がある。しかし，顧客が一連のモジュール化された製品を似すぎているとみなす可能性があるので，製品を設計する際には，顧客が製品やサービスにおいて最もパーソナルだと感じる部分についてバラエティを豊富にする必要がある。ジョー・パインは製品やサービスのマス・カスタム化の6つのモジュール方式（図表5-22）を示している。

■ レンジ化・系列化

　レンジ・系列化の目的は，寸法や構造の変動のさせ方を，数式・モジュール数列・標準数などに従い設定することにより，設計と製造工程を合理化することである。

① レンジ化

レンジ化とは，図表5-23，図表5-24のように，1つのユニットがカバーする性能の範囲（レンジ）のMaxを考え，ユニットの種類・寸法を抑えることである。

② 系列化

図表5-23　レンジ拡大　　　　図表5-24　レンジ変更

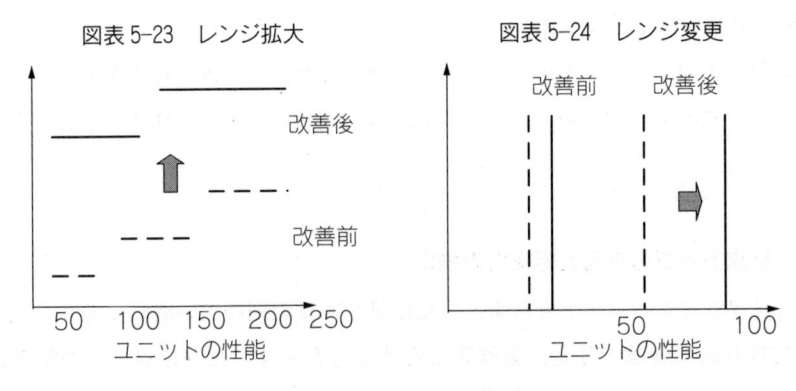

図表5-25　JISの標準数

基本数列の標準数				特別数列	計算値
R 5	R 10	R 20	R 40	R 80	
1.00	1.00	1.00	1.00	1.00 1.03	1.0000 1.0292
			1.06	1.06 1.09	1.0593 1.0902
		1.12	1.12	1.12 1.15	1.1220 1.1548
			1.18	1.18 1.22	1.1885 1.2232
	1.25	1.25	1.25	1.25 1.28	1.2589 1.2957
			1.32	1.32 1.36	1.3335 1.3725
		1.40	1.40	1.40 1.45	1.4125 1.4538
			1.50	1.50 1.55	1.4962 1.5399

（JIS Z 8601より抜粋）

系列化とは，製品・ユニット・部品に要求される性能・機能・寸法などを整理し，一定の規則を持たせることである。変動のさせ方を数列にのせたり，性能，寸法の等差化，等比化の検討を行う。図表 5-25 に JIS の標準数の抜粋を示す。

（3）マネジメント力の向上

原価企画のシステムやデータベースを構築しただけではこれらを定着させられない。経営トップが強い意思で取り組み，関係者が本気で推進することが必要である。

■　経営トップの支援と組織力の強化

ライフサイクルコストを対象にした原価企画は範囲の広い活動であり，従来の業務方法に刺激を与え，組織間に変革をもたらす。これに対し，関係者に「今までのやり方で十分じゃないか」という発想や抵抗があるようでは，原価企画は成功しない。

成功の必要条件の1つには，経営トップが原価企画の重要性を認識し，経営方針のなかに原価企画の導入や定着を組み込む意思決定をすることである。そして，経営トップ自らの声で意思表明する必要がある。そして，経営トップの支援の下に組織を作ることが次の課題である。

神戸大学の実態調査による原価企画導入の中心部門は，図表 5-26 に示すと

図表 5-26　原価企画の導入部門

	比率		比率
経　　理	17.6%	営　　業	5.5%
商品企画	17.6	購　　買	5.5
開　　発	12.1	製造現場責任者	4.4
設　　計	22.0	関連会社の主導	1.1
生産技術	14.3		

出典：中央経済社「企業会計」
　　　'92 Vol. 44 No. 5　原価企画の実態調査

おり，商品企画，開発，設計，生産技術手動であるが，経理主導のシステムが一部に存在する。

　企画段階から始まる技術部門のコストダウンは，開発設計部門のなかで完結するものは少なく，ほとんどは関係部門との協力が必要である。特に，技術の多様化や革新が進む今日では，異分野のメンバーによる共同作業やチーム活動により，より優れたアイデアや各種の情報が得られやすい。さらに，1つの製品に関するアイデアや改善は，他の製品にも適用を広げることが有効である。また，原価企画をスピーディに組織的に行うためには，選任スタッフによる原価企画部門の確立が望まれる。

■　部門業績評価に環境対策を組み込む

　図表5-27は，会社の業績を測定する「総資本利益率」を「売上高利益率」と「総資本回転率」に分解したものである。売上高利益率は，営業部門の業績を測定する「営業寄与利益」と製造部門の「製造寄与利益」から成り，この評価指標を向上させることが目標利益率の向上につながる。

　部門業績評価はトップの各部門長に対する期待意思を示すものでなければならない。期待意思を指標として示すことによって，各管理者にそれが伝わり，また各管理者の自己啓発にもつながる。各部門管理者は事業方針や目標を自部門の方針・目標に定量的な数字としてとらえ，これを実現するための具体的な行動計画（アクション）として展開する。

　環境経営時代の部門業績評価は，従来の指標に環境配慮型製品の開発や廃棄物削減といった環境対策への取組みを反映させる必要がある。それは，法的な規制と市場からの制約である。法的な環境規制に反することは，違法行為として罰せられるだけでなく，事前の環境配慮が欠けていたために環境汚染が引き起こされ，企業サイドに莫大な汚染浄化費用や損害補償金の負担を強いる。さらに，環境対策が企業の売上高向上や廃棄処理などに要するコスト競争力の優位性を確保するからである。

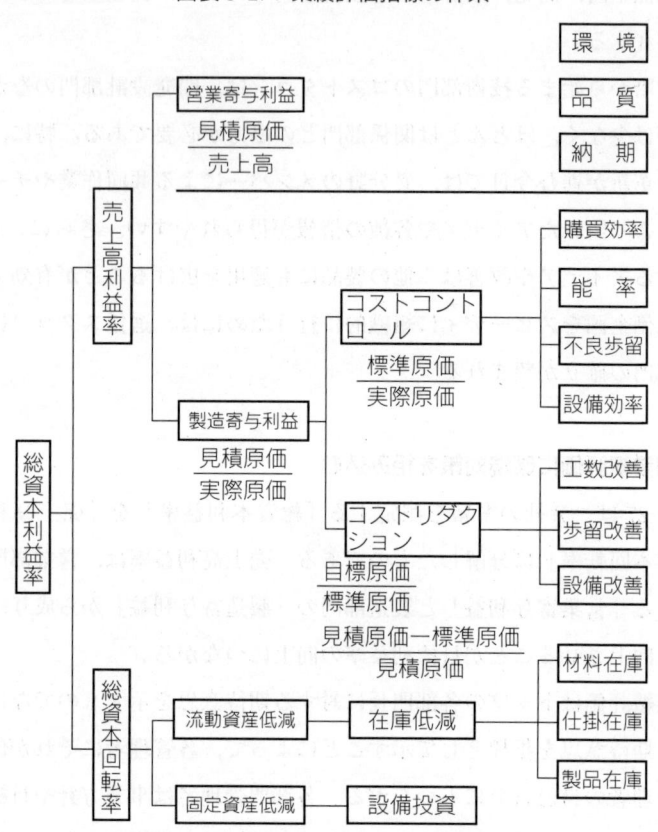

図表 5-27 業績評価指標の体系

```
                                                    ┌─ 環　境
                                                    ├─ 品　質
                                                    └─ 納　期

          ┌─ 営業寄与利益
          │   ─────────
          │    見積原価
          │   ─────────
          │     売上高
     売   │                              ┌─ 購買効率
     上   │                              ├─ 能　率
     高   │                  ┌─ コストコント
     利   │                  │    ロール    ├─ 不良歩留
     益   │                  │  ─────────   └─ 設備効率
     率   │                  │   標準原価
          │                  │  ─────────
          │                  │   実際原価
          ├─ 製造寄与利益 ─┤
総        │   ─────────    │                ┌─ 工数改善
資        │    見積原価     │  ┌─ コストリダク ├─ 歩留改善
本        │   ─────────    │  │    ション    └─ 設備改善
利        │    実際原価     └─┤  ─────────
益                              │   目標原価
率                              │  ─────────
                                │   標準原価
                                │
                                └─ ─────────────
                                   見積原価－標準原価
                                   ─────────────
                                      見積原価
                                                    ┌─ 材料在庫
     総    ┌─ 流動資産低減 ─── 在庫低減 ─┼─ 仕掛在庫
     資   │                                  └─ 製品在庫
     本   │
     回   │
     転   └─ 固定資産低減 ─── 設備投資
     率
```

■ ISO 14000 シリーズを原価企画に組み込む

　このように，企業の環境経営がきびしいものとなっているなか，1996 年に，環境管理にかかわる世界的な動きを受け，環境マネジメントシステムに関する国際規格 ISO 14000 シリーズが発行された。わが国において ISO 14001 認証取得事業数は，2001 年 3 月末現在 6,092 件に達している。

　ISO 14001 規格では，製品に関する著しい環境影響をもつ環境側面を特定する手順を作ることが要求されている。図表 5-28 は，ISO で紹介している製品規格の規定事項と製品ライフサイクル中に付随する環境影響との概念図である。ISO 14001 の要求事項には，「組織は，著しい環境影響をもつか又はもちうる

第5章　原価企画成功の条件

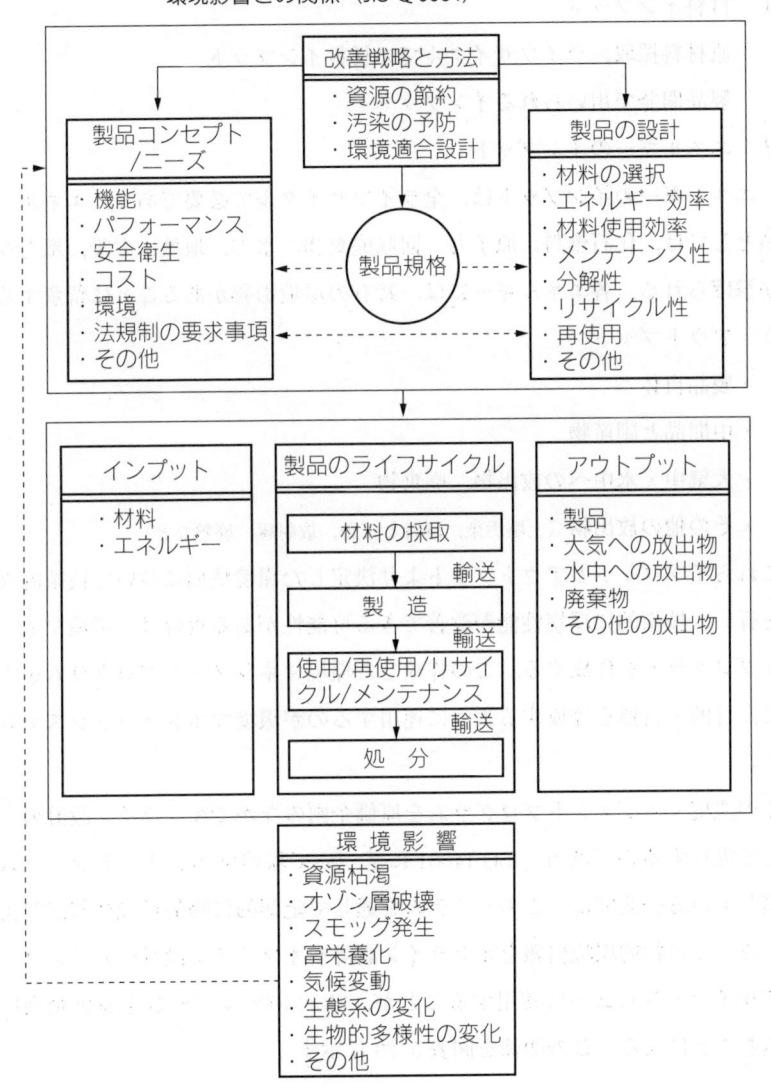

図表5-28　製品規格の規定事項と製品ライフサイクル中に付随する環境影響との関係（JIS Q 0064）

```
                    ┌─────────────────┐
                    │  改善戦略と方法  │
                    │ ・資源の節約    │
                    │ ・汚染の予防    │
                    │ ・環境適合設計  │
                    └─────────────────┘
   ┌──────────────┐         │         ┌──────────────┐
   │製品コンセプト│         │         │  製品の設計  │
   │   /ニーズ    │         ▼         │・材料の選択  │
   │・機能        │      ╱─────╲      │・エネルギー効率│
   │・パフォーマンス│    │製品規格│     │・材料使用効率│
   │・安全衛生    │ ----╲─────╱---- │・メンテナンス性│
   │・コスト      │                   │・分解性      │
   │・環境        │                   │・リサイクル性│
   │・法規制の要求事項│                │・再使用      │
   │・その他      │                   │・その他      │
   └──────────────┘                   └──────────────┘

   ┌──────────┐ ┌───────────────┐ ┌──────────────┐
   │インプット│ │製品のライフサイクル│ │  アウトプット │
   │・材料    │ │ ┌─────────┐   │ │・製品        │
   │・エネルギー│ │ │材料の採取│   │ │・大気への放出物│
   │          │ │ └────┬────┘   │ │・水中への放出物│
   │          │ │    輸送│        │ │・廃棄物      │
   │          │ │ ┌────▼────┐   │ │・その他の放出物│
   │          │ │ │  製　造  │   │ │              │
   │          │ │ └────┬────┘   │ │              │
   │          │ │    輸送│        │ │              │
   │          │ │ ┌────▼────┐   │ │              │
   │          │ │ │使用/再使用/リサイ│ │              │
   │          │ │ │クル/メンテナンス │ │              │
   │          │ │ └────┬────┘   │ │              │
   │          │ │    輸送│        │ │              │
   │          │ │ ┌────▼────┐   │ │              │
   │          │ │ │  処　分  │   │ │              │
   │          │ │ └─────────┘   │ │              │
   └──────────┘ └───────────────┘ └──────────────┘

              ┌──────────────┐
              │   環境影響   │
              │・資源枯渇    │
              │・オゾン層破壊│
              │・スモッグ発生│
              │・富栄養化    │
              │・気候変動    │
              │・生態系の変化│
              │・生物的多様性の変化│
              │・その他      │
              └──────────────┘
```

　環境側面を決定するために，組織が管理でき，かつ，影響力が生じると思われる，活動，製品またはサービスの環境側面を特定する手順を確立し，維持しなければならない。…」とある。また，製品規格の作成において考慮すべきイン

プット，アウトプットは次のように述べられている。
① 材料インプット
・原材料採取，ライフサイクルでの材料インプット
・製品開発で用いられるインプット
② エネルギーのインプット
　エネルギーのインプットは，全ライフサイクルで必要であり，エネルギー源としては，化石燃料，原子力，回収廃棄物，水力，地熱，太陽，風力などが挙げられる。各エネルギーには，特有の環境影響があることに留意する。
③ アウトプット
・製品自体
・中間品と副産物
・大気中・水中への放出物，廃棄物
・その他の放出物（土壌汚染，騒音と振動，放射線，廃熱など）

　これらインプットとアウトプットより決定した環境側面について技術的な検討を行い，技術的に環境性能が改善できる可能性がある場合は，環境マネジメントプログラムを作成する。この作成した環境マネジメントプログラムを実施して，目的・目標を達成するように運用するのが環境マネジメントシステムである。

　この環境マネジメントプログラムを原価企画のなかでオンライン設計の一部として実行するのである。ISO 14001に基づいて環境マネジメントシステムを構築している企業では，このシステムを通じて定期的に物的環境情報が収集されいる。この物的環境情報をオンライン設計やオフライン設計へのインプットやデザイン・レビューに使用することが，ISO 14000シリーズを原価企画に組み込むことになる。この関係を図表5-29に示す。

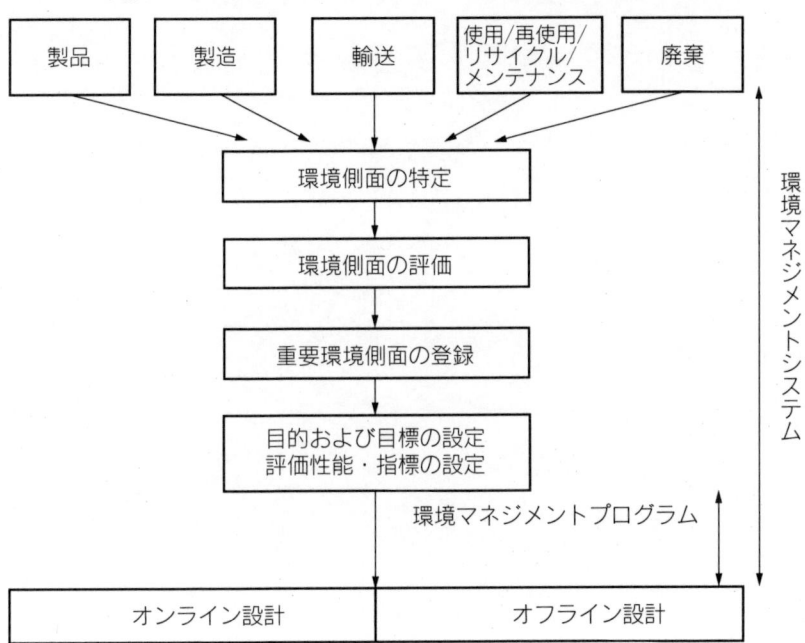

図表5-29　環境マネジメントシステムを原価企画に組み込む

```
┌──────┐ ┌──────┐ ┌──────┐ ┌──────────┐ ┌──────┐
│ 製品 │ │ 製造 │ │ 輸送 │ │使用/再使用/│ │ 廃棄 │
│      │ │      │ │      │ │リサイクル/ │ │      │
│      │ │      │ │      │ │メンテナンス│ │      │
└──┬───┘ └──┬───┘ └──┬───┘ └─────┬────┘ └──┬───┘
   └────────┴────────┼───────────┴─────────┘
                     ▼
         ┌──────────────────────┐
         │   環境側面の特定     │
         └──────────┬───────────┘
                    ▼
         ┌──────────────────────┐
         │   環境側面の評価     │
         └──────────┬───────────┘
                    ▼
         ┌──────────────────────┐
         │  重要環境側面の登録  │
         └──────────┬───────────┘
                    ▼
         ┌──────────────────────┐
         │ 目的および目標の設定 │
         │ 評価性能・指標の設定 │
         └──────────┬───────────┘
                    │     環境マネジメントプログラム
                    ▼
    ┌────────────────────┬────────────────────┐
    │   オンライン設計   │   オフライン設計   │
    └────────────────────┴────────────────────┘
```

（全体を括る：環境マネジメントシステム）

第2部
原価企画の実践活動

　コストリダクションに関する技術は数多くあり，参考文献や関連情報が街にあふれている。しかし，その適用にあたっては断片的であったり，勘どころを取り違えているために，時間とお金をかけたわりには，成果が小さいことがある。
　ライフサイクル設計のなかでコストリダクション技術を有効に活用するには，コストリダクションの目的を明確にし，コストダウン技術を適用することが重要である。第2部では，各社の事例によりコストダウン技術の適用ポイントを述べる。

第6章 オフライン設計のコストダウン技術適用事例

❖ POINT ❖

　この章では，オフライン設計の適用事例を述べる。代表的なコストリダクション技術は，TRIZ と品質工学であり，機能に対するシステムの創造に TRIZ を適用し，機能性の評価や機能に必要な要素の確立に品質工学を適用する。
　品質工学を展開するのに必要なデータ解析方法にもふれるので，技術者の方は，自分が設計した製品や設備の機能性を評価する技術は，身につけて欲しいものである。

オンライン設計／オフライン設計

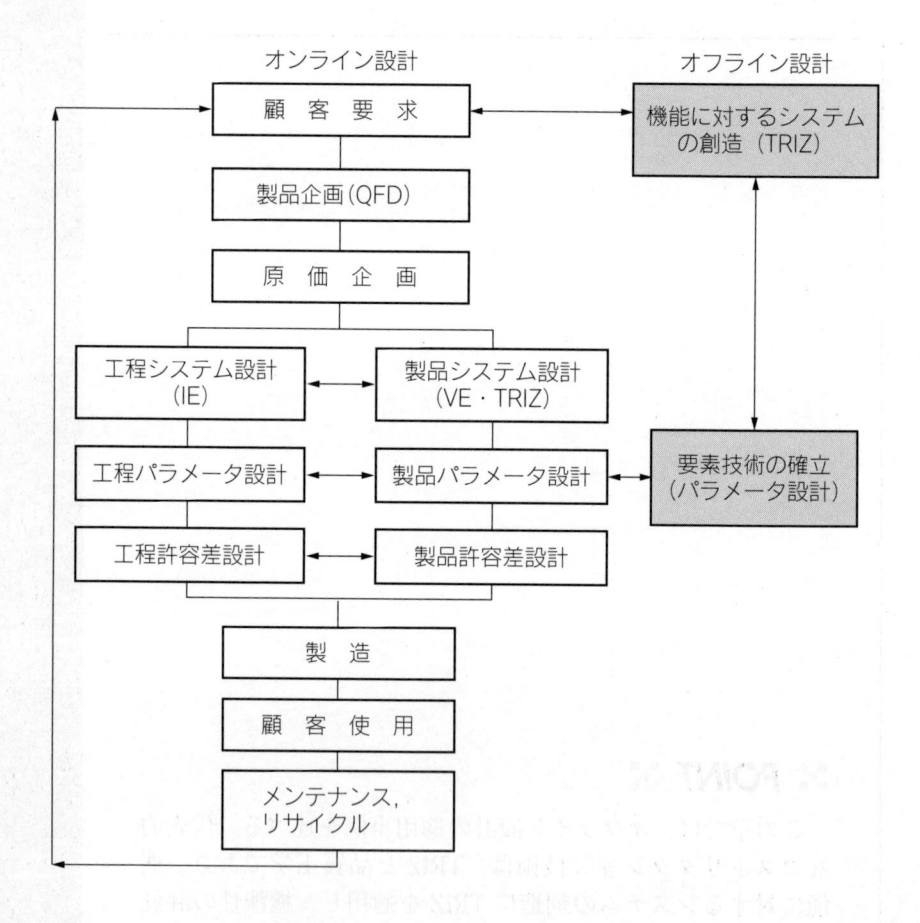

```
オンライン設計                          オフライン設計

  ┌──顧客要求──┐ ←──→  ┌機能に対するシステム┐
  │              │       │ の創造（TRIZ）      │
  │  製品企画(QFD)│       └─────────┘
  │              │                │
  │  原 価 企 画  │                │
  │     ┬─────┐                  │
  │工程システム設計 ←→ 製品システム設計         │
  │    (IE)         (VE・TRIZ)               │
  │工程パラメータ設計 ←→ 製品パラメータ設計  ←→ ┌要素技術の確立┐
  │                                          │（パラメータ設計）│
  │工程許容差設計   ←→ 製品許容差設計         └─────────┘
  │     └─────┬─────┘
  │          製  造
  │          顧 客 使 用
  │          メンテナンス,
  └──────  リサイクル
```

6-1 機能に対するシステムの創造

(1) TRIZによるシステムの創造

　第1部で登場した健康機器製品（エルゴバイク）の開発部では，製品の心臓部である新しい負荷発生装置の検討に日々明け暮れていた。

■　現在の負荷発生装置の概要

　現在の負荷発生装置は，図表6-1のような磁石を回転する導体に近づけることにより発生する渦電流を利用している。その原理は，導体のそばで磁石を動かすと，フレミングの右手の法則に従って導体上に渦を巻いたように電流が流れる渦電流を応用している。

　図表6-2は，現在の負荷発生装置の一部である。渦電流の原理を応用し，ペダルの回転をチェーンでギヤーに伝達して導体（銅板）を回転させ，電磁石により渦電流を発生させる構造となっている。構成部品は導体（銅板），電磁石，ギヤー，チェーン，軸が主なものである。

図表6-1　渦　電　流

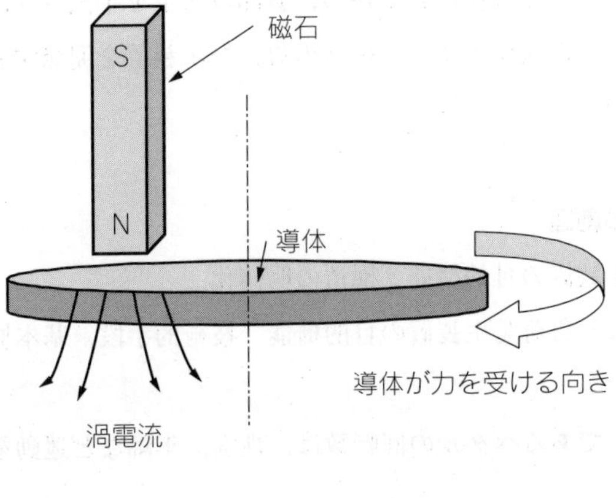

図表6-2　負荷発生装置の構造（イメージ図）　　図表6-3　導体の技術歩留

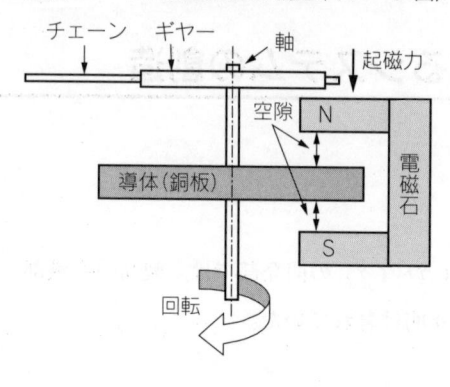

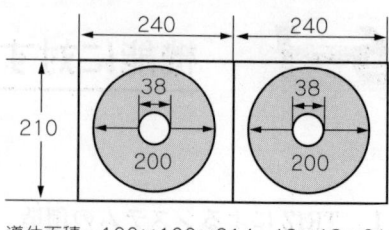

導体面積＝100×100×3.14−19×19×3.14
　　　　＝30266.5mm²
投入面積＝240×210
　　　　＝50400mm²

$$歩留率 = \frac{導体面積}{投入面積} \times 100 = \frac{30266.5}{50400} \times 100 = 60.1\%$$

　コスト面では，導体（銅板）と電磁石が負荷発生装置の60％を占めている。特に導体（銅板）は，図表6-3のように材料費の技術歩留率が60.1％と低いことと，回転中の導体の振れが渦電流負荷によって発生するトルクに影響することから組立調整に多くの工数を必要としている。

　また，現在の構造では，「健康機器使用時にチェーンにより騒音が発生する」，「メンテナンス時に負荷発生装置の分解がやりにくい」，などライフサイクルを考えると解決すべき問題があった。

　ライバルメーカーとの価格競争から，製品コストを半減させ，さらにライフサイクルコストも低減する新しい構造の負荷発生装置を開発することが開発部の命題であった。

■ システムの創造

① 負荷発生装置の目的機能と構造の明確化

　図表6-4は，負荷発生装置の目的機能，技術的手段，基本機能を整理したものである。

　インプットであるペダルの回転数は，性別，年齢など運動をする人により

第6章　オフライン設計のコストダウン技術適用事例

図表6-4　負荷発生装置の目的機能と基本機能

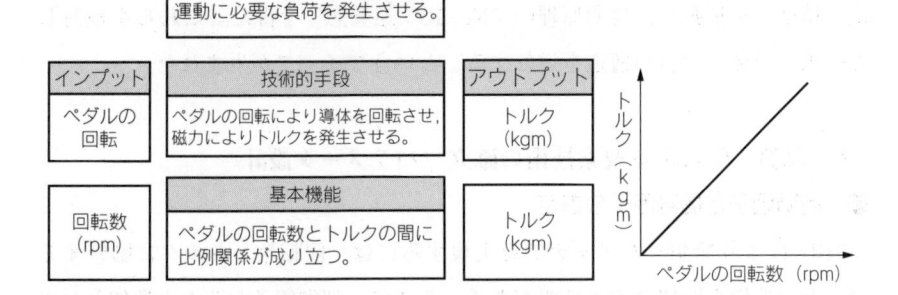

負荷発生装置の目的機能
運動に必要な負荷を発生させる。

インプット	技術的手段	アウトプット
ペダルの回転	ペダルの回転により導体を回転させ、磁力によりトルクを発生させる。	トルク(kgm)
回転数(rpm)	基本機能 ペダルの回転数とトルクの間に比例関係が成り立つ。	トルク(kgm)

（グラフ：縦軸 トルク(kgm)、横軸 ペダルの回転数(rpm)、比例直線）

異なる。たとえば成人男性では60 rpm（1分間に60回転），男性のスポーツ選手は100～120 rpm程度である。どんな人が運動しても，常に回転数に比例したトルクを発生させることが負荷発生装置の基本機能となる。

② アイデア発想

現在の負荷発生装置の構造で回転数に比例したトルクを発生させるためには，導体（銅板）の平面精度の公差を小さくする必要がある。このことが，材料歩留の悪化や組立工数増大の原因になっている。そこで，TRIZの対立マトリックスを使用してアイデアの発想を行った。

図表6-5は，対立マトリックス適用の概要プロセスである。負荷発生装置

図表6-5　負荷発生装置への対立マトリックスの適用

- 改善すべき技術特性（縦欄）　→　No.13：物体の安定性　　　発明原理No.
- 改善する現状の方法　　　　　〔導体（銅板）の平面精度向上〕　　13
- 悪化する技術特性（横欄）　→　No28：測定の精度

- 採用した発明原理
  No.13：逆発想
  (a) 規定されたアクションの代わりに逆のアクションを
  (b) 固定部分を動かし，可動部分を固定する
  (c) 物体を上下逆さまにする

- 発明原理より発想した改善案の概要
  導体と磁石の構造を逆転する

の新しい構造を発想するために，導体（銅板）に焦点を絞った。改善すべき技術特性として"No.13：物体の安定性"，悪化する技術特性として"No.28：測定の精度"を選択し，発明原理の"No.13：逆発想"を得た。これらを検討した結果"導体と磁石の構造を逆転する"というアイデアが生まれた。

（2）品質工学による要素技術の確立（パラメータ設計）
■ 制御因子と信号因子の選定

TRIZ により発想したアイデアを実現するには，回転数とトルクに影響する設計上の要因を明確にする必要がある。そこで，制御因子とその水準値として図表 6-6 の要因を選定した。

図表 6-6　制御因子とその水準値

内側因子の設定			水準		
列番	因子区分	因子区分	1	2	3
1	制御因子	A：Cu厚さmm	0.4	0.6	0.8
2	制御因子	B：空隙mm	0.4	0.5	0.6
3	制御因子	C：フィン環境温度	A	B	C
4	制御因子	D：コイル電流値mA	300	450	600

負荷発生装置のアウトプットであるトルクは，インプットであるペダルの回転数により変化するが，品質工学ではインプットの要因を信号因子と呼ぶ。信号因子は，健康機器のターゲットとする顧客より，次の5種類とした。

信号因子を M とすると，

$M_1 = 20$ rpm，$M_2 = 40$ rpm，$M_3 = 60$ rpm，$M_4 = 80$ rpm，$M_5 = 100$ rpm として設定した。

以上の検討により，TRIZ のアイデアの具体化は，図表 6-7 に示す技術開発の確立に置き換えられた。

図表 6-7　負荷発生装置の技術開発

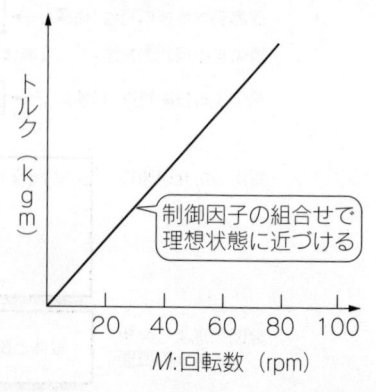

制御因子の組合せで理想状態に近づける

第6章 オフライン設計のコストダウン技術適用事例

■ 直交表への割付と実験結果

制御因子は，図表6-8のように直交表L_9に内側因子として割り付けた。

直交表L_9は，3水準の因子を最大4つまで扱えるので，$3^4=81$通りの組合せを9通りで再現するものである。列番の1には制御因子"A：Cuの厚さ mm"，2には"B：空隙 mm"，3には"C：フィン環境温度"，4には"D：コイル電流値 mA"を割り付けた。

No.1の行は，制御因子の水準がすべて1なので，"A：Cuの厚さ mm"が0.4 mm，"B：空隙 mm"が0.4 mm，"C：フィン環境温度"がAタイプ，"D：コイル電流値 mA"が300 mAでペダルの回転数とトルクの関係を実験することを意味している。同様にNo.2の行は，制御因子"A：Cuの厚さ mm"の水準が1，それ以外は，すべて水準2を示している。具体的な実験条件は，"A：Cuの厚さ mm"が0.4 mm，"B：空隙 mm"が0.5 mm，"C：フィン環境温度"がBタイプ，"D：コイル電流値 mA"が450 mAとなる。その他の行も同様な意味をもっているので，直交表は，実験の指図書と考えて

図表6-8 制御因子の直交表L_9への割付

実験	内側因子				内　側　因　子			
	列　番				1	2	3	4
No.	1	2	3	4	A：Cu厚さ mm	B：空隙 mm	C：フィン環境温度	D：コイル電流値 mA
1	1	1	1	1	0.4	0.4	A	300
2	1	2	2	2	0.4	0.5	B	450
3	1	3	3	3	0.4	0.6	C	600
4	2	1	2	3	0.6	0.4	B	600
5	2	2	3	1	0.6	0.5	C	300
6	2	3	1	2	0.6	0.6	A	450
7	3	1	3	2	0.8	0.4	C	450
8	3	2	1	3	0.8	0.5	A	600
9	3	3	2	1	0.8	0.6	B	300

もよい。

No.1の実験条件に対して，信号因子（ペダルの回転数）が5種類あるので，制御因子を同一条件とし信号因子を変えた実験を5回実施することになる。具体的な実験の順番は，サイコロなどによりランダムに決定する。

このようにして実施した実験結果の一部を図表6-9に示す。

直交表の外側には，信号因子Mを割り付け，1つの信号因子に対して2回実験を実施した。図表6-9の数値は，トルクを表している。

No.1の実験条件に対して，信号因子（ペダルの回転数）が20 rpmでトルク（kgm）を測定すると，1回目が12.35，2回目が11.86であったことを示している。同様に40 rpmでは，1回目が15.58，2回目が15.19，60 rpmでは，1回目が15.78，2回目が15.68であった。

このデータをもとに最適設計条件を検討するには，データ解析の知識が必要になるので，以下にその内容を述べる。

図表6-9 負荷発生装置の実験結果の一部

実験	内側因子				M_1		M_2		M_3		M_4		M_5	
	信号因子値 ▶				20		40		60		80		100	
No.	1	2	3	4	1回目	2回目	1回目	2回目	1回目	2回目	1回目	2回目	1回目	2回目
1	1	1	1	1	12.35	11.86	15.58	15.19	15.78	15.68	15.19	15.09	14.31	14.31
2	1	2	2	2	20.58	19.40	26.48	25.87	27.44	27.05	26.36	26.36	24.99	…
3	1	3	3	3	31.65	31.85	41.96	40.77	42.14	42.14	40.38	40.38	…	…
4	2	1	2	3	39.98	38.42	43.22	43.02	38.81	38.91	33.42	…	…	…
5	2	2	3	1	11.17	10.98	12.54	12.45	11.47	11.37	…	…	…	…
6	2	3	1	2	29.20	28.13	30.77	30.58	26.95	…	…	…	…	…
7	3	1	3	2	24.70	24.11	24.70	24.79	…	…	…	…	…	…
8	3	2	1	3	35.02	33.81	36.85	…	…	…	…	…	…	…
9	3	3	2	1	12.94	12.54	…	…	…	…	…	…	…	…

6-2 データ解析の基礎知識

直交表を用いた実験結果を解析する前提知識を整理する。

(1) ばらつきの計算方法

品質工学や統計学ではデータを2乗して計算することが多い。その基礎となるのが偏差，変動と自由度である。

■ 偏差とは

n 個の観測値を $y_1, y_2, \cdots, y_n$ とする。n 個の測定値について，ある目標値 y_0 が決まっているなら，$y_1, y_2, \cdots, y_n$ の目標値 y_0 からの差を目標値 y_0 からの偏差という。目標値や理論値 y_0 が存在しない場合でも，n 個の観測値 $y_1, y_2, \cdots, y_n$ があるとき，その平均値 $\overline{y}$ からの偏差が重要な場合がある。それを平均値 $\overline{y}$ からの偏差という。この場合，平均値 $\overline{y}$ からの偏差の和は0になる。

計算例1

10キロオームのカーボン抵抗を作る目的で，12個の試作品を作った。それらの抵抗値と目標値10キロオームからの偏差は次のようになる。

	1	2	3	4	5	6	7	8	9	10	11	12
抵抗値	10.3	9.9	10.5	11.0	10.0	10.3	10.2	10.3	9.8	9.5	10.1	10.6
目標値10キロオームからの偏差	0.3	−0.1	0.5	1.0	0.0	0.3	0.2	0.3	−0.2	−0.5	0.1	0.6

■ 変動と自由度

偏差は，平均値からの偏差であろうと，目標値や理論値からの偏差であろうと，その値は，正になったり，負になったり，0になったりする。一般に，い

ろいろな値をとる偏差があるとき，偏差の大きさの全体を1つの数値で表すのに，偏差の2乗和（変動）が用いられる。

n 個の観測値を $y_1, y_2, \cdots, y_n$, y の目標値を y_0 としたとき，偏差 (y_1-y_0), $(y_2-y_0), \cdots$ の2乗和を全変動（全2乗和）といい，(6.1) 式のように S_T で表す。

$$S_T = (y_1-y_0)^2 + (y_2-y_0)^2 + \cdots + (y_n-y_0)^2 \quad\quad\quad (6.1)$$

全変動 S_T の中の独立な2乗の個数をその自由度といい，記号 f で表す。(6.1) 式の自由度 f は n である。

計算例 2

計算例1のカーボン抵抗値の偏差は，最低 -0.5 から最高 $+1.0$ までいろいろな値をとっている。

	1	2	3	4	5	6	7	8	9	10	11	12
目標値10キロオームからの偏差	0.3	−0.1	0.5	1.0	0.0	0.3	0.2	0.3	−0.2	−0.5	0.1	0.6

これからの全変動を計算する。

$$\begin{aligned} S_T &= (0.3)^2 + (-0.1)^2 + (0.5)^2 + \cdots + (0.6)^2 \\ &= 0.09 + 0.01 + 0.25 + \cdots + 0.36 \\ &= 2.23 \quad (f=12) \quad\quad\quad\quad\quad\quad\quad\quad (6.2) \end{aligned}$$

(6.2) 式の自由度 f は，目標値10キロオームからの差だから，自由度は12である。

このように統計学では，全体のばらつき（偏差）を表すのにデータを2乗して変動を求めるが，この意味を考えてみる。

■ **2乗で計算することの意味を考える**

ある部品の特性として，$Y_1, Y_2, \cdots, Y_n$ という n 個のデータと，これらの値

に対する目標値（設計値）を m としたときの全変動は（6.3）式で表せる。

$$(Y_1-m)^2+(Y_2-m)^2+\cdots\cdots+(Y_n-m)^2$$
$$=Y_1{}^2-2Y_1m+m^2+Y_2{}^2-2Y_2m+m^2+\cdots\cdots+Y_n{}^2-2Y_nm+m^2$$
$$=Y_1{}^2+Y_2{}^2+\cdots\cdots+Y_n{}^2-2m(Y_1+Y_2+\cdots\cdots+Y_n)+nm^2$$
$$=\underbrace{Y_1{}^2+Y_2{}^2+\cdots\cdots+Y_n{}^2}_{\text{第1項}}+\underbrace{\left(\frac{Y_1+Y_2+\cdots\cdots+Y_n}{\sqrt{n}}-\sqrt{n}\,m\right)^2}_{\text{第2項}}-\underbrace{\frac{(Y_1+Y_2+\cdots\cdots+Y_n)^2}{n}}_{\text{第3項}}$$
$$\cdots\cdots\cdots\cdots\cdots\cdots\cdots\cdots\cdots\cdots(6.3)$$

（6.3）式の全変動は，目標値からの差の2乗の合計なので，理想的な状態は（6.3）式が最小になるときである。（6.3）式では Y_1, Y_2, $\cdots$, Y_n は求められた値であり，n は選んだものであるから，両方ともすでに与えられたものである。つまり，第1項と第3項はすでに与えられた値をとる。第2項は，m の値により求められ，第2項の括弧のなかが0になれば右辺の値は最小になる。その時の m の値は，（6.4）式である。

$$\frac{Y_1+Y_2+\cdots\cdots+Y_n}{\sqrt{n}}-\sqrt{n}\,m=0$$
$$m=\frac{Y_1+Y_2+\cdots\cdots+Y_n}{n}=\overline{Y}\cdots\cdots\cdots\cdots\cdots\cdots(6.4)$$

つまり，Y_1, Y_2, $\cdots$, Y_n の平均値 $\overline{Y}$ である。

m が $\overline{Y}$ と一致すれば，（6.3）式の第2項は0となるので，（6.3）式は（6.5）式に変形できる。

$$(Y_1-\overline{Y})^2+(Y_2-\overline{Y})^2+\cdots\cdots+(Y_n-\overline{Y})^2$$
$$=Y_1{}^2+Y_2{}^2+\cdots\cdots+Y_n{}^2-\frac{(Y_1+Y_2+\cdots\cdots+Y_n)^2}{n}\cdots\cdots\cdots(6.5)$$

この（6.5）式をさらに変形すれば，（6.6）式となる。

$$Y_1^2 + Y_2^2 + \cdots\cdots + Y_n^2$$
$$= \underbrace{\frac{(Y_1+Y_2+\cdots\cdots+Y_n)^2}{n}}_{\text{第1項}} + \underbrace{(Y_1-\overline{Y})^2 + (Y_2-\overline{Y})^2 + \cdots\cdots + (Y_n-\overline{Y})^2}_{\text{第2項}}$$

$$\cdots\cdots\cdots\cdots\cdots\cdots\cdots\cdots (6.6)$$

(6.6)式では，目標値（設計値）m と $\overline{Y}$ が一致しているので，$Y_1, Y_2, \cdots, Y_n$ は偏差であり，左辺は全変動 S_T を表す。右辺の第1項は一般平均の変動（修正項）と呼ばれ，平均値が目標値からずれている程度そのものであり，記号 S_m で表す。また，第2項は平均値 $\overline{Y}$ からの偏差の2乗和で，誤差変動と呼ばれ記号 S_e で表す。具体的な計算は，$S_e = S_T - S_m$ で算定する。

このように全変動 S_T を一般平均の変動 S_m と誤差変動 S_e に分けること（これを2乗和の分解と呼ぶ）により，次のことが考察できる。

全変動 S_T の中で一般平均の変動 S_m が大きいときは，対象製品の平均値が目標値から大きくずれていることを表している。また，誤差変動 S_e が大きいときは，製品個々の値の差が大きいことを意味する。このように，S_m と S_e の間には技術的な意味やそれに対する対応策がまったく異なることが多いので，S_m と S_e の違いを区別することはコストリダクションを展開する際に重要となる。

全変動 S_T，一般平均の変動 S_m，誤差変動 S_e の計算式を以下に示す。

全変動（全2乗和）　　　$S_T = Y_1^2 + Y_2^2 + \cdots\cdots + Y_n^2$ $\cdots\cdots$ (6.7)

一般平均の変動（修正項）　$S_m = \dfrac{(Y_1+Y_2+\cdots\cdots+Y_n)^2}{n}$ $\cdots\cdots$ (6.8)

誤差変動　　　　　　　$S_e = S_T - S_m$
$$= (Y_1-\overline{Y})^2 + (Y_2-\overline{Y})^2 + \cdots\cdots + (Y_n-\overline{Y})^2$$
$$\cdots\cdots\cdots\cdots\cdots\cdots\cdots (6.9)$$

> **計算例3**
>
> プラスチックの射出成形の工程で，成形品の目標重量からの差が以下のようであった。10個のデータはいずれも過剰重量である。
>
> (単位：g)
>
> | 1 | 2 | 3 | 4 | 5 | 6 | 7 | 8 | 9 | 10 |
> |---|---|---|---|---|---|---|---|---|----|
> | 0.27 | 0.27 | 0.25 | 0.31 | 0.24 | 0.27 | 0.26 | 0.24 | 0.30 | 0.28 |
>
> 全変動，一般平均の変動，誤差変動を計算する。
>
> 全 変 動　　　$S_T=(0.27)^2+(0.27)^2+\cdots\cdots+(0.28)^2=0.729$
> $$\cdots\cdots\cdots\cdots\cdots\cdots\cdots\cdots\cdots\cdots\cdots\cdots (6.10)$$
>
> 一般平均の変動　$S_m=\dfrac{(0.27+0.27+\cdots\cdots+0.28)^2}{10}=0.724\cdots (6.11)$
>
> 誤差変動　　　$S_e=S_T-S_m=0.729-0.724=0.005\cdots\cdots\cdots (6.12)$
>
> ここで大切なことは，S_m を計算するときの桁数である。有効桁を2乗したときには，2乗したときの桁には四捨五入の誤差が入らないように，さらに2桁余計の計算をして，そこで丸める。

■ 分　　散

変動をその自由度で割ったものを分散と呼ぶ。自由度は変動を求めるときの2乗した個数なので，1単位当たりの変動と考えてもよい。誤差変動 S_e をその自由度で割ったものが誤差分散であり，記号 V_e で表す。

$$誤差分散\quad V_e=\frac{S_e}{n-1}$$

$$=\frac{1}{n-1}\left[(Y_1-\overline{Y})^2+\cdots\cdots+(Y_n-\overline{Y})^2\right]\cdots\cdots (6.13)$$

誤差分散 V_e は (6.13) 式で計算するが，分母の $(n-1)$ が誤差変動 S_e の自由度である。

$$誤差変動 \quad S_e = \underbrace{Y_1^2 + \cdots\cdots + Y_n^2}_{n \text{ 個の 2 乗}} - \frac{(Y_1 + \cdots\cdots + Y_n)^2}{n} \cdots\cdots\cdots\cdots (6.14)$$

誤差変動は，(6.14) 式で求めるので，n 個の 2 乗から 1 個だけ 2 乗の数が引かれている。このために，S_e の自由度は $n-1$ となる。

以上がデータ解析に必要な前提知識である，偏差，変動，自由度，分散の概要であるが，データを 2 乗和に分解した結果から技術的な意味を読み取ることが技術者には重要である。

（2）動特性の SN 比

品質工学では，機能性評価を SN 比で行うが，SN 比の具体的計算方法は，特性値により異なる。技術開発で必要な動特性では，入力（信号因子）M と出力（データ）y の間にどのような関数関係を理想とするかにより計算式が変わる。ここでは，先の負荷発生装置のデータ解析に必要な M（ペダルの回転数）$= 0$ のとき出力 y（トルク）がゼロの状態が理想的な関係の動特性の SN 比計算について述べる。

■ ゼロ点比例式：$y = \beta M$

入力信号を M として，$M=0$ のとき出力 y がゼロを理想的な状態（あるべき姿）とする動特性をゼロ点比例式（$y = \beta M$）と呼ぶ。

$y = \beta M$ を理想的とすると，実際のデータ y は，信号因子 M とさまざまな誤差因子（データの繰返し数とみなすこともある）$x_1, x_2, \cdots, x_n$ の関数であり，(6.15) 式で表せる。

$$y = f(M, x_1, x_2, \cdots\cdots, x_n) \cdots\cdots\cdots\cdots\cdots\cdots\cdots\cdots\cdots\cdots\cdots\cdots (6.15)$$

ここで図表 6-10 のように，理想的な状態（$y = \beta M$）と実際 (6.15) 式の差

が誤差 e であり，(6.16) 式になる。

$$e = f(M, x_1, x_2, \cdots\cdots, x_n) - \beta M \quad\cdots\cdots\cdots\cdots\cdots\cdots\cdots\cdots (6.16)$$

図表 6-11 は，信号因子 M と出力 y の関係を整理したものである。行が誤差条件，列が信号因子を表している。信号因子 M の値を，$M_1, M_2, \cdots, M_k$ とし，列に記入してある。誤差条件は n 個あり，信号因子 M_1 の誤差条件 1 での出力データが Y_{11}，信号因子 M_2 の誤差条件 1 での出力データが Y_{12}，…，信号因子 M_k の誤差条件 1 での出力データが Y_{1k} である。最終行で各信号因子の n 個のデータを縦に足して $Y_1, Y_2, \cdots, Y_k$ としている。

図表 6-10　理想的な状態と実際との誤差

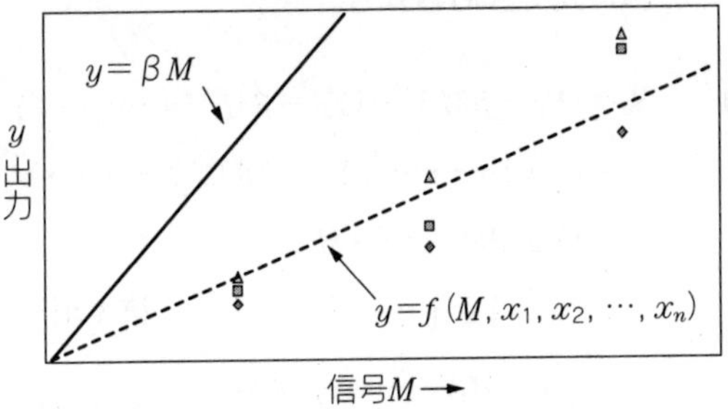

図表 6-11　信号因子 M に対する出力のデータ Y

		信		号		
		M_1	M_2	・	・	M_k
誤差	1	Y_{11}	Y_{12}	・	・	Y_{1k}
	2	Y_{21}	Y_{22}			Y_{2k}
	・	・	・			・
	・	・	・			
	n	Y_{n1}	Y_{n2}			Y_{nk}
	計	Y_1	Y_2	・	・	Y_k

■ $y=\beta M$ の SN 比

入力 M と出力 y との実際の関係は，$y=\beta M$ に誤差 e が加わり (6.17) 式で表せる。

出　力　　$y=\beta M+e$ ……………………………………… (6.17)

(6.17) 式を変形し 2 乗したものが，(6.18) 式である。

$e^2=(y-\beta M)^2$ ………………………………………………… (6.18)

(6.18) 式で，入力 M を変化させた時の e^2 の和が最小になるように β を定めることができれば，誤差は最小になる。図表 6-11 における e^2 の和を誤差変動 S_e とおけば，(6.19) 式で求められる。

$$
\begin{aligned}
誤差変動\quad S_e &= (Y_{11}-\beta M_1)^2+(Y_{21}-\beta M_1)^2+\cdots\cdots+(Y_{nk}-\beta M_k)^2 \\
&= Y_{11}^2+Y_{21}^2+\cdots\cdots+Y_{nk}^2-2\beta(M_1Y_1+\cdots\cdots+M_kY_k) \\
&\quad +n\beta^2(M_1^2+\cdots\cdots+M_k^2) \\
&= \underbrace{Y_{11}^2+Y_{21}^2+\cdots\cdots+Y_{nk}^2}_{第1項} \\
&\quad +\underbrace{\left[\frac{M_1Y_1+\cdots\cdots+M_kY_k}{\sqrt{n(M_1^2+\cdots\cdots+M_k^2)}}-\beta\sqrt{n(M_1^2+\cdots\cdots+M_k^2)}\right]^2}_{第2項} \\
&\quad -\underbrace{\frac{(M_1Y_1+\cdots\cdots+M_kY_k)^2}{n(M_1^2+\cdots\cdots+M_k^2)}}_{第3項}\quad\cdots\cdots(6.19)
\end{aligned}
$$

(6.19) 式は，先の (6.3) 式と本質的に同様なので，誤差変動 S_e を最小にするためには既知のデータ Y,M,n でなく，β の入っている右辺の第 2 項を 0 にしなければならない。

(6.19) 式右辺の第 2 項を 0 とおいて求めた β は，(6.20) 式となる。

$$\left[\frac{M_1Y_1+\cdots\cdots+M_kY_k}{\sqrt{n(M_1{}^2+\cdots\cdots+M_k{}^2)}}-\beta\sqrt{n(M_1{}^2+\cdots\cdots+M_k{}^2)}\right]=0$$

$$\beta=\frac{M_1Y_1+\cdots\cdots+M_kY_k}{n(M_1{}^2+\cdots\cdots+M_k{}^2)} \quad\cdots\cdots\cdots\cdots\cdots\cdots\cdots\cdots (6.20)$$

このとき (6.19) 式は，(6.21) 式に変形できる。

$$S_e=\underbrace{Y_{11}{}^2+Y_{21}{}^2+\cdots\cdots+Y_{nk}{}^2}_{\text{第1項}}-\underbrace{\frac{(M_1Y_1+\cdots\cdots+M_kY_k)^2}{n(M_1{}^2+\cdots\cdots+M_k{}^2)}}_{\text{第2項}}$$

$$=S_T-S_\beta \quad\cdots\cdots\cdots\cdots\cdots\cdots\cdots\cdots\cdots\cdots (6.21)$$

(6.21) 式の右辺第2項は，β が (6.20) 式で求められることから，(6.22) 式のように βM の2乗の合計である。

$$n(\beta M_1)^2+n(\beta M_2)^2+\cdots\cdots+n(\beta M_k)^2=n\beta^2(M_1{}^2+M_2{}^2+\cdots\cdots+M_k{}^2)$$

$$=n\left\{\frac{M_1Y_1+M_2Y_2+\cdots\cdots+M_kY_k}{n(M_1{}^2+M_2{}^2+\cdots\cdots+M_k{}^2)}\right\}^2\times(M_1{}^2+M_2{}^2+\cdots\cdots+M_k{}^2)$$

$$=\frac{(M_1Y_1+M_2Y_2+\cdots\cdots+M_kY_k)^2}{n(M_1{}^2+M_2{}^2+\cdots\cdots+M_k{}^2)} \quad\cdots\cdots\cdots\cdots (6.22)$$

これを比例項（βM）の大きさ，または信号と呼び，変動 S_β で表す。このとき S_β の分母は有効除数（r）と呼ばれ，(6.23) 式で表す。

$$r=n(M_1{}^2+\cdots\cdots+M_k{}^2) \quad\cdots\cdots\cdots\cdots\cdots\cdots\cdots\cdots (6.23)$$

これで，全変動 S_T は，信号の大きさ S_β と誤差変動 S_e に分解できる。

$$S_T=S_\beta+S_e \quad\cdots\cdots\cdots\cdots\cdots\cdots\cdots\cdots\cdots\cdots (6.24)$$

S_T の自由度は nk，S_β の自由度は 1，S_e の自由度は $nk-1$ である。
誤差分散 V_e は，誤差変動 S_e の自由度（$nk-1$）で割って，(6.25) 式で求め

られる．

$$\text{誤差分散} \quad V_e = \frac{\text{誤差変動}}{\text{自由度}} = \frac{S_e}{kn-1} \quad\cdots\cdots\cdots\cdots\cdots (6.25)$$

ここで，$y=\beta M$ のSN比 η（イーター）は，(6.26) 式となる．

$$\text{S N 比} \quad \eta = \frac{\text{信号の大きさ}}{\text{誤差の大きさ}} = 10\log \frac{\frac{1}{r}(S_\beta - V_e)}{V_e} \quad\cdots\cdots (6.26)$$

(6.26) 式の分母は，1単位当たりの誤差の大きさを誤差分散 V_e で表している．分子は，信号の大きさ S_β から誤差分散 V_e を引くことで純粋な信号の大きさを求め，r で割ることで単位当たりに変換している．

以上はSN比計算の1つのケースである．SN比の求め方は，測定データが計量値であるか，計数値であるかにより大きく分類できる．対象製品や工程の機能により公式の細部は異なるが，基本的な考え方は同じである．

6-3 データ解析の実践

健康機器製品の開発部では，データ解析の基礎知識をもとに，負荷発生装置のデータ解析を開始した。

(1) 測定データの解析

図表6-12の下表は，負荷発生装置の測定データの1行目(実験No.1)を整理したものである。この表をもとに，データ解析を開始する。

■ 全　変　動

$$S_T = 12.35^2 + 11.86^2 + \cdots\cdots + 14.31^2 = 2129.522 \quad (f=10) \cdots (6.27)$$

■ 信　　　号

$$S_\beta = \frac{(M_1Y_1 + \cdots\cdots + M_kY_k)^2}{n(M_1^2 + \cdots\cdots + M_k^2)}$$

$$= \frac{(20 \times 24.21 + 40 \times 30.77 + \cdots\cdots + 100 \times 28.62)^2}{2 \times (20^2 + 40^2 + \cdots\cdots + 100^2)} = \frac{8887^2}{2 \times 22000}$$

$$= 1794.972 \cdots\cdots\cdots\cdots\cdots\cdots\cdots\cdots\cdots\cdots\cdots\cdots\cdots (6.28)$$

■ 誤 差 変 動

$$S_e = S_T - S_\beta = 2129.522 - 1794.972 = 334.550 \cdots\cdots\cdots (6.29)$$

■ 誤 差 分 散

$$V_e = \frac{S_e}{f-1} = \frac{334.550}{9} = 37.172 \cdots\cdots\cdots\cdots\cdots\cdots (6.30)$$

第2部 原価企画の実践活動

図表6-12 測定データの整理

実験	内側因子				信号因子値	M_1 20		M_2 40		M_3 60		M_4 80		M_5 100	
No.	1	2	3	4		1回目	2回目	1回目	2回目	1回目	2回目	1回目	2回目	1回目	2回目
1	1	1	1	1		12.35	11.86	15.58	15.19	15.78	15.68	15.19	15.09	14.31	14.31
2	1	2	2	2		20.58	19.40	26.48	25.87	27.44	27.05	26.36	26.36	24.99	⋯
3	1	3	3	3		31.65	31.85	41.96	40.77	42.14	42.14	40.38	40.38	⋯	⋯
4	2	1	2	3		39.98	38.42	43.22	43.02	38.81	38.91	33.42	⋯	⋯	⋯
5	2	2	3	1		11.17	10.98	12.54	12.45	11.47	11.37	⋯	⋯	⋯	⋯
6	2	3	1	2		29.20	28.13	30.77	30.58	26.95	⋯	⋯	⋯	⋯	⋯
7	3	1	3	2		24.70	24.11	27.70	24.79	⋯	⋯	⋯	⋯	⋯	⋯
8	3	2	1	3		35.02	33.81	36.85	⋯	⋯	⋯	⋯	⋯	⋯	⋯
9	3	3	2	1		12.94	12.54	⋯	⋯	⋯	⋯	⋯	⋯	⋯	⋯

	信号因子				
	M_1 20	M_2 40	M_3 60	M_4 80	M_5 100
1回目	12.35	15.58	15.78	15.19	14.31
2回目	11.86	15.19	15.68	15.09	14.31
計	24.21	30.77	31.46	30.28	28.62

■ＳＮ比

$$\eta = 10 \log \frac{\frac{1}{r}(S_\beta - V_e)}{V_e} = 10 \log \frac{\frac{1}{2 \times 22000}(1794.972 - 37.172)}{37.172}$$

$$= -29.687 \cdots\cdots\cdots\cdots\cdots\cdots\cdots\cdots\cdots\cdots\cdots\cdots\cdots\cdots\cdots\cdots (6.31)$$

(6.31)式のように，1行目（実験 No.1）の SN 比 η は-29.687になる。同様の手順で2行目から9行目の SN 比 η を求め図表 6-13 に整理した。

図表 6-13　SN 比 η の算定結果

実験 No.	A	B	C	D	SN比
	1	2	3	4	(η)
1	1	1	1	1	-29.687
2	1	2	2	2	-29.303
3	1	3	3	3	-29.727
4	2	1	2	3	-33.044
5	2	2	3	1	-32.263
6	2	3	1	2	-33.450
7	3	1	3	2	-34.401
8	3	2	1	3	-33.644
9	3	3	2	1	-33.521

（2）補助表の作成

データ解析実践の次のステップは，因子別に水準別 SN 比 η を算定することである。それには，直交表に割り付けられた因子の水準別合計を求める。たとえば，A の第1水準ならば，1，2，3行がこれに相当する。

$$A_1(Aの1水準) = -29.687 - 29.303 - 29.727 = -88.717 \cdots\cdots (6.32)$$

同様に A の第2水準ならば 4，5，6行，A の第3水準ならば 7，8，9行がこれに相当する。

$A_2(A の 2 水準) = -33.044 - 32.263 - 33.450 = -98.757$ ……(6.33)

$A_3(A の 3 水準) = -34.401 - 33.644 - 33.521 = -101.566$ ……(6.34)

同じ計算を B, C, D について行えば，図表 6-14 が求められる。

この補助表により，因子の最適水準を決定できる。"A：Cu の厚さ mm"は，第 1 水準が -88.717，第 2 水準が -98.757，第 3 水準が -101.566 である。この数字は SN 比 η なので，値が大きいほど機能の安定性が高いことになる。つまり "A：Cu の厚さ mm" は，第 1 水準が最適となる。"B：空隙 mm"では，第 1 水準が -97.132，第 2 水準が -95.210，第 3 水準が -96.698 なので，第 2 水準が最適となる。同様に "C：フィン環境温度"では第 2 水準，"D：コイル電流値 mA"では第 1 水準が最適となる。

この結果，図表 6-15 に示す最適条件が決定できる。

図表 6-14　補助表

補助表	水準		
	1	2	3
A：Cu 厚さ mm	-88.717	-98.757	-101.566
B：空隙 mm	-97.132	-95.210	-96.698
C：フィン環境温度	-96.780	-95.868	-96.392
D：コイル電流値 mA	-95.471	-97.154	-96.415

図表 6-15　最適水準の決定

制御因子	水準		
	1	2	3
A：Cu 厚さ mm	0.4	0.6	0.8
B：空隙 mm	0.4	0.5	0.6
C：フィン環境温度	A	B	C
D：コイル電流値 mA	300	450	600

凡例：　　　は最適条件

（3）分散分析表の作成

最適条件が決定した次は，SN比 η を解析し制御因子の影響度を調べる。

■ 全変動 ST

全変動 S_T は図表6-13のSN比 η の算定結果データから求める。

$$S_T = (-29.687)^2 + (-29.303)^2 + \cdots + (-33.521)^2 = 9314.3929 \quad (f=9)$$
$$\cdots\cdots\cdots\cdots\cdots\cdots\cdots\cdots\cdots\cdots\cdots\cdots\cdots\cdots\cdots (6.35)$$

■ 一般平均の変動 Sm

$$S_m = \frac{[(-29.687) + (-29.303) + \cdots + (-33.521)]^2}{9}$$

$$= \frac{289.04^2}{9} = 9282.6802 \quad (f=1) \cdots\cdots\cdots\cdots\cdots\cdots (6.36)$$

■ 因子の変動

図表6-16は，補助表で求めた制御因子"A：Cuの厚さmm"の水準別傾向である。

制御因子"A：Cuの厚さmm"の水準間の変動を S_A と表すと，S_A は（6.37）式で求められる。

図表6-16　制御因子 A の水準別傾向

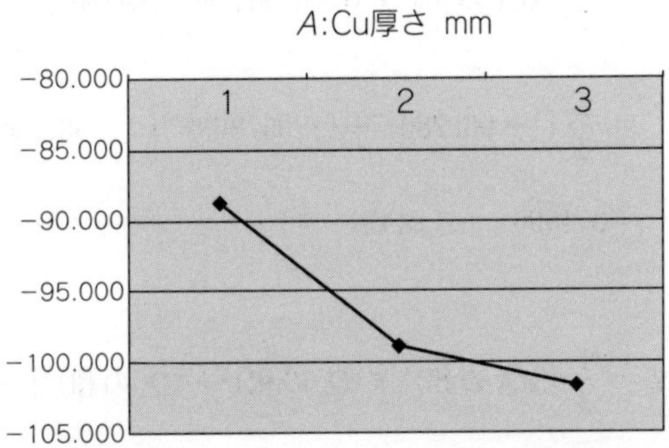

A:Cu厚さ mm

第2部　原価企画の実践活動

A の変動　　$S_A = \dfrac{1}{3}[(A_1 の和)^2 + (A_2 の和)^2 + (A_3 の和)^2] - S_m$

$= \dfrac{1}{3}[(-88.717)^2 + (-98.757)^2 + (-101.566)^2] - 9282.6802$

$= 30.4210 \quad (f=2)$ ……………………………… (6.37)

(6.37) 式で A_1 の和, A_2 の和, A_3 の和とは, 補助表の水準別データである。第1項の係数の分母は, A_1 の和, A_2 の和, A_3 の和のデータが, 3個のデータの和であることを表している。

(6.37) 式の計算も, 本質的には (6.5) 式の計算と同じことであり, この計算の考え方が分かっていれば, 2乗和の分解はほとんど困らない。

以下同様に, 制御因子 "B：空隙 mm" の変動 S_B, "C：フィン環境温度" の変動 S_C, "D：コイル電流値 mA" の変動 S_D を求める。

B の変動　　$S_B = \dfrac{1}{3}[(B_1 の和)^2 + (B_2 の和)^2 + (B_3 の和)^2] - S_m$

$= \dfrac{1}{3}[(-97.132)^2 + (-95.210)^2 + (-96.698)^2] - 9282.6802$

$= 0.6774 \quad (f=2)$ ……………………………… (6.38)

C の変動　　$S_C = \dfrac{1}{3}[(C_1 の和)^2 + (C_2 の和)^2 + (C_3 の和)^2] - S_m$

$= \dfrac{1}{3}[(-96.780)^2 + (-95.868)^2 + (-96.392)^2] - 9282.6802$

$= 0.1396 \quad (f=2)$ ……………………………… (6.39)

D の変動　　$S_D = \dfrac{1}{3}[(D_1 の和)^2 + (D_2 の和)^2 + (D_3 の和)^2] - S_m$

$$= \frac{1}{3}[(-95.471)^2+(-97.154)^2+(-96.415)^2]-9282.6802$$

$$=0.4744 \quad (f=2) \quad \cdots\cdots\cdots\cdots\cdots\cdots\cdots\cdots\cdots\cdots (6.40)$$

■ 分散分析表の作成

以上の計算過程を分散分析表にまとめたものが，図表6-17である。

変動を分解したのは，ばらつきに影響がある要因とそうでない要因を判定するためであり，それには自由度1単位当たりの変動である分散を比較すればよい。図表6-17で分散を相対比較すると，"A：Cuの厚さmm"の分散が一番大きく，その他の要因は，非常に小さい。そこで小さい分散の要因を一まとめにして（これをプールするという），誤差分散として扱う。

プールした誤差分散は$V_{(e)}$で表し，(6.41)式で求める。

$$V_{(e)}=\frac{\text{プールする因子の変動の和}}{\text{プールする因子の自由度の和}}=\frac{S_B+S_C+S_D}{f_B+f_C+f_D}$$

$$=\frac{0.6774+0.1396+0.4744}{2+2+2}=\frac{1.2914}{6}=0.2152 \cdots\cdots (6.41)$$

図表6-17の分散分析表は，9個の実験結果なので，目標値からの差は9個

図表6-17　分散分析表

分散分析表	f (自由度)	S (変動)	V (分散)	S' (純変動)	ρ (%) (寄与率)
A：Cu厚さ mm	2	30.4210	15.2105	29.9906	94.6
B：空隙 mm	2	0.6774	0.3387		
C：フィン環境温度	2	0.1396	0.0698		
D：コイル電流値 mA	2	0.4744	0.2372		
(e)	(6)	(1.2914)	(0.2152)	(1.7218)	(5.4)
合　　計	8	31.7124		31.7124	100.0

なければつじつまが合わない。ところが，プールした誤差変動 $S_{(e)}$ のなかには目標値からの差が6個（自由度：$f=6$）しか含まれていない。残りの3個は，S_A と S_m のなかに自由度分が含まれている。そこで，S_A のなかから自由度の数だけ誤差分散（1個分の変動）を引かなければならない。これを純変動と呼び，ダッシュをつけて表し，（6.42）式で求める。

$$S'（純変動）=S（変動）-f（自由度）\times V_e（誤差分散） \quad \cdots\cdots\cdots (6.42)$$

S_A' の場合は，（6.43）式である。

$$S_A'=S_A-2\times V_{(e)}=30.4210-2\times 0.2152=29.9906 \cdots\cdots\cdots (6.43)$$

また，本当の誤差変動は，（6.43）式で求める。

$$S_{(e)}'=S_{(e)}+自由度\times V_{(e)}$$
$$=1.2914+2\times 0.2152=1.7218 \cdots\cdots\cdots\cdots\cdots\cdots (6.44)$$

このようにして求めた純変動の比率が ρ（寄与率）である。寄与率を比較すると，"A：Cu の厚さ mm" が 94.6% であり，重要パラメータである。

分散分析表に整理することにより，分散や寄与率の大小を比べる際，一覧性があるという利点がある。

6-4 確認実験と改善案の作成

（1） 組合せのよさは確認実験で確かめる

補助表からよい組合せ（$A_1B_2C_2D_1$），分散分析表によりばらつきに影響のある要因が判明した。このよい組合せは，直交表L_9の組合せのなかには直接ない，別の組合せである。そこで，この組合せでもう一度実験をやってみる。

この組合せが，実験結果から推定されるように，よい組合せであったとすれば，この組合せがよいということは信じてもよいであろう。しかし，推定どおりにならないとしたら，この組合せはたまたまよいということで，本当の実力を表さないことになる。このように，もう一度確かめてみることを，確認実験と呼んでいる。

図表6-18は，直交表を用いる実験の進め方である。

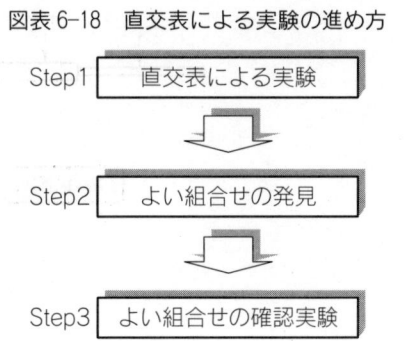

図表6-18　直交表による実験の進め方

Step1　直交表による実験

Step2　よい組合せの発見

Step3　よい組合せの確認実験

（2） 改善案の作成

確認実験により，よい組合せであることを確証した後は，具体的なアイデアの立案に入る。

TRIZの対立マトリックスにより採用した発明原理"No. 13：逆発想"の具体化は，補助表と分散分析表の結果より進めた。分散分析表によりばらつきに影響が大きい要因は，"A：Cuの厚さmm"である。この"A：Cuの厚さmm"の水準別傾向は，3水準よりも2水準，2水準よりも1水準のほうがSN比ηが大きい。

具体的な水準値は，3水準が0.8 mm，2水準が0.6 mm，1水準が0.4 mm

であり，"A：Cu の厚さ mm" は薄いほどよい傾向にある。これをさらに検討して，銅板を銅メッキに変更する案を採用した。

図表 6-19 は，負荷発生装置の改善前と改善後のイメージ図である。改善後の構造では，導体（銅板）の技術歩留，組立調整工数，メンテナンス時の分解性などの問題がすべて解決できる。コスト的にも，導体（銅板）から銅メッキ，電磁石の小型化により，製品コストの半減化に成功した。

負荷発生装置の例で，オフライン設計に適用するコストダウン技術について述べたが，機能的に安定する条件を SN 比 η で算定することがコストダウンにも繋がる。環境や品質問題を改善しながらコストを下げる要素技術を確立することがオフライン設計の目的でもある。

図表 6-19　負荷発生装置の改善案（イメージ図）

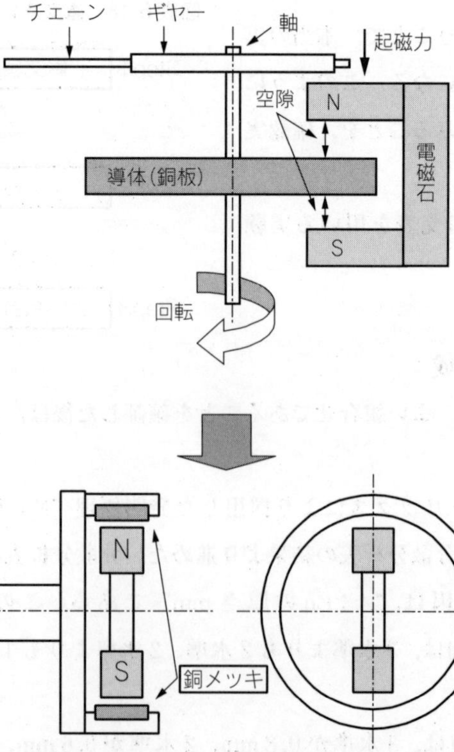

オンライン設計の
コストダウン技術適用事例

第7章

❖ POINT ❖

　この章では，オンライン設計におけるコストリダクション事例を述べる。その内容は，製品設計と工程設計に大別できる。

　製品設計では，VE, TRIZ を用いた製品システム設計の実施手順と，材料費のコストリダクション事例である。

　工程設計では，環境問題を考慮し，加工費のコストリダクションを実施した工程パラメータ設計の事例である。

　各事例を通して，コストダウン対象の絞り方，改善方向の見つけ方，それを実践するコストダウン手法の使い方を述べる。

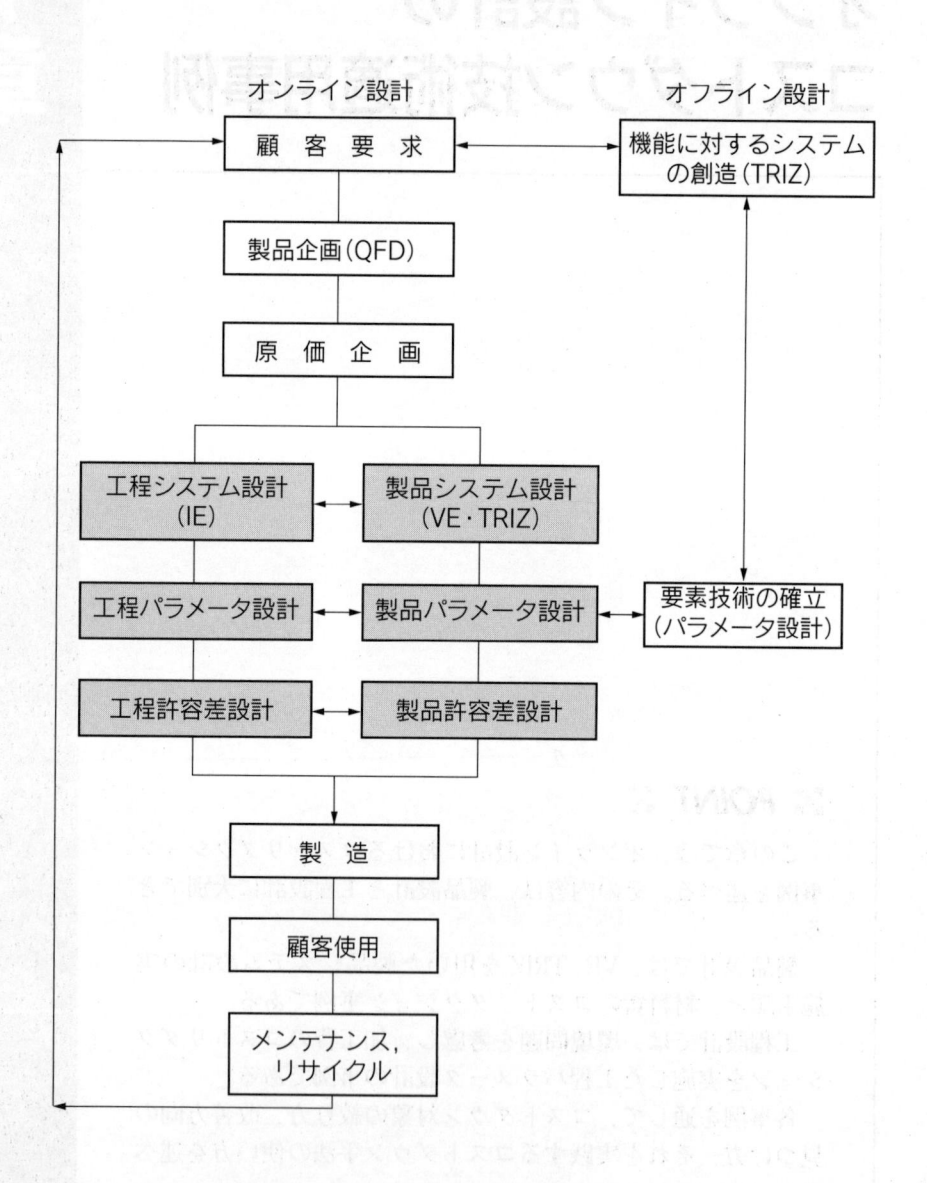

第2部　原価企画の実践活動

```
オンライン設計                                    オフライン設計

顧客要求  ←――――――→  機能に対するシステム
  ↓                    の創造（TRIZ）
製品企画（QFD）
  ↓
原 価 企 画
  ↓
┌─────────────┬─────────────┐
工程システム設計  ←→  製品システム設計
   （IE）              （VE・TRIZ）
  ↓                    ↓
工程パラメータ設計 ←→ 製品パラメータ設計 ←― 要素技術の確立
                                            （パラメータ設計）
  ↓                    ↓
工程許容差設計    ←→  製品許容差設計
  ↓
製 造
  ↓
顧客使用
  ↓
メンテナンス，
リサイクル
```

238

7-1 製品システム設計

（1）製品システム設計とコストダウン手法

製品システム設計では，VE, TRIZ を主に材料費中心のコストリダクションを展開する。図表7-1 は，VE, TRIZ を統合し，パラメータ設計に展開する製品システム設計の概要手順である。製品に関するパラメータ設計については，第6章の"オフライン設計のコストダウン技術適用事例"で述べた。ここでは製品自体の環境側面も考慮した製品システム設計のコストダウン事例を中心に話しを進める。

図表7-1　製品システム設計の概要手順

Step 1　目的機能と構造の明確化
Step 2　改善余地分析
Step 3　機能分析 (VE)
Step 4　アイデア発想 (TRIZ)
Step 5　改善効果の算定

■ Step 1：目的機能と構造の明確化

対象製品の目的機能を追求することにより，製品本来の機能と機能を達成するための構造的手段を図表7-2 の書式に整理する。

図表7-2　目的機能と技術的手段

目的機能		
インプット	技術的手段	アウトプット

■ Step 2：改善余地分析

目標原価設定の際に分析した見積原価（C），材料費の基本機能・補助機能・ロス比率より，改善余地，理想目標原価（CB）を確認する。

■ Step 3：機能分析

VEの機能系統図，機能係数により機能原価（Fc）を算定し，Step 2で求めた見積原価（C），理想原価（CB）の3つの原価を比較する。これにより，コストリダクションの方向性を検討する。

■ Step 4：アイデア発想

製品システム設計におけるアイデアの発想はいくつかの局面がある。第1は日常業務のなかで出てくるアイデア，第2はStep 2および3のなかで出てくるアイデアである。第3は，このStep 4で発想するアイデアであり，質的量的に最も充実させなければならない。そのためには，改善の観点の明確化と効果的な手法の活用を検討する必要がある。TRIZの有効活用の場である。

■ Step 5：改善効果の算定

改善効果の算定は，目標原価の達成率，コストダウン達成率の2種類により評価する。

コストダウン技術の目的や特徴を十分理解し，Step 1～Step 5の内容をシステマティックに適用することが重要である。なお，Step 1～Step 5の内容で不明な箇所は，第1部を参照されたい。

以下，製品システム設計におけるコストリダクションについて数社の事例を述べる。

（2）基本機能部分の排除

ロボットメーカーのA社では，新型ロボットの設計にあたり，ロボット

アーム駆動部の改善にとりかかっている。ロボットアーム駆動部の現状の構造は，図表7-3のように2つのACサーボモーターを駆動源としてタイミングベルトを介し，2つのハーモニックドライブにより減速させアームをコントロールしている。コスト的には，ハーモニックドライブとACサーボモーターがロボットアーム駆動部の55％を占めている。

図表7-3　ロボットアーム駆動部の現状の構造（イメージ図）

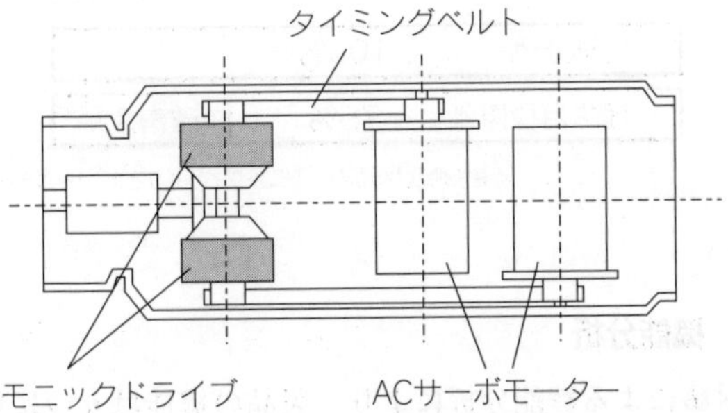

■ Step1：製品の目的機能と構造の明確化

図表7-4は，ロボットアームの目的機能と技術的手段を整理したものである。目的機能を達成するために，モーターの回転エネルギーを運動エネルギーに変換する構造が技術的手段である。

図表7-4　ロボットアームの目的機能と技術的手段

ロボットアームの目的機能		
アームで把持された製品を，所要の姿勢，速度で所定の位置まで移動させる。		
インプット	技術的手段	アウトプット
モーターの回転エネルギー	モーターの回転エネルギーを減速機で伝達し，フランジを回転させ製品を移動させる。原理は，電気エネルギーをフレミングの法則により運動エネルギーに変換し，メカ的動作を行う。	運動エネルギー

■ Step2：改善余地分析

目的機能を明確にしたうえで，各部品の機能分析を行い，基本機能・補助機

能・ロスの比率をグループ討議により決定した。分析の結果，約25%のコストダウンの可能性があることが判明した。また，ハーモニックドライブとACサーボモーターの改善余地の金額は，25%のうち2/5を占めている。これらの検討結果より，改善を行うのはコスト比率が高く，改善余地の大きいハーモニックドライブとACサーボモーターがねらいとなった。

図表7-5　ロボットアームの余地分析結果

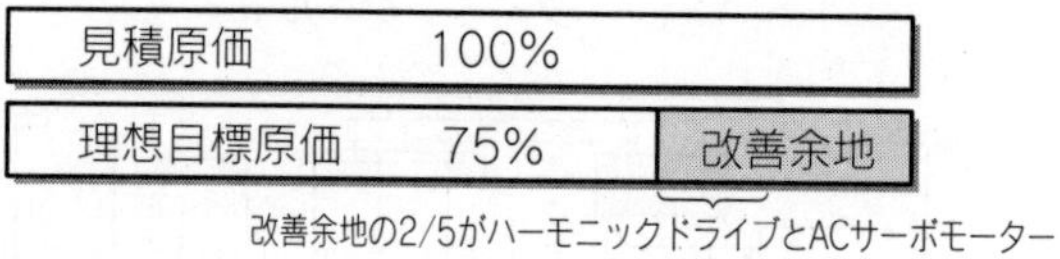

見積原価	100%	
理想目標原価	75%	改善余地

改善余地の2/5がハーモニックドライブとACサーボモーター

■ Step 3：機能分析

グループ討議による機能分析により，製品の機能は6つに集約され，上位2つの機能で全体の機能ウエイトの55%を占めた。それらは，"F1 部品を把持する"，"F4：定位置へアプローチする"の2つであった。以下，"F2 部品の姿勢を変える"，"F3：部品を移動させる"などである。構成部品を各機能へコスト配分した結果，最もコストが高かったのが，機能ウエイトとは逆のF2とF3であった。つまり，優先度の低いF2とF3機能へ部品コストがかかり，重要な機能に部品コストがかかっていないという結果である。

これらの結果を，3つの原価の比較に当てはめると，図表7-6のようになる。

図表7-6　3つの原価の比較

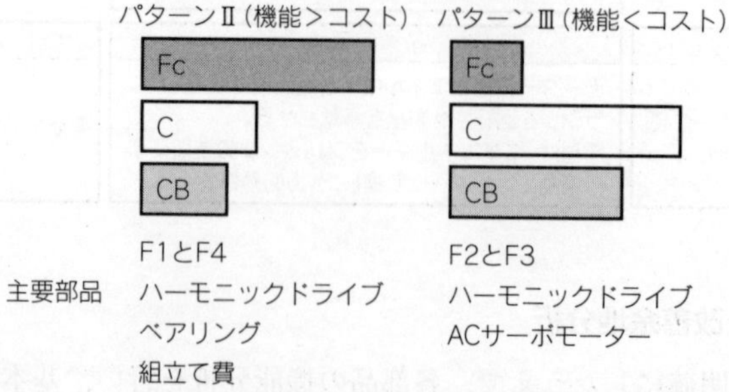

	パターンⅡ（機能＞コスト）	パターンⅢ（機能＜コスト）
	Fc	Fc
	C	C
	CB	CB
	F1とF4	F2とF3
主要部品	ハーモニックドライブ ベアリング 組立て費	ハーモニックドライブ ACサーボモーター

パターンⅡは，機能別目標原価（Fc）より見積原価（C）が安く，機能に見合った構造になっている。しかし，理想目標原価（CB）の追求は可能である。機能へ配分された主要部品のコストが高いものが，ハーモニックドライブ・ベアリング・組立て費である。

一方，パターンⅢは，機能別目標原価より見積原価が非常に高く，かなりの改善をしなければ機能に見合ったコストにならないことを示している。このようなケースでは，機能そのものが本当に必要かどうかの検討が必要である。

もし，F2とF3の機能が必要なければ，これらの構造は必要性がなく，コストリダクションへとつながる。しかし，F2とF3の検討をしたが機能を除外することはできないため，もう一度機能と構造の両面から検討を行い，根本的に構造を見直すことで方向性を決めた。そして，コストウエイトの高いハーモニックドライブとACサーボモーターの見直しの必要性を確認した。

■ **Step 4：アイデア発想**

機能分析と改善の方向性の結果をもとに，TRIZの対立マトリックスを使用してアイデア発想を行う。代替案の発想は，ハーモニックドライブとACサーボモーターの機能と構造に焦点を当て効率性を追求した。図表7-7は，対立マ

図表7-7　ハーモニックドライブとACサーボモーターへの対立マトリックスの適用

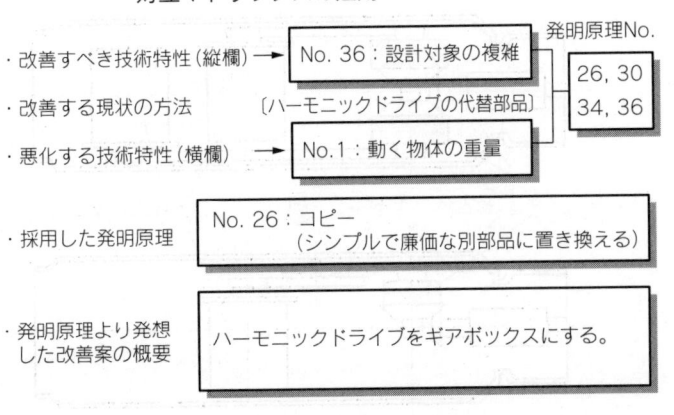

- 改善すべき技術特性（縦欄）　→　No.36：設計対象の複雑
- 改善する現状の方法　　　　　〔ハーモニックドライブの代替部品〕
- 悪化する技術特性（横欄）　→　No.1：動く物体の重量

発明原理No.
26, 30
34, 36

- 採用した発明原理　　　　　No.26：コピー
　　　　　　　　　　　　　　　　（シンプルで廉価な別部品に置き換える）

- 発明原理より発想した改善案の概要　　ハーモニックドライブをギアボックスにする。

トリックス適用の概要プロセスである。

ここでは，ハーモニックドライブに替わるアイデアを発想するために，機能と構造の効率化に焦点を絞り，改善すべき技術特性"No. 36：設計対象の複雑さ"を選択した。この改善を行う現状の方法は，ハーモニックドライブの代替部品を使用することである。これにより悪化が予想されることは，代替品によるロボットアームの重量が増加してしまうことと考え，悪化する技術特性は，"No. 1：動く物体の重量"を選択した。対立マトリックスより，発明原理の"No. 26：コピー"，"No. 30：薄膜"，"No. 34：部品の排除／再生"，"No. 36：相変化"が得られた。これらを検討した結果，"No. 26：コピー"から，シンプルで廉価な別部品に置き換えるをヒントに，ギア駆動を導入した。このギア駆動により出力がアップしたため，1個の駆動力で2個分を確保することができ，2本のタイミングベルトは不要となり，1つのハーモニックドライブとACサーボモー

図表7-8　エネルギー効率の改善

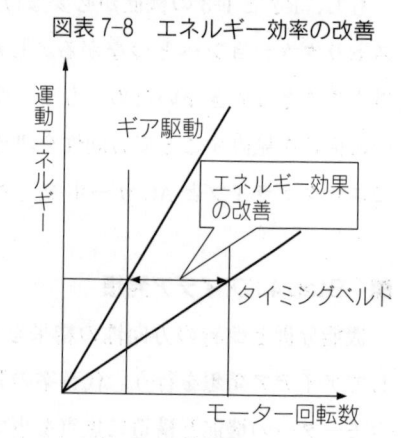

図表7-9　ロボットアームの改善案（イメージ図）

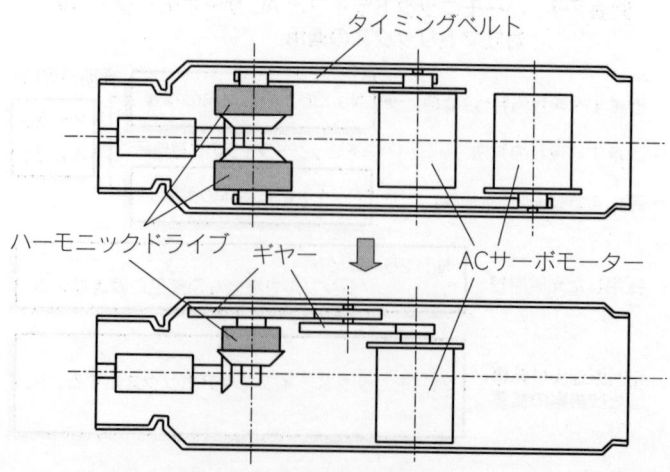

ターで同等の出力を出すことができた。

　この改善は，図表7-8のようにエネルギー効率も改善し，環境負荷低減にも貢献している。図表7-9は，ロボットアームの改善案のイメージ図である。

■ Step 5：改善の効果

　理想目標原価は，改善余地分析により，見積原価の75%と設定した。改善後の標準原価は，見積原価の71%であり，目標原価達成率は105%，コストダウン率は29%であった。

図表7-10　ロボットアームの改善効果の算定

見積原価	100%		
理想目標原価	75%	目標原価達成率	105%
標準原価	71%	コストダウン達成率	29%

（3）新しい固有技術による基本機能の改善

　ロボットメーカーに引き続き，基本機能を新しい固有技術で改善した事例を紹介する。

　図表7-11は円筒の製品を，顧客要求に対して1個ずつ排出する装置である。現状の構造は，製品を1個ずつ排出する機構がメカ構造になっている。検出スイッチにより製品の有り無しを確認したあと，ソレノイドの切り替えによりメカ構造を動かす機構である。この方式は，信頼性があり会社として昔から継承されてきた技術である。しかし，この構造はソレノイドと組立てのコストが非常に高いのが欠点であり，以前より他の構造を模索していた。部品点数が約20点で構成されているが，ソレノイドの占める

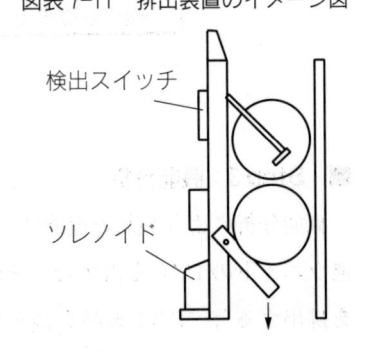

図表7-11　排出装置のイメージ図

検出スイッチ

ソレノイド

コスト比率は，全体の30％である。

■ Step 1：製品の目的機能と構造の明確化

搬出装置の目的機能と技術的手段を図表7-12に整理した。

目的機能を達成するために，電気信号によりソレノイドを切り替え，アームを移動により製品を搬出する構造が技術的手段である。

図表7-12　搬出装置の目的機能と技術的手段

搬出装置の目的機能		
投入された製品をホールドし，電気信号により1個ずつ確実に排出する。		
インプット	技術的手段	アウトプット
電気信号	ホルダーにより製品をホールドし，ソレノイドのON，OFFにより缶を排出する。	アームの移動

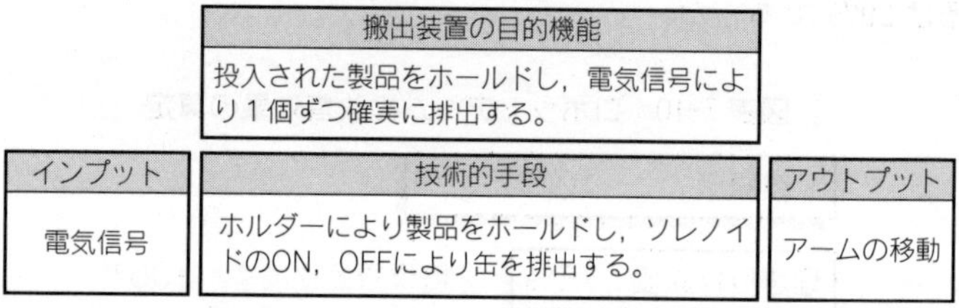

■ Step 2：改善余地分析

改善余地分析の結果，約20％のコストダウンの可能性があることが判明した。また，ソレノイドの改善余地の金額は，20％の3分の1を占め，2位以下を3倍以上引き離している。これらの結果より，改善を行うのはコスト比率が高く，改善余地の大きいソレノイドがねらいの1つとなった。

図表7-13　搬出装置の余地分析結果

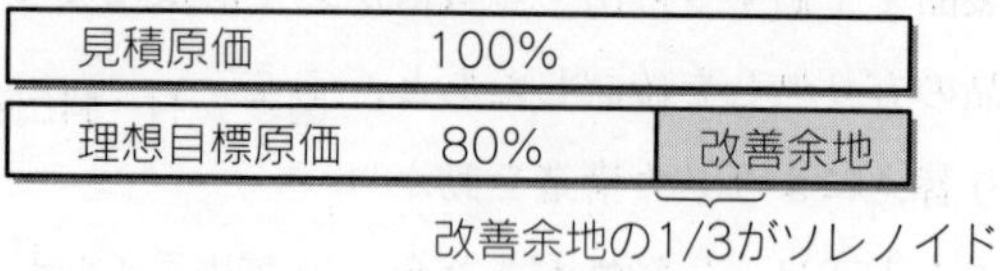

見積原価	100％	
理想目標原価	80％	改善余地

改善余地の1/3がソレノイド

■ Step 3：機能分析

機能分析により製品の機能は，7つに集約され，上位3つの機能で全体の機能ウエイトの75％を占めた。それらは，"F1：製品を保持する"，"F2：製品を排出する"，"F3：製品を蓄える"の3つであった。構成部品を各機能へコ

スト配分した結果，最もコストが高かったのが"F2：製品を排出する"機能であり，この機能のコストの約70％がソレノイドのである。つまり，重要な機能であるが，ソレノイドのコストウエイトが偏っていることが明確になった。

3つの原価の比較に当てはめると，図表7-14のように"製品を排出する"機能はパターンⅢであった。このパターン

図表7-14　3つの原価の比較
　　　　　　（F2：製品を排出する）

パターンⅢ

Fc
C
CB

現状構造で達成可能なコスト
根本的に構造を見直さねば達成できない

は，現状の構造では機能別目標原価Fcを達成することが難しく，もう一度機能と構造の両面から検討を行い，根本的に構造を見直す必要があることを表している。また，ソレノイドに次いでコストのかかっている組立てコストは，構造を簡素化することにより低減する必要がある。

■ Step 4：アイデア発想

TRIZの対立マトリックスによる代替案の発想は，ソレノイドのメカ機構のエネルギー消費に焦点を当て，もう少し効率のよい他の方式を模索した。図表7-15は，対立マトリックス適用の概要プロセスである。

図表7-15　ソレノイドのメカ機構のエネルギー消費への
　　　　　対立マトリックスの適用

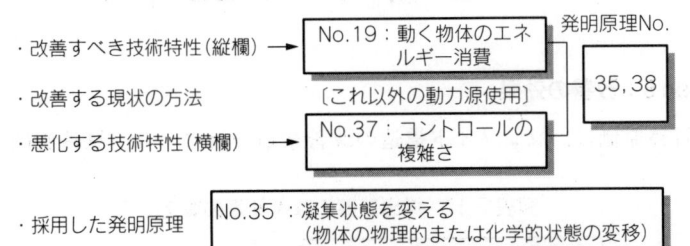

・改善すべき技術特性（縦欄）　→　No.19：動く物体のエネルギー消費
・改善する現状の方法　　　　　　〔これ以外の動力源使用〕
・悪化する技術特性（横欄）　→　No.37：コントロールの複雑さ

発明原理No.
35，38

・採用した発明原理　　No.35：凝集状態を変える
　　　　　　　　　　　　　（物体の物理的または化学的状態の変移）

・発明原理より発想した改善案の概要　　袋状の2室にストッパーの役目をする気体または液体を充填し，弁と製品の自重により，2室の圧力を制御することで製品を保持・排出する。

第2部 原価企画の実践活動

ここでは，ソレノイドに替わる画期的なアイデアを発想するために，エネルギー消費の効率化に焦点を絞り，改善すべき技術特性"No.19：動く物体のエネルギー消費"を選択した。この改善を行う現状の方法は，ソレノイド以外の動力源を使用することである。これにより悪化が予想されることは，ソレノイドに替わる制御を行うには，複雑になってしまうことであり，悪化する技術特性は，"No.37：コントロールの複雑さ"を選択した。対立マトリックスより，発明原理の"No.35：凝集状態を変える（物体の物理的または化学的状態の変移）"と"No.38：高濃度酸素を利用する"が得られた。これらを検討した結果，"No.35：凝集状態を変える"より，袋状の2室にストッパーの役目をする気体または液体を充填し，弁と製品の自重により，2室の圧力を制御することで製品を保持・排出するアイデアを発想した。

図表7-16は搬出装置の改善案であるが，搬出装置自体の省資源化や省エネルギー化も達成している。

図表7-16 排出装置の改善案（イメージ図）

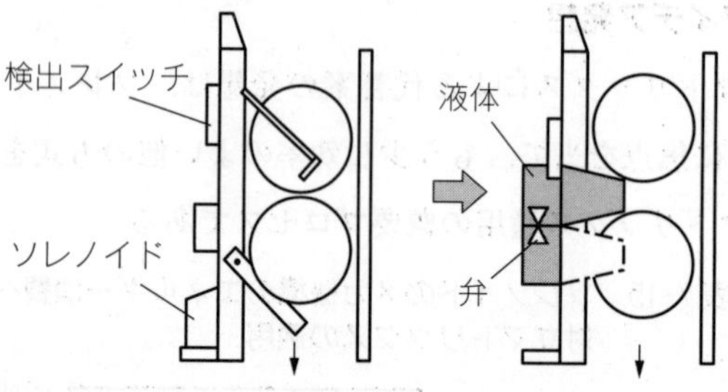

■ Step 5：改善の効果

理想目標原価は，ソレノイド構造の改善余地分析により，見積原価の80%

図表7-17 搬出装置の改善効果の算定

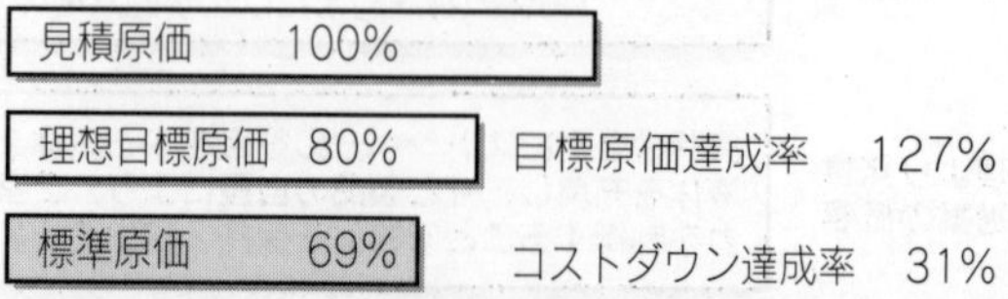

見積原価　　100%
理想目標原価　80%　　目標原価達成率　127%
標準原価　　69%　　コストダウン達成率　31%

と設定した。改善後の標準原価は，見積原価の 69% であり，目標原価達成率は 127%，コストダウン達成率は 31% であった。

（4）改善の 4 原則によるアイデア発想

ロボットアーム駆動部，搬出装置の改善は，余地分析や VE により改善対象を絞り込み，TRIZ によりアイデアを発想した。アイデア発想に有効なツールとして"改善検討の原則"と"改善の 4 原則"があるので，事例により紹介する。

■ 改善検討の原則と改善の 4 原則

改善検討の原則は 5 W 1 H であり，改善の 4 原則は排除（E）・結合（C）・入替え（R）・簡素化（S）の 4 つをいう。何かを改善しようとする場合，これらのいずれかの方法により行われるのである。また，これら 4 原則を適用する場合，一番効果の大きいのが"排除"であり，以下，"結合""入替え""簡素化"の順番で行っていくとよい。改善というと，すぐに"簡素化"に目がいってしまうが，"簡素化"よりむしろ残りの 3 原則を徹底して適用した方が大きな効果に結びつく。

5 W 1 H のなかで，目的追求のキーワードである Why（なぜ）の検討が重要で，他の 4 W 1 H とは別格の扱いをしながら改善の検討に入る。さらに，改善の 4 原則を適用して改善アイデアを抽出していく適用手順が図表 7-18 である。

○改善検討の原則（5 W 1 H）	○改善の 4 原則（ECRS）
why：なぜ？ を残りの 4 W 1 H にかける	E：Eliminate （排除）
what ：目的は何なのか？	C：Combine （結合）
where：どこで行うべきなのか？	R：Rearrange （入替え）
when ：いつ行うものなのか？	S：Simplify （簡素化）
who ：誰が行うべきなのか？	
how ：どのようにして行うものか？	

図表7-18　改善検討の原則と改善の4原則の適用手順

材料費の改善

改善検討原則	現状分析	What なに	How どのように
	Why 目的	何のために	なぜそのように

改善の四原則	着想抽出	E・C 統廃合	R 代替	S 簡素化
		止められないか	他の材料はないか	簡単にな

レベル	製品
	ユニット
	サブユニット
	部品
	部分

加工費の改善

What なに	Where どこ	When いつ	Who だれ	How どのように
何のために	なぜそこで	なぜその時に	なぜその人が	なぜそのように

E 排除	C（結合）		R（入替）	S 簡素化
止められないか	同場所	同時	同じ人	簡単に
	他場所	他の時	他の人	

仕事（アクティビティ）
工程（プロセス）
単位作業（オペレーション）
要素作業（エレメント）
動作（モーション）

改善のアイデア

■　アンテナと取付け金具

　図表7-19は，高所にアンテナを取り付け，基地局へ無線を飛ばす装置一式である。現状の構造は，支柱に取付け金具によりアンテナホルダ（支持柱＋水平材）を固定し，アンテナを取り付ける。現状の問題点は，以下の3つである。

・アンテナホルダの構造が複雑である。

・アンテナのケーブル処理が複雑である。

・上記2点による取付け工事のコストがアップする。

　このなかでも特にコストウエイトの高いアンテナホルダに焦点を当て，改善を行った。

① 製品の目的機能と構造の明確化

アンテナと取付け金具の目的機能と技術的手段を整理したものが図表7-20である。

目的機能を達成するために，電気信号を電磁波にエネルギー変換し，目的の方向へ電波を出す構造が技術的手段である。

② 改善余地分析

目的機能を明確にしたうえで，アンテナ部とアンテナホルダ部（取付け金具含む）と取付け工事に分割し機能分析を行い，基本機能・補助機能・ロスの比率をグループ討議で決定した。分析の結果，トータルで約38％のコストダウンの可能性があることが判明し，その5分の2がアンテナホルダ部の改善余地であった。これらの結果より，改善の対象をアンテナホルダに絞り，

図表7-19 アンテナと取付け金具（イメージ図）

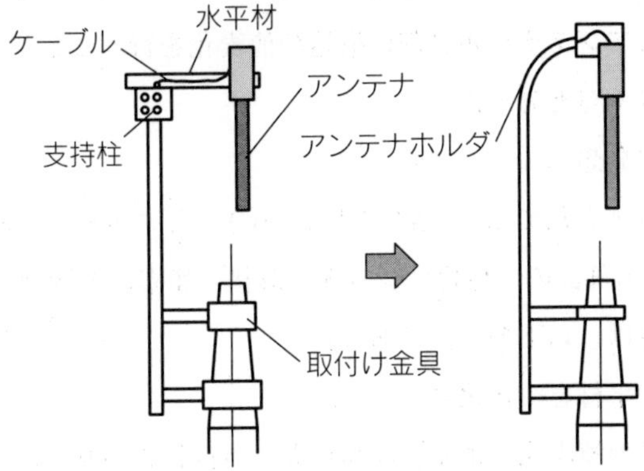

図表7-20 アンテナと取付け金具の目的機能と技術的手段

アンテナと取付け金具の目的機能		
ある高さに固定されたアンテナから電波を飛ばす		
インプット	技術的手段	アウトプット
入力信号	取付け金具により支柱の上に固定したアンテナにより，電磁波にエネルギー変換し，目的の方向へ電波を出す。	電磁波

図表 7-21　アンテナと取付け金具の余地分析結果

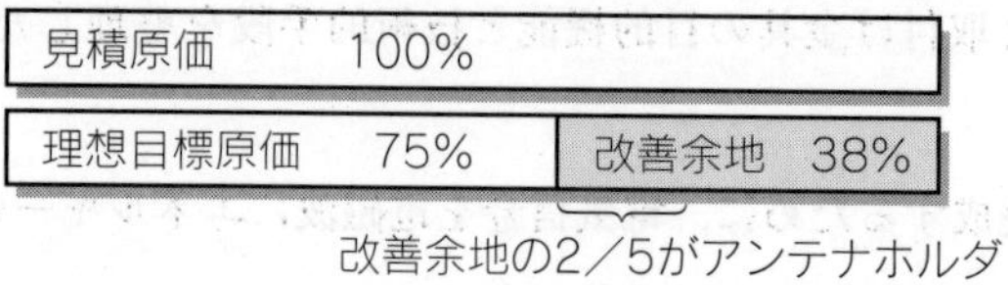

| 見積原価　　　100％ |
| 理想目標原価　75％ | 改善余地　38％ |

改善余地の2／5がアンテナホルダ

図表 7-22　アンテナホルダ部の溶接・組立コストの比率

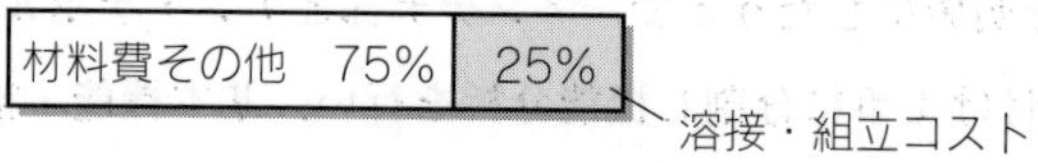

| 材料費その他　75％ | 25％ |

溶接・組立コスト

　コストを分析した結果，溶接構造とボルト接続構造でコストアップになっていることがわかった。構造が複雑なために発生している溶接とボルト接続の組立てコストの比率は，アンテナホルダ部全体の約25％を占めている。これらに関連する部品を含めると比率は増大する。したがって，すべてのコストに関係するアンテナホルダ部の構造の簡素化を行うことが，コストリダクションに寄与すると考えた。

③　アイデア発想

　アンテナホルダ部では，"結合の原則（C）"と"簡素化の原則（S）"を適用して，2つの部品の一体化による部品形状の簡素化を検討した。
主な改善内容は，以下の3つである。
・支持柱と水平材を一体化する。
・取付け金具の簡素化による，部品点数・溶接長を削減する。
・アンテナの改善によるアンテナ把持部を簡素化する。

　多くの場合，構造を一体化することにより材料費・加工費でのメリットは大きい。さらにこのケースでは，ライフサイクルコストの1つである取付け工事やメンテナンスの作業性も考え，アンテナホルダ部の構造改善を実施した。

■　加工物の位置決め装置

　図表 7-23 は，工作機械の加工物の位置決め装置である。現状は，位置決め

を行うために2方向に移動可能な2部品で構成されている。この位置決め装置は製品の一部であり，コストがかけられないのが現状である。位置決め装置の構成部品は，形状が複雑で，コストがかかりすぎているため，同じ機能をもちシンプル構造化を目指し改善を行った。

この位置決め装置では，"結合の原則（C）"を適用した。2つの部品を一体化し，1つの部品に多くの機能を持たす"多機能化"を基本に改善した。位置決め装置の現状の構造は，すべての製品に対応できることを考えている。改善案は，多機能化をベースに大きく2つのサイズに製品を区分し，要求サイズに応じて対応していくものである。加工物の仕様を再確認した結果，1つの部品に2箇所のV字加工をし，加工物の大きさによって部品を180°回転して対応できることがわかった。2つの部品を一体化することに成功し，59％のコストダウンを可能にした。

図表7-23　加工物の位置決め装置（イメージ図）

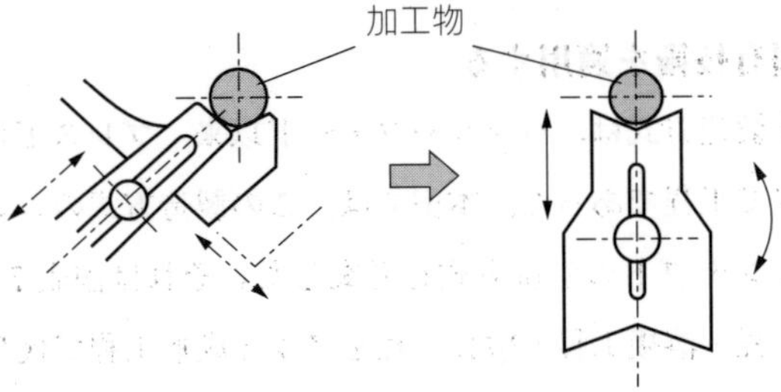

7-2 工程システム設計と工程パラメータ設計

　工程システム設計と工程パラメータ設計では，IE，TRIZ，品質工学を主に加工費中心のコストリダクションを展開する。製品を製造する段階（製造工程）で持つ環境側面には，"省資源の側面"，"有害物質の側面" などがある。これら環境側面の対応策には，大きく次の3種類がある。
・新しい固有技術を適用する。
・製造工程や設備の基本機能を追求する工程パラメータ設計を行う。
・IE 的改善によるレイアウト変更や設備効率を向上させる。
　ここでは事例により，製造工程の環境側面も改善する加工費のコストリダクションについて述べる。

（1）新しい固有技術を適用する

　従来の自動車製造方式は，ヘンリーフォード以来，プレス工程・溶接工程・塗装工程・組立て工程であった。本田では，この製造方式のコンセプトを一新して，新しいコンセプトの生産方式を考案した。それは図表 7-24 のように，従来のプレス工程・溶接工程・塗装工程をアルミ成形工程で代替してしまうものである。

図表 7-24　従来の製造方式と新しい製造方式

ヘンリーフォード以来の自動車製造方式
プレス ⇒ 溶接 ⇒ 塗装 ⇒ 組立

本田の新しい車作りのコンセプト
アルミ成形 ⇒ 組立
・強度はセラミックで補強

日経　1998. 4. 15

アルミ成形のため，強度的に弱くなるので，補強はセラミックで行うが，生産方式の変更により以下のメリットを生んでいる。

① プレス・溶接・塗装工程の削除
② 100億円工場
　⇒　通常は1,000億円（プレス機・金型不要）
③ 車両価格：従来の2/3〜1/2
④ 軽量化で低燃費
⑤ リサイクルの容易性

この例は，伝統的な生産方式の根底を覆すものである。これらは，環境側面に対しても，非常に有効なものであり，コスト低減と環境側面の改善を兼ね備えた方式である。

(2) **工程パラメータ設計を設備に適用する**

電気装置品の基板実装ユニットを設計・製造しているX社では，経営課題として，製造環境保全を含めた生産工程の品質・コスト改善を上げていた。X社の基板実装ユニットは，図表7-25に示すSMT（表面実装技術）実装であり，その実装品質が基板ユニットを使用する装置の品質を決定する要素であった。

SMD（表面電実装部品）の極小化にともない，半田不良が発生し，実装工程での歩留りを悪化させるコストアップ要因であった。また，SMTの後には洗浄工程があり，地球環境保全や安全衛生の側面から無洗浄化を検討していた。

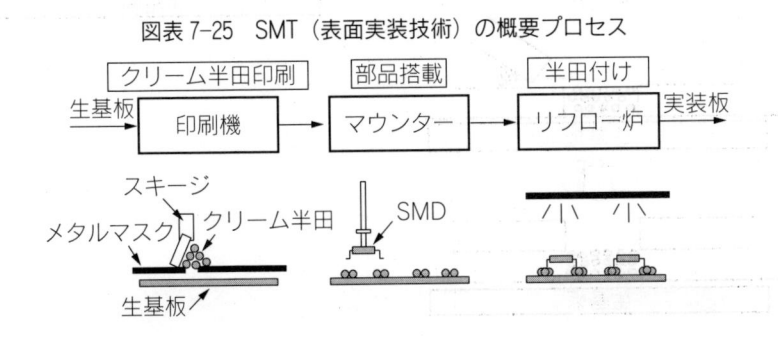

図表7-25　SMT（表面実装技術）の概要プロセス

このような背景から，環境保全，品質，コストの最適化をはかったSMT実装ラインを構築する必要があった。

■ 半田印刷工程の最適生産条件

半田印刷工程の基本機能は，図表7-26のようにクリーム半田を立方体に変形させることであると考えた。

制御因子として図表7-27の"A：スキージ角度"，"B：スキージ圧"，"C：スキージ速度"，"D：マスク距離"，"E：版離速度"，"F：印刷方向"，"G：清掃間隔"を検討した。半田印刷工程でかすれ，ブリッジを発生させないパラメータを確立するために，図表7-28に示す直交表L_8に割り付け，実験を実施した。

図表7-29は，データ解析結果より求めた印刷工程の現状水準と最適水準である。現状の生産条件は，8つの制御因子についてすべて1水準であったが，最適水準は，"C：スキージ速度"，"D：マスク距離"，"G：清掃間隔"が2水準となった。

図表7-26　印刷工程の基本機能

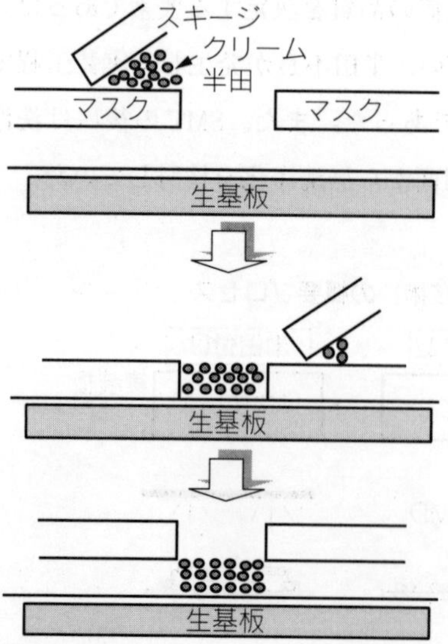

図表7-27　印刷工程の制御因子

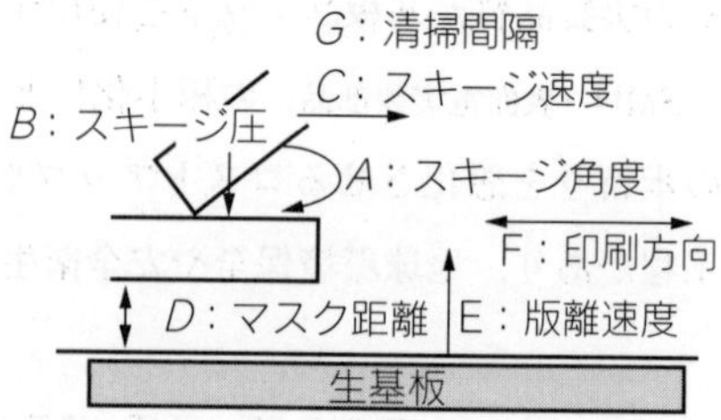

第7章 オンライン設計のコストダウン技術適用事例

図表 7-28 直交表 L_8 への割付結果

実験	内側因子 列番							内側因子						
								1	2	3	4	5	6	7
No.	1	2	3	4	5	6	7	スキージ角度(°)	スキージ圧	スキージ速度(mm/S)	マスク距離(mm)	版離速度(mm/S)	印刷方向	清掃間隔
1	1	1	1	1	1	1	1	大(現)	高(現)	遅(現)	短(現)	速(現)	片道(現)	3枚(現)
2	1	1	1	2	2	2	2	大(現)	高(現)	遅(現)	長	遅	両面	1枚
3	1	2	2	1	1	2	2	大(現)	低	速	短(現)	速(現)	両面	1枚
4	1	2	2	2	2	1	1	大(現)	低	速	長	遅	片道(現)	3枚(現)
5	2	1	2	1	2	1	2	小	高(現)	速	短(現)	遅	片道(現)	1枚
6	2	1	2	2	1	2	1	小	高(現)	速	長	速(現)	両面	3枚(現)
7	2	2	1	1	2	2	1	小	低	遅(現)	短(現)	遅	両面	3枚(現)
8	2	2	1	2	1	1	2	小	低	遅(現)	長	速(現)	片道(現)	1枚

図表 7-29 印刷工程の現状水準と最適水準

制御因子		現状水準	
		1	2
A	スキージ角度(°)	大(現)	小
B	スキージ圧	高(現)	低い
C	スキージ速度(mm/S)	遅い(現)	速い
D	マスク距離(mm)	一(現)	＋
E	版離速度(mm/S)	速い(現)	遅い
F	印刷方向	片道(現)	往復
G	清掃間隔	3枚(現)	1枚

制御因子		最適水準	
		1	2
A	スキージ角度(°)	大(現)	小
B	スキージ圧	高(現)	低い
C	スキージ速度(mm/S)	遅い(現)	速い
D	マスク距離(mm)	一(現)	＋
E	版離速度(mm/S)	速い(現)	遅い
F	印刷方向	片道(現)	往復
G	清掃間隔	3枚(現)	1枚

凡例：(現)は現状水準を表す。

"C：スキージ速度"を現状より速くしても，半田印刷工程でかすれ，ブリッジを発生させない条件を確立したのである。

この条件をインプットと考え，リフロー半田付け工程の最適化に取り組んだ。

■ リフロー半田付け工程の最適生産条件

リフロー半田付け工程の基本機能は，熱容量により半田を溶かすことであり，「熱容量＝温度×時間」の効率を最大にすればよい。この基本機能の制御因子として，"A：リフロー（半田を溶かす）温度"，"B：プリヒート（余熱）温度"，

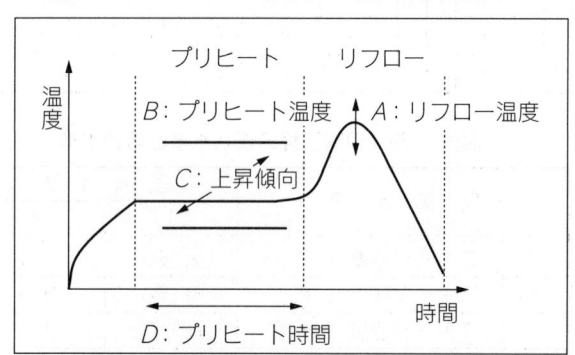

図表 7-30　リフロー半田付け工程の制御因子

図表 7-31　リフロー半田付け工程の割付結果

実験 No.	内側因子 列番				内側因子			
	1	2	3	4	1 リフロー温度	2 プリヒート温度	3 温度上昇カーブ	4 プリヒート時間
1	1	1	1	1	220℃	140℃	平坦	120秒
2	1	2	2	2	220℃	150℃	傾斜	90秒
3	1	3	3	3	220℃	160℃	急傾斜	60秒
4	2	1	2	3	230℃	140℃	傾斜	60秒
5	2	2	3	1	230℃	150℃	急傾斜	120秒
6	2	3	1	2	230℃	160℃	平坦	90秒
7	3	1	3	2	240℃	140℃	急傾斜	90秒
8	3	2	1	3	240℃	150℃	平坦	60秒
9	3	3	2	1	240℃	160℃	傾斜	120秒

"C：上昇傾向"，"D：プリヒート（余熱）時間" を検討した。図表7-30は，横軸がリフロー半田付けでの経過時間，縦軸が温度であり，各制御因子を整理したものである。

4種類の制御因子を各々3水準とし，図表7-31の直交表L_9に割り付け，実験を開始した。

■ 水準値の比較

現状の水準値と補助表から求めた最適水準値の比較表が図表7-32である。現状は，すべての制御因子の水準が2水準である。これに対して，補助表から算定した最適水準は，"A：リフロー温度" が2水準，"B：プリヒート温度" が3水準，"C：上昇傾向" が3水準，"D：プリヒート時間" が3水準であった。"A：リフロー温度" は現状水準値と最適水準値が同じであるが，他はすべて異なる結果であった。

ここで，"B：プリヒート温度" を150℃から160℃に上昇させ，"D：プリヒート時間" を90秒から60秒に短縮する最適水準値は注目にあたいする。つまり，"B：プリヒート温度" を10℃上昇させるだけで，"D：プリヒート時間" が3分の2に短縮できる生産条件を確立したのである。

図表7-32　リフロー半田付け工程の最適水準

		現 状 水 準			最 適 水 準		
		1	2	3	1	2	3
A	リフロー温度	220℃	230℃	240℃	220℃	230℃	240℃
B	プリヒート温度	140℃	150℃	160℃	140℃	150℃	160℃
C	温度上昇カーブ	平坦	傾斜	急傾斜	平坦	傾斜	急傾斜
D	プリヒート時間	120秒	90秒	60秒	120秒	90秒	60秒

■ 変動の計算

制御因子の最適水準を確立した後は，半田ブリッジ，未半田を発生させないためには，制御因子である "A：リフロー温度"，"B：プリヒート温度"，

第2部　原価企画の実践活動

"C：上昇傾向", "D：プリヒート時間" の中で，どの因子の影響が大きいかを分析した。その結果が，図表7-33である。

分散分析表の寄与率に着目すると，一番影響が大きい制御因子は，寄与率30.0%で"D：プリヒート時間"，次が28.3%で"B：プリヒート温度"であることが分かる。この結果は，この2つの制御因子を最適水準に設定することで，不良（半田ブリッジ，未半田）の問題も解決できることを表している。

"B：プリヒート温度" を上昇させ，"D：プリヒート時間" を短縮することで品質の良い製品を速く（安く）作る条件を確立したのである。

図表7-33　リフロー半田付け制御因子の分散分析表

分散分析表	f (自由度)	S (変動)	V (分散)	S' (純変動)	ρ (%) (寄与率)
A：リフロー温度	2	18749.555	9374.777	18749.555	19.3
B：プリヒート温度	2	27483.555	13741.777	27483.555	28.3
C：温度上昇カーブ	2	21738.889	10869.444	21738.889	22.4
D：プリヒート時間	2	29133.555	14566.777	29133.555	30.0
e	0	0.000	0.000	0.000	
合　計	8	97105.554		97105.554	100.0
一般平均		24544.444			

第8章 原価企画業務への IT（情報技術）活用

:: POINT ::

　eビジネスと呼ばれる今日のビジネス社会では，素早く正確な意思決定が要求されている。そのための強力なツールとしてIT（情報技術）がある。

　この章では，まずeビジネスに対応するIT活用のコンセプトを明確にする。次に，そのコンセプトを原価企画活動に適用した際のサポートツールとしてのITシステムを事例により紹介する。その内容は，材料費のコストリダクションに有効で必要なVE・TRIZ，品質工学と加工費のコストリダクションに有効なIEのITシステム化の事例である。さらに，加工費の見積に必要な標準時間資料の作成ツールも合わせて紹介する。

　これらのツールにより短期間での原価企画活動が可能になり，製品原価や開発・設計費の低減に結びつく。

8-1 原価企画活動に役立つIT

(1) IT活用のレベル診断

今日，インターネットに代表されるITが多くの分野で社会構造の変革を起こしているが，その活用レベルには違いがある。図表8-1は，ITが企業活動の変革に寄与するレベルの一覧表である。

ここで各レベルをPlan–Do–Seeの管理サイクルで考えると，以下のように分類できる。

図表8-1　IT活用のレベル診断

レベル		コンセプト	適用例	情報技術	対象
Ⅲ	戦略思考型	情報インフラの活用により新しい事業スタイルを開拓・実現し新ビジネスを創出する	eマーケットプレイス（電子市場） ASP（アプリケーション・サービス・プロバイダ） インフォミディアリ（情報仲介業者）	インターネット 光ファイバー，ADSL，ISDN マルチメディア	業界間
Ⅱ	改革思考型	企業間をつなぐ統合システムを再構築することによる業界全体の効率化・高付加価値化	SCM ECR CALS製販同盟	広域ネットワーク EDI，Web-EDI オープンシステム技術	企業間
		業務プロセスを再構築することによる生産性の向上や新しい付加価値の産出	コンカレント・エンジニアリング 開発プロセスのリエンジニアリング	クライアント／サーバ技術	部門間
Ⅰ	効率思考型	組織や機能の横断的な情報を共有活用することによる生産性の向上	本社機能のフラット化 情報共有化システム	ボイスメール／電子メール LAN パソコン／ワークステーション	部門
		組織や機能の個別の効率化を追求することによるコスト削減	会計情報システム	PC＋PCソフト 意思決定支援ソフト	部内 個人

■ レベルⅠ：効率思考型

特定業務の効率的な運営を目的とし，過去より良くなればよいというレベルである。IT活用の重点をPlan–Do–Seeの"Do（オペレーション）"に置いている。オペレーションの効率化は，コンピュータの能力を直接利用して生産性向上に活用することである。その効果は直接的に把握しやすいので，この分野のIT利用は企業内に浸透している。

ITの対象は，個人や部内から部門が中心であるが，一部部門間にわたることもある。

■ レベルⅡ：改革思考型

組織の目標に沿った資源の効率的な活用を目的とし，Plan–Do–Seeの管理サイクルが回り，IT活用により意思決定ができているレベルである。オペレーションにおける業務の流れであるビジネスプロセスや業務プロセスについて，ITとリエンジニアリングを利用して推進している状態である。

ITの対象は，コンカレント・エンジニアリングに代表される部門間の業務プロセスの再構築から，SCM（サプライチェーン・マネジメント）などの企業間のビジネスプロセス再構築まで多岐にわたる。サプライチェーンとは，「顧客―小売―卸―製造業―部品業者―資材業者」を結ぶ価値連鎖をいう。

■ レベルⅢ：戦略思考型

IT活用により新しい事業スタイルやビジネスモデルを創出しているレベルであり，eマーケットプレイスやASP（アプリケーション・サービス・プロバイダ）などが代表例である。ここでASPとは，「アプリケーションソフトをインターネット回線などを通してレンタルやリースするサービス業」のことである。このレベルでは，ネットワーク化された技術を利用することにより，ヒト，モノ，カネ，情報の4つの要素をコアコンピタンス（自社の中心事業）に集中させる戦略を展開している。

このように IT 活用のレベルは分かれるが，原価企画を成功させるには，各部門組織の協業（コンカレント・エンジニアリング）が不可欠である。ライフサイクル設計のリエンジニアリングを含めて，レベルⅡの改革思考型の IT サポートシステムを構築することである。

（2） 原価企画に必要な IT サポートシステム

目標原価の設定とその達成を支援する IT サポートシステムの役割は重要である。「顧客の要求を見きわめ，それを満足する機能やサービスを付加した製品を顧客の望むタイミングで納入する時代」は，スピードが環境経営とともに企業の競争優位戦略となる。

■ 計画のスピード性と正確性

スピードが要求される環境下では，"Plan"の重要性がとみに高まる。つまり，計画をおろそかにして，実施段階に入りまずい点は改善するという時間的余裕がなくなってきている。正に"改善より計画"の時代なのである。計画の段階で十分なシミュレーションをして結果を予測し，予測されるリスクを未然に回避したり，改善点を計画段階で折り込む努力が要求される。

しかし，いくら計画が重要だからといってあまりそれに時間をとられることは，得策ではない。計画に時間をとられていると，すぐに環境が変化してしまい"計画の練り直し"をせまられ，計画ばかり立案しているという現象をよく見かける。計画立案は，その時の環境条件を十分に折り込んで速やかに行うことである。一方，あまりにも計画にスピード性を要求すると，早く作ることを優先して，次のようなことがおろそかになる。

・十分な裏付けデータがない。

・短期的なことしか計画に折り込まない。

・成果の事前確認ができない。

・代替案が検討されない。

結果としてラフな計画で走ると，後で思わぬ落し穴が待ち受けていることが

ある。計画にはスピード性はもとより，正確性が要求されるのである。そのために，IT は強力なツールであり，計画に照準を合わせていくことがより重要性を増している今日，開発が期待されている IT システムはこうした経営の意思決定に役立つ改革思考型のソフトウェアである。

■ 原価企画のサポートシステムに必要な機能と考慮点

原価企画の展開手順に沿ってサポートシステムの機能とシステム構築上の考慮点を述べる。

① 目標売価設定システム

目標売価設定の基礎は，マーケティングにある。マーケティングには，図表 8-2 のように商品政策 (Product)，流通政策 (Place)，販売促進政策 (Promotion)，価格政策 (Price) の 4 P といわれる政策がある。

価格政策は，そのなかで重要なマーケティングミックスの要素を持っていて，価格は製品の市場位置づけ戦略の 1 つとして，他のマーケティング政策とのミックスで設定される。この意味で，マーケティングのシステムは，原価企画のサポートシステムの 1 つである。

「製品の価値」を決める基本原理は，VE でいわれる V＝F/C である。製品を機能に分解し，各機能ごとの価値を価格に変換し，それを目標売価の決定要因と関連づけてシミュレーションする機能を持つ目標売価設定システムが必要となる。

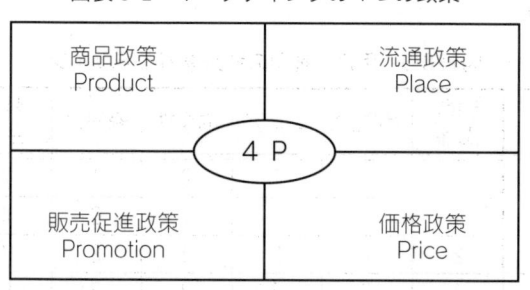

図表 8-2　マーケティングの 4 つの政策

商品政策 Product	流通政策 Place
販売促進政策 Promotion	価格政策 Price

（中央に 4 P）

② 目標利益率設定システム

目標利益率設定システムや利益率ガイドラインは，原価企画のサポートシステムであるとともに，事業計画システム，利益計画システムなどのサポートシステムでもある。図表8-3は，製品を用途別に2タイプ，種別に2タイプ，計4タイプに区分し，設定したものである。同一タイプの製品でも，用途や種別により評価が変わるので，このように整理することで，事業計画システムや利益計画システムと結びつく。

③ ライフサイクル設計と原価情報システム

ライフサイクル設計活動を支援するITシステムには，CAT, CAE, CADなどに加え，インターネットによる情報検索やEメールなどがある。オフライン，オンライン設計段階で，コストリダクションを意識したライフサイクル設計を行うには，コストメカニズムを組み込む必要がある。その代表例が，第1部で述べた"CAD見積システム"である。

原価企画活動では，図表8-4のようにコストダウン評価に標準原価を設定するが，この標準原価を製造の原価管理や生産管理情報と一元化することで，生産準備段階のリードタイム短縮が実現できる。

図表8-5は，自動車部品メーカーA社における標準原価の一元化による原価情報システムの全体像である。顧客からの引き合いや改善依頼があると，図表8-5左上の技術原価管理のCAD見積により標準原価を設定し，その情報が図表8-5左下の営業原価見積にわたり，キャッチボールが行われる。そして，目標原価を達成した製品別標準原価は，製造部門の原価管理データベースとなる。

図表8-3　用途・種別の利益率ガイドライン

用途	種別	競合関係	購買力	シェア	成長性	商品力	得点合計	価格政策
Ⅰ	X	1	2	1	2	1	7	価格維持
Ⅰ	Y	1	1	1	1	0	4	低価格
Ⅱ	X	2	2	2	2	2	10	高価格
Ⅱ	Y	1	2	2	2	2	9	高価格

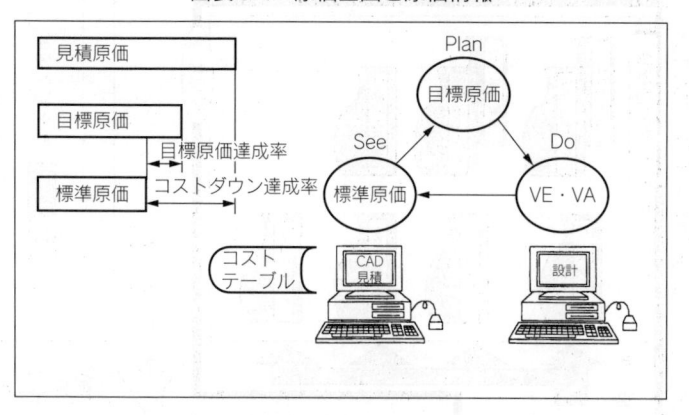

図表 8-4 原価企画と原価情報

　図表 8-5 の右側は，製造・購買部門の原価管理システムであり，標準原価と実際原価の差異が標準原価管理システムよりレポートされる。さらに，この原価差異を用いて標準原価計算により製品別実際原価を算定し，経理部門では棚卸評価の計算を実施している。

　このように，製品別の標準原価を原価情報データベースとしてセットしておき，必要に応じて標準原価はもとより見積原価に置き直して抽出するシステムを構築するのである。これにより，標準原価と見積原価は有機的に結合し，テータベースの一元化をはかることができる。こうした標準原価をベースにした原価情報システムの確立が，これから期待される全社の原価情報システムなのである。

④　コストリダクションサポートシステム

　目標原価を達成するための主要なコストリダクション技術には，VE, IE, 品質工学，標準化，TRIZ などがある。これらの技術の適用にあたり重要なことは，問題解決に効果的な一連の実施手順を決め，これに従って進めることである。それにはコストリダクションのアプローチをモデル化しITシステム化することが必要であり，次のメリットが考えられる。

・再現性のある実施手順によりコストリダクション活動の標準化が推進できる。

第2部 原価企画の実践活動

図表8-5 A社における原価情報システムの全体像

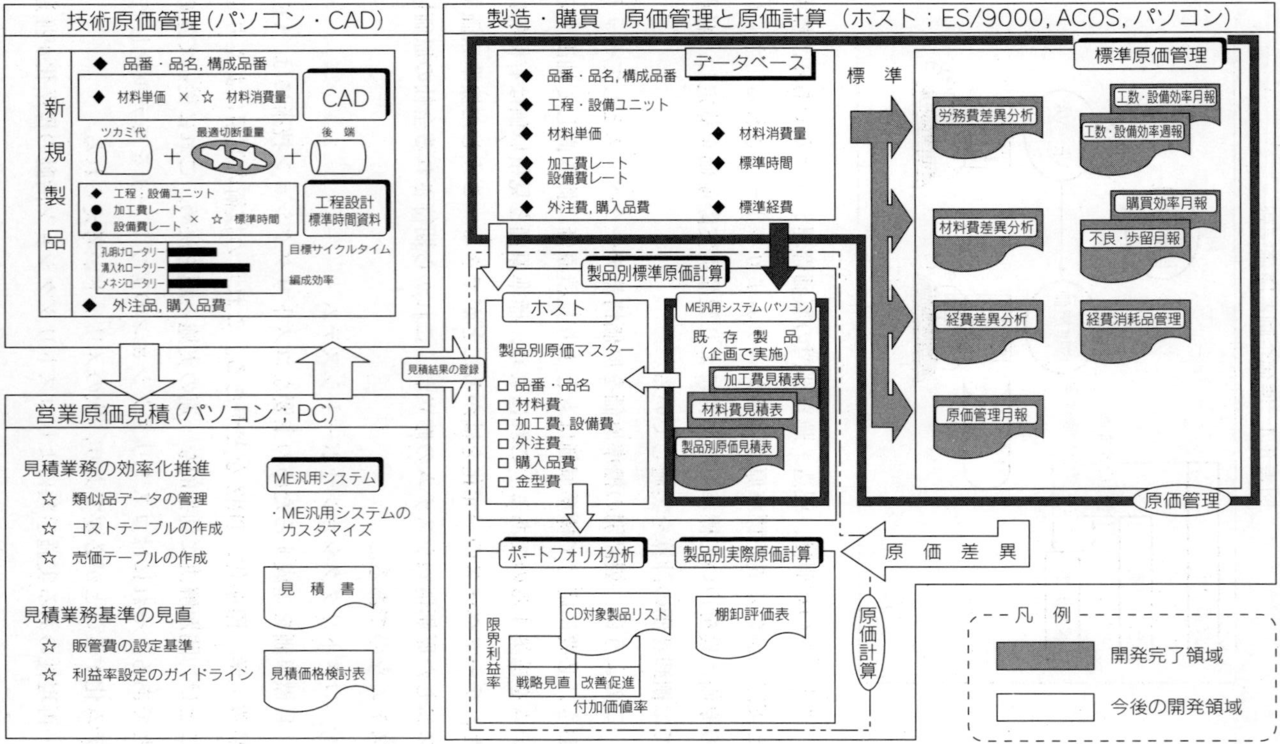

・分析業務や計算業務の効率化がはかれ，創造的活動により多くの時間を振り向けられる。
・データ解析や最適解へのシミュレーションが瞬時に行えるので，コストリダクションの活動期間が大幅に短縮できる。

　以上の結果として，コストリダクション業務の生産性が大幅に向上するので，製品原価のみならず開発・設計費用も低減できる。このように，ITシステム化したコストリダクションツールのメリットは大きい。

⑤　環境負荷測定システム

　環境側面からのITサポートシステムには，製品の環境負荷低減や分解性評価などがある。

　製品の環境負荷低減の効果を測定するには，ライフサイクルアセスメント（LCA）が必要になる。LCAは，製品やサービスの全ライフサイクル期間を通じて，物質とエネルギーの流れを測定し，環境への影響を測定し，環境負荷の改善を目的とする手法である。LCAの手法は，完全に確立されたとはいいがたく，いまだ課題や問題も含んでいるが，ライフサイクルアセスメント（LCA）用ソフトウェアがASPで提供され始めている。

8-2 製品設計のサポートシステム

　製品設計のコストリダクションアプローチをモデル化し，ITシステム化した事例として，VE・TRIZによる製品システム設計，品質工学による製品パラメータ設計の事例を紹介する。なお，これらのソフトは汎用化されパッケージとして（株）MEマネジメントサービスで取り扱っているので問い合わせられたい。

（1） VE・TRIZによる製品システム設計

　製品システム設計では，VE・TRIZの特徴を生かすために，以下の点を考慮してITシステムの機能として組み込むとよい。

■ 製品システム設計に必要な機能

① コストダウンの可能性追求

　コストダウンの可能性追求は，現状とあるべき姿とのギャップを見つけることである。この可能性を，現状の製品から理想原価を設定するために「基本機能」「補助機能」「ロス」をベースに追求する。

② 機能・構造・コストの関係より最適な改善の方向性決定

　改善を行うにあたり，「機能」「構造」「コスト」の関係を目で見えるようにする。それには，コスト寄与率表の作成やグラフ化が有効であり，効率的にコストダウンを進めるための方向性を決定できる。

③ システマティックなアイデア発想

　アイデア発想は，「物理的原理」・「TRIZ理論」・「改善の4原則」等を使い，これらをシステマティックに活用する。

④ 技術とコストの最適値より最適解の決定

　最適解の選定は，技術評価（顧客の要求項目）とコスト評価（材料費・加工費・外注費）の両面より総合評価をし決定する。

図表8-6　見積原価の設定

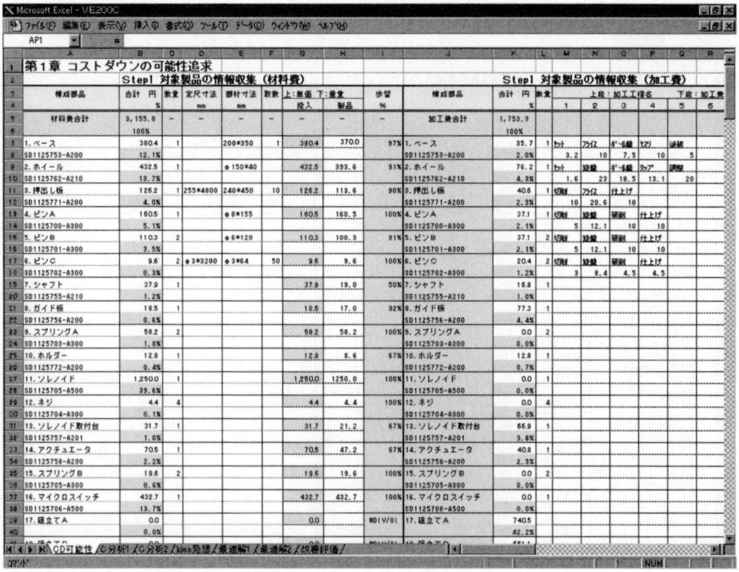

■ コストダウンの可能性追求

　図表8-6の対象製品のコスト情報をもとにして，図表8-7のように見積原価より理想材料費と理想加工費を分析し，目標とすべき理想原価を技術的角度より設定する。

■ 機能・製造・コストの関係より最適な改善の方向性決定

　製品機能コスト分析により，機能から見た最適コストと構造から見た最適コストを比較することで理想原価を満足する改善の方向性を追求する。

①　1次機能の設定

　部品のもっている機能を"名詞"と"動詞"で表現することにより，目的とする機能と手段となる機能を明確にし，部品のもつ本来の機能を整理する。ここでは，製品およびユニットの1次機能について定義する。

②　機能評価

　機能評価とは，明確に定義した1次機能を定量的に把握し，機能の重み付

図表8-7　理想材料費の設定

構成部品		見積原価 円	基本機能	補助機能	ロス	理想原価 基本+補助×1/2	差 見積-理想	改善案概要
合計	材料費	3,155.8	−	−	−	2424	732	
	加工費	1,753.3	−	−	−	1292	471	
1.ベース		980.4	70%	27%	3%	318	62	通削品質の請求、取りつけ穴の統一
SD1125753-8200		35.7	80%	10%	10%	30	6	穴明け加工の統一、セットのシンプル化
2.ホイール		432.5	50%	41%	9%	305	128	代替品の検討
SD1125762-A210		76.2	70%	20%	10%	61	15	
3.押出し板		126.2	50%	40%	10%	88	38	通削品質の請求
SD1125771-A200		40.6	60%	30%	10%	30	11	
4.ピンA		169.5	80%	20%	0%	144	17	社内加工より購入品への変更
SD1125700-A300		37.1	80%	20%	0%	33	4	
5.ピンB		110.9	80%	20%	0%	99	11	
SD1125701-A300		37.1	80%	20%	0%	33	4	
6.ピンC		9.6	80%	20%	0%	9	1	
SD1125702-A300		20.4	80%	20%	0%	18	2	
7.シャフト		87.9	30%	20%	50%	13	29	
SD1125755-A210		16.9	60%	30%	10%	13	4	
8.ガイド板		19.5	62%	30%	0%	14	5	
SD1125756-A200		77.3	80%	20%	0%	70	7	
9.スプリングA		58.2	60%	20%	0%	41	17	
SD1125703-A300		0				0		
10.ホルダー		12.9	27%	40%	33%	6	7	
SD1125772-A200		12.3	80%	20%	0%	12	1	
11.ソレノイド		1250	50%	50%	0%	938	312	
SD1125705-A500		0				0		
12.ネジ		4.4	0%	100%	0%	2	2	
SD1125704-A300		0				0		
13.ソレノイド取付台		31.7	33%	34%	33%	16	16	
SD1125757-A201		66.9	80%	10%	10%	57	10	
14.アクチュエータ		70.5	17%	50%	33%	30	41	
SD1125758-A200		40.8	60%	10%	10%	35	6	
15.スプリングB		19.6	0%	100%	0%	10	10	
SD1125706-A300		0				0		
16.マイクロスイッチ		432.7	60%	20%	0%	389	44	
SD1125708-A500		0				0		
17.組立てA		0	80%内訳			0		
		740.5	60%	20%	20%	518	223	

けを行うことである。評価対象それぞれを一対ずつ取り出し，「どちらの機能がどれだけ重要か」を検討する。

③　理想機能・構造コストの設定

1次機能の検討により対象製品・ユニットの機能が明確になるので，次にその機能または機能分野ごとの見積原価を明確にする。そのために，見積原価の各機能への比率配分を決定する。1つの製品は，いくつかのユニットや部品により構成されているので，現状把握している部品別コストを1次機能と対応させ，機能別コストを求める。

図表8-8の左上は"1次機能設定"，右上は"機能評価"，左下は"理想機能・構造コストの設定"を分析している。

④　改善の方向性決定

図表8-9は，機能別目標原価（F_C）・見積原価（C）・理想目標原価（CB）の関係をグラフ化したものである。

ここで，機能別目標原価（F_C）・見積原価（C）・理想目標原価（CB）は，そ

第8章 原価企画業務へのIT（情報技術）活用

図表8-8 機能・構造・コスト分析

図表8-9 3つの原価の比較

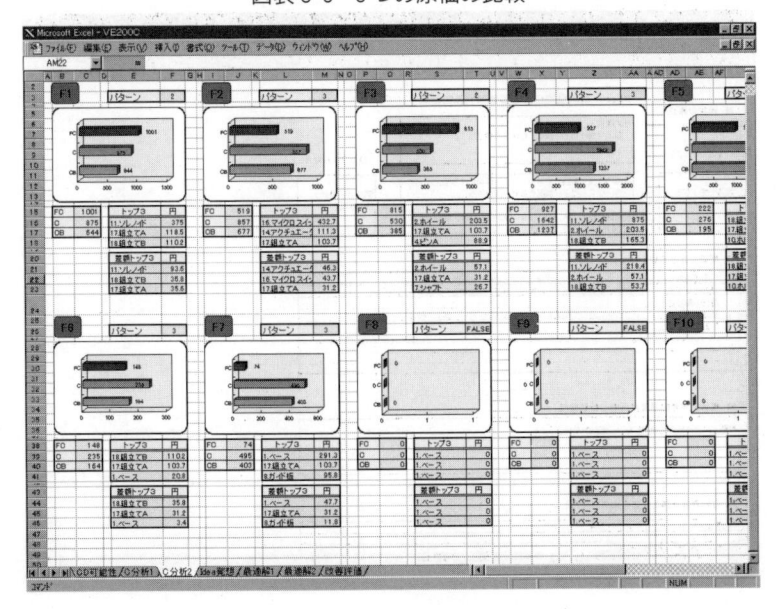

れぞれ次を表す。

> ・機能別目標原価 F_C：目標原価を機能係数で細分化したもの。
> ・見積原価 C：部品の見積原価を各機能へ配分し，合計したもの。
> ・理想目標原価 CB：部品の理想原価を各機能へ配分し，合計したもの。

■ システマティックなアイデア発想

アイデア発想を機能に対する物理的原理の追求とアイデア発想の画期的なツール TRIZ を使って，システマティックに行う。図表 8-10 は"目的機能による物理的原理の追求"，図表 8-11 は"TRIZ による改善案の発想"を検討する画面である。

■ 技術とコストの最適値より最適解の決定

先に発想したいくつかの構想案に対し，図表 8-12 のように技術評価とコス

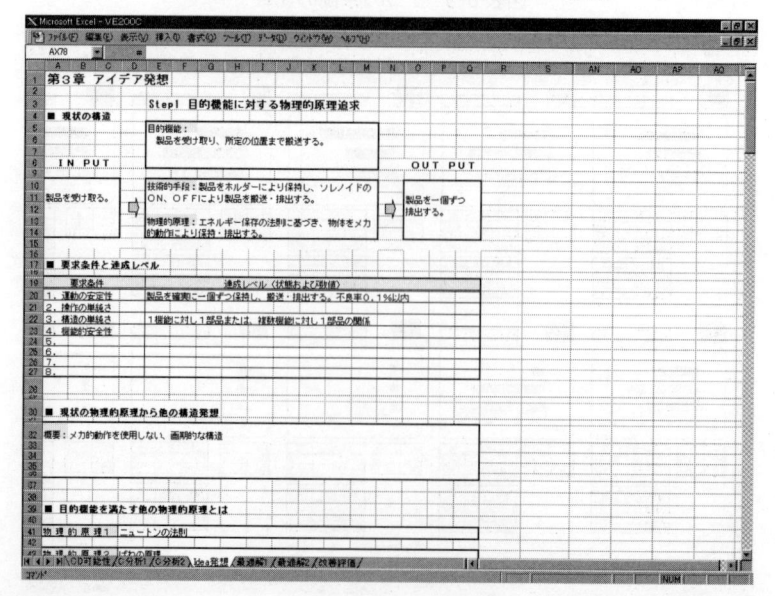

図表 8-10　目的機能による物理的原理の追求

第 8 章 原価企画業務への IT（情報技術）活用

図表 8-11 TRIZ による改善案の発想

図表 8-12 最適解のコスト評価

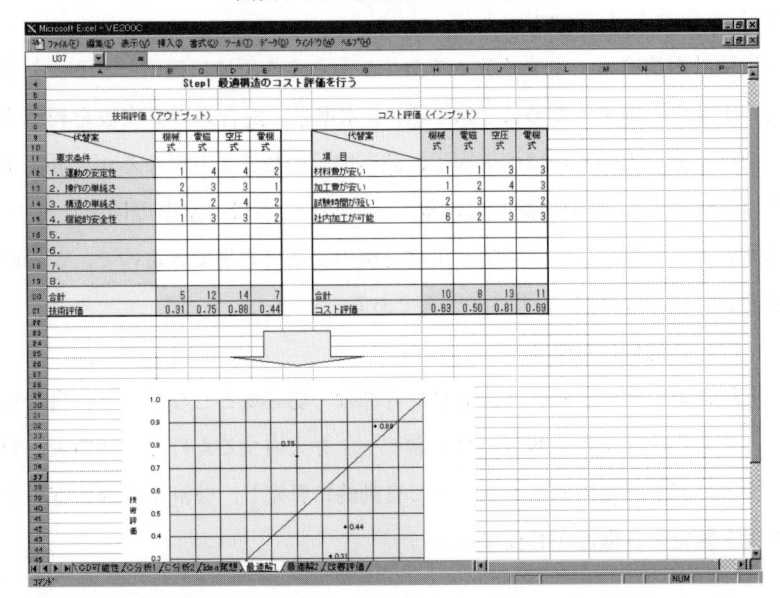

ト評価の両面より改善案を絞り構造の具体化をする。評価は与えられた目的に対し，設計解が"価値がある"あるいは"有用である"かどうかを決定することである。その評価にあたっては，コスト評価（インプット）と技術評価（アウトプット）の両側面よりバランスがとれ，かつ価値の高い設計解を選定することが大切である。

最適解の構造を具体化した後は，設計水準値を決定するためにパラメータ設計を実施する。品質・信頼性を確保し理想原価を達成するためには，明確化された製品の目的機能を定量的に測定・評価し，理想機能からのばらつきを改善する最適な設計条件を追求することである。

（2）品質工学による製品パラメータ設計

品質工学による製品パラメータ設計では，以下の点を考慮してITシステムの機能として組み込むとよい。

■ 製品パラメータ設計に必要な機能

① 「直交表L_{18}」のサポート

実験計画法はオールマイティであり，あらゆる領域に適用できる。効率のよい実験を実施するために2水準系，3水準系，混合系の直交表を利用する。どの直交表を用いるかは制御因子，誤差因子の数により異なるが，品質工学では「直交表L_{18}」を推奨している。「直交表L_{18}」は2水準の因子を1つ，3水準の因子を最大7つまで扱う実験計画の立案に利用できるので，この直交表のITシステム化をまず行うべきである。

② データ解析の自動化

実験結果のデータ解析は，面倒な計算は一切必要としないように自動化すべきである。直交表に基づいた実験データを入力するだけで，補助表，分散分析表，因子別要因効果グラフまで自動的に算定し，設計や改善に寄与する要因を判定する機能が必要になる。

③ SN比算定の自動算定

SN比への変換は，静特性（望小特性，望大特性，望目特性）はもちろんのこと，動特性もサポートすることで，パラメータ設計が容易に実施できる。

以上の機能により実験計画やデータ解析は瞬時に行えるので，創造的業務により多くの時間を有効活用でき，コストリダクション活動の生産性が向上する。また，品質工学の企業への導入がスムーズに展開できる。

■ 「直交表 L_{18}」のサポート

図表8-13は，直交表 L_{18} の1列に"当該工程温度"，2列に"前工程処理時間"，3列に"温度上昇傾向"，…を対応させた実験の計画である。18回の実験は，どの組合せのものを先にやるかをくじ引きで決めて行う。直交表 L_{18} の中の数字1，2，3はそれぞれの因子の水準に対応する。第1行目の実験は，"該当工程温度：180℃"，"前工程処理時間：60秒"，"温度上昇傾向：平坦"，…の組合せで行えという指示（指図書）である。

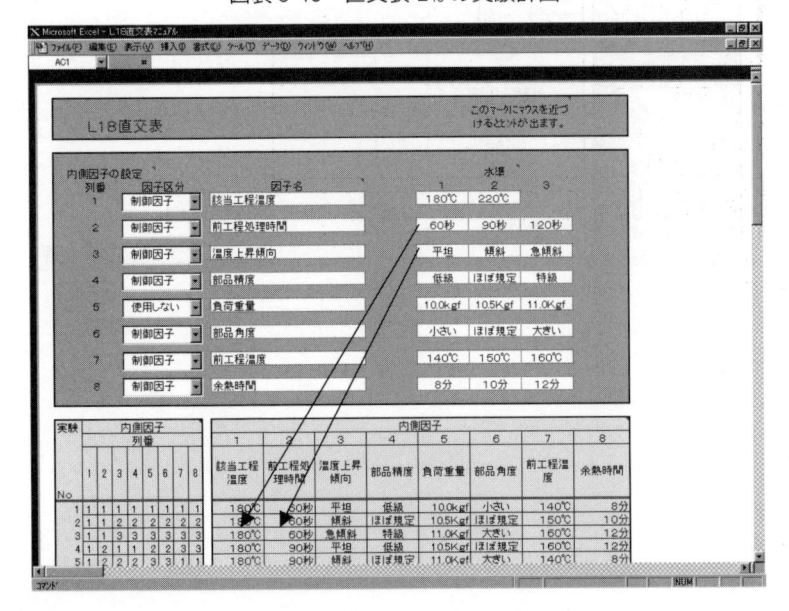

図表8-13　直交表 L_{18} の実験計画

■ データ解析と SN 比算定の自動化

図表8-14は，直交表 L_{18} による実験結果のデータ入力画面である。同一実験を2回実施し，実験 No. 1 の結果は目標値からの偏差が3.0，−7.0，実験 No. 2 の結果は−2.0，5.0であった。このデータを望目特性として解析した結果が，図表8-15である。望目特性のSN比を算定するために，全変動，一般平均，誤差分散を自動計算している。ここで求めたSN比の補助表と分散分析表，制御因子の水準別グラフも自動的に算定している。

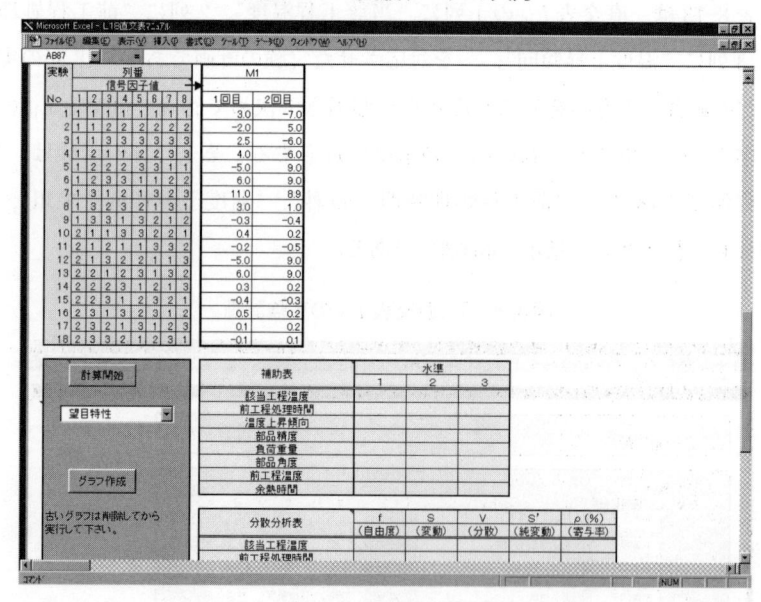

図表8-14　実験データの入力

第8章　原価企画業務への IT（情報技術）活用

図表8-15　データ解析の自動化

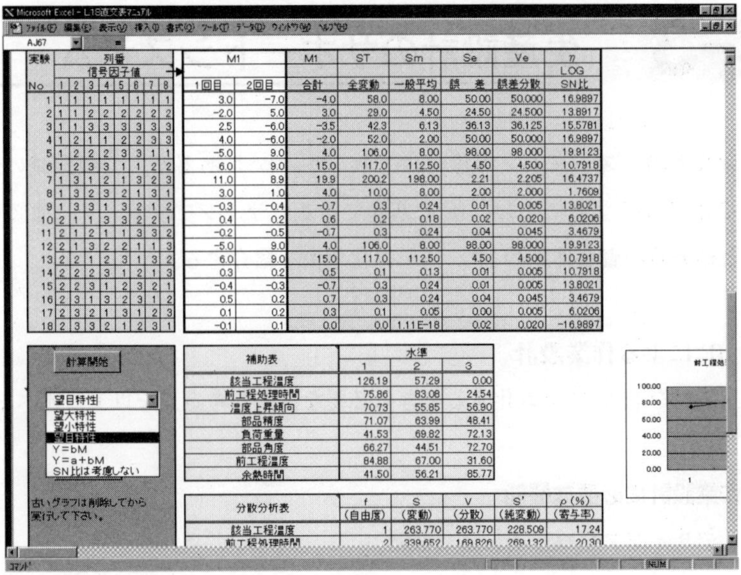

8-3 生産設計のサポートシステム

　生産設計のコストダウンの焦点は工数（加工費）にあるが，工数低減の手法としてIEがある。ここでは，IEの基礎であるデザインアプローチによる作業設計と標準時間資料作成のITシステム化事例を紹介する。

（1）IEによる作業設計
　作業設計をITシステム化するときに必要な機能と考慮点を以下に述べる。

■ **作業設計に必要な機能**
　① デザインアプローチによる設計
　　改善の進め方には「リサーチアプローチ」と「デザインアプローチ」がある。リサーチアプローチは，現状システムのムダの分析から始め，その内容の検討から，より良いシステムを追求する。デザインアプローチは，システムの目的とする"機能"は何かという"あるべき姿"を描くことから始め，次第に制約条件を加えて現実的なシステムへと修正していく。「ライン編成」は後者のアプローチでステップ化すると大きい成果が得られる。
　　その設計手順が，「現状メソッドの標準化」，「基本設計」，「詳細設計」の3段階からなる。工程を単位作業に区分して，そのなかから工程の存在目的を担う「基本機能」となる作業を選び出し必要不可欠な補助機能を付加していくことで現実的なシステムへと修正していくものである。
　② 最適工程順序のシミュレーション
　　製造工程を設計するには，その順序制約のなかで最も作業量の少なくなる順序が最適工程である。それを設計する次の4つの基本原則をシミュレートする。

第8章　原価企画業務へのIT（情報技術）活用

> 原則1：変化は後工程に持っていく。
> 原則2：同一加工部位はまとめる。
> 原則3：量的分業をする。
> 原則4：オンラインの作業で編成する。

■ 現状メソッドの標準化

　対象工程を流れる代表品種に対し作業を区分し，時間・頻度を明らかにして，図表8-16のようなオペレーションリストを作成する。

　目標サイクルタイム（TCT）は，改善後の工程における（月間）生産量を確保するために目標とされるサイクルタイムである。BFは，各オペレーションに要する時間がTCTに対し，どれくらいの大きさであるかを見るための数値であり，100を1人分の作業量とみる。TCT，BFの詳細は，第1部の第4章を参照されたい。

図表8-16　オペレーションリストの作成

■ 基 本 設 計

①　基本構想の検討

製造システムの基本機能を，オペレーションのなかより選出し，目的追求を行う。基本機能は製品の加工・変形・変質をともなう作業であり，基本機能だけで設計案を作成する。図表 8–17 は，オペレーションリストから選定した基本機能で，新しいラインの流し方の基本構想を検討している例である。このステップは作業編成方針を決定する場面であり，作業設計の根幹をなすものとして重視される。

どのような方針で設計するかの視点は，基本機能の作業のみで作業編成する作業の流し方・手順を見つけ出すことである。

具体的には，以下の項目を検討する。

「分業形態の変更」……………… 量的分業化(同じ作業を製品数量で分担する)
　　　　　　　　　　　　　　　 質的分業化(類似作業を専門に行う)

「流し方(処理量)の違い」…… 1 個流しとロット処理

図表 8–17　基本設計案の作成

Microsoft Excel－ライン編成

基本設計
Step1:基本機能の選定
Step2:基本機能の排除
Step3:工順表の作成
Step4:新システム構想の案出
Step5:ラインの基本設計
Step6:代替案の評価

Step4:特徴

A　案	B　案	C　案
･ﾌﾟﾚｽｳｴﾙﾀﾞｰSWを集中化 ･SW操作セット作業者を専門化 ･Subassy作業をRL分割	･ﾌﾛｱAssyを横向きにして流す ･各ステージの部品セット、SW操作を片側 ･類似部品のSP作業を集約	･現状の方法を生かす ･ﾌﾟﾚｽｳｴﾙﾀﾞｰのRL側の同期化 ･増し打ち作業を台車上で行う

基本機能ｵﾍﾟﾚｰｼｮﾝ			Step2 改善着想		効果	Step5 代替案			Step3 変動	加工部位						その他条件
Op	内　容	BF	E	内　容	6	A	B	C	種類	前	後	左	右	上	下	
1	ﾄﾞﾘﾙにて穴さぐり	6	○	ﾌﾟﾚｽ型改造	6											
3	WN付け	73				1	28	7	1			1	1			
5	ﾜｲﾔｰﾊｰﾈｽｸﾗﾝﾌﾟ付	9				2	29	6	2			1	1			
7	WN付け	19				3	30	5	2			1	1			
9	Tボルト付け	10				4	31	4	5			1	1			
13	耐熱ゴム取り付け	57				5	32	3	1			1	1			
16	ESSにてSP	34				6	33	2	5			1	1			
19	ﾘﾔｰﾌﾚｰﾑ×SA	22				7	34	1	5			1	1			
21	ESSにてSP	34				8	35		3			1	1			
24	ﾌﾛｱｰｻｲﾄﾞ×SA	22				9	36		3			1	1			
26	ESSにてSP	19				10	37		3			1	1			
29	BK･ﾌﾛﾝﾄﾏｳﾝﾃﾝASSY	6				11	1		3			1	1			
32	耐熱ゴム取り付け	57				12	2		1			1	1			
35	ESSにてSP	34				13	3		5			1	1			
39	ﾊﾟｯﾁ溶接	6				14	4		5			1	1			
43	ﾜｲﾔｰﾊｰﾈｽｸﾗﾝﾌﾟ付	9				15	5		5			1	1			
45	WN付け	19				16	6		5			1	1			
47	Tボルト付け	10				17	7		5			1	1			
51	耐熱ゴム取り付け	57				18	8		1			1	1			
54	ESSにてSP	34				19	9		1			1	1			
57	ﾘﾔﾎﾌﾚｰﾑ×SA	22				20	10									
59	WN付け	19				21	11									
61	Tボルト付け	10				22	12									

標準化 / 基本設計 / 基A / 基B / 基C / 詳細設計 / 解説書

「人員効果の違い」………… 投資額と人員効果のバランス

② ラインの基本設計

代替案の構想に対して基本オペレーションを当てはめ具体化する。ラインが複数の個別工程で形成される場合にすべての工程の改善案を結びつける。図表8-18は，基本構想A案に基本機能の作業順序を決定した例である。これは基本構想の代替案すべてに対して実施し，その代替案のなかから詳細設計に進める最適案を選定する。

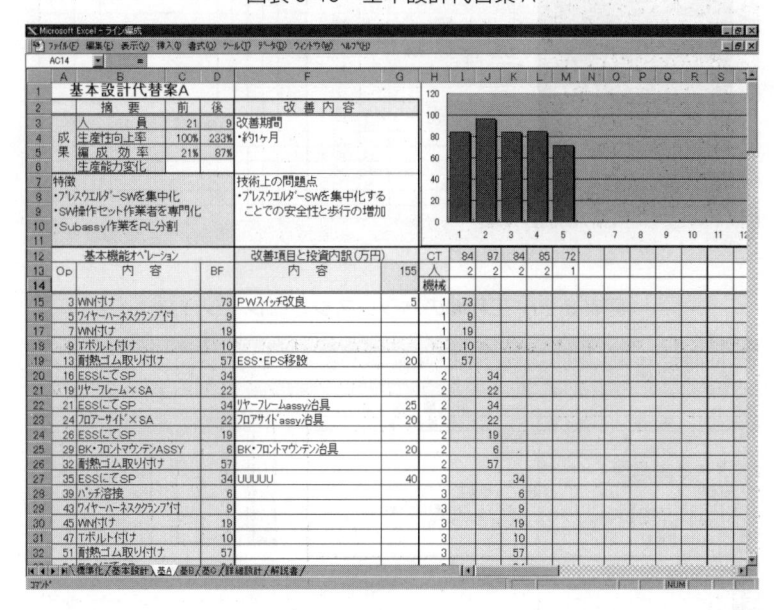

図表8-18 基本設計代替案A

■ 詳 細 設 計

図表8-19は，基本機能代替案Aの骨格システムに補助機能を肉付けした例である。補助機能は基本機能を補助するオペレーションで，運搬など，補助的役割を果たす作業である。

補助機能を付加した各工程の，ネック工程（作業）を改善して各工程の作業を1人分にふさわしい作業内容にする。そして，図表8-20のように各工程を

第2部　原価企画の実践活動

図表8-19　代替案Aの詳細設計

図表8-20　工程間のバランスシミュレーション

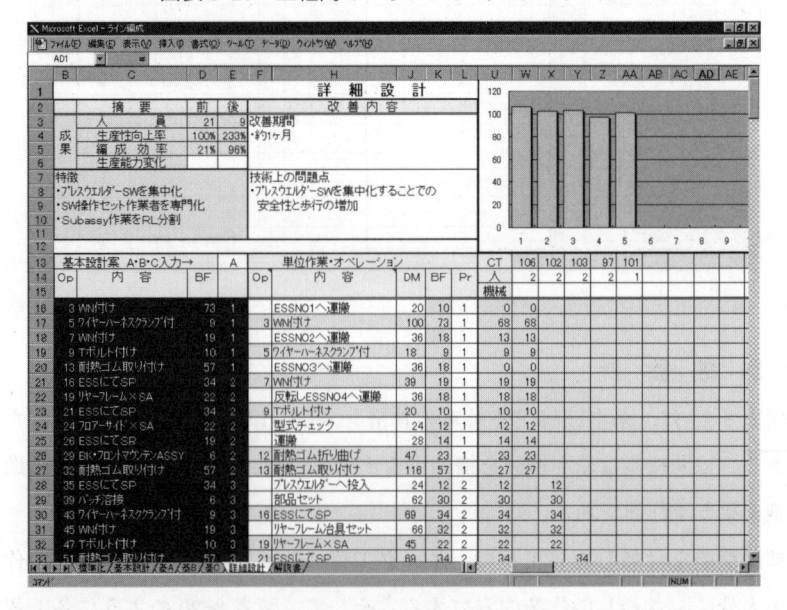

総合的に見て，工程間のバランスをとる。

最後に下記項目を記載した改善解説書にまとめる。

・レイアウトおよび人員配置図

・改善項目・投資一覧表

・改善項目詳細説明

・標準作業手順書

・運用上の注意点

（2）標準時間資料の作成

加工費はレート×工数（時間）で計算され，工数は製品別，工程別に工程設計をしながらそのつど見積もられる。生産設計の成果を測定するには，この工数見積りが必要であり，迅速かつ正確に行うことが重要である。そのためには，あらかじめ標準時間資料または時間テーブルと呼ばれる時間値のデータベースを作成しておかなければならない。

■ 「標準時間資料」とは

① 標準時間設定の基礎資料

標準時間は経営に不可欠の管理ツールである。ところが標準時間設定が手間のかかることとして設定をあきらめるか，メンテナンスされないことがある。

標準時間資料は，こうした手間のかかる業務と思われがちな標準時間設定を全面的に支援するツールで，一旦標準時間資料を作成しておけば，標準時間設定は従来の10倍以上の効率アップが期待できる。

② 事前の標準時間設定

標準時間資料により，作業方法や作業条件が決まれば，作業の開始前に標準時間を設定することができる。標準時間を事前に把握することは工程設計において欠かせない条件である。

③ 一貫性のある標準時間の設定

標準時間資料は少ない情報で標準時間が設定できるので，分析者のスキル

や判断はあまり必要としない。つまり作業条件や作業方法が同じであれば，常に一貫した時間が設定できる。

④　標準時間設定の工数節約

標準時間資料法は直接分析法やPTS（Predetermined Time Standard：既定時間標準法）法よりも標準時間設定の工数が節約できる。ただし，標準時間資料の作成には，データベース作りのための期間と費用がかかるので，時間設定件数が少ない場合には，標準資料を作成しても採算がとれない。

■　標準時間資料の作成手順

標準時間資料は，以下の手順で作成する。各手順の目的を理解し，ITシステム化することを心がけるべきである。

①　標準時間資料の目次決定

製品・部品別，工程別の標準時間を設定するのに何種類の標準時間資料を作成すればよいか検討して，標準時間資料の目次を決める。

Step 1-1：作業の類似性分析

Step 1-2：標準時間資料の目次決定

②　変動要因データの収集

時間値に影響を与える変動要因を分析し，時間値と変動要因数のデータを収集する。最も時間を要するステップである。

Step 2-1：変動要因分析

Step 2-2：時間値データの収集

③　標準時間資料の作成

収集したデータを入力し，1つ1つの標準時間資料について回帰分析を行って，時間値と変動要因との相関式を作成すると標準時間資料が作成できる。

Step 3-1：多重回帰分析

Step 3-2：精度アップ

④　標準時間の設定

あらかじめ登録された工程別標準時間資料に変動要因を入力し，余裕率を

加味して，製品別工程別の標準時間を設定するものである。

Step 4-1：余裕率の設定

Step 4-2：ITによる標準時間の設定

■ 標準時間資料の目次決定

製品・部品別，工程別の標準時間を設定するのに何種類の標準時間資料を作成すればよいか検討して，標準時間資料の目次を決める。

Step 1-1：作業の類似性分析

個々の製品または部品ごとに発生する工程または単位作業・要素作業をリストし，発生する工程または単位作業・要素作業の類似性をチェックする。

図表8-21のように類似作業は標準時間資料作成対象とし，非類似作業は個別分析対象とする。

Step 1-2：標準時間資料の目次決定

類似性分析の結果を標準時間資料目次にまとめる。

図表8-21　作業の類似性分析

品番・品名	工程数	単位作業数量	組立	アニーリング	徐塵	銀印刷・乾燥	カーボン印刷・乾燥	ラック乗せ	アフターキュア	徐塵	マスク剥がし・徐塵	印刷1	印刷2	印刷3	印刷4	印刷5	マスク剥がし・徐塵	印刷6	合い紙掛け	大板検査	マスキング・表	マスキング・裏
資料作成対象数量 100,000	5	13	8	8	7	9	0	8	8	8	5	5	5	5	5	4	2	3	4	13	3	4
AX-205065-1REVC	600		1	2	3	4		5	6	7										8		
ST-B9-9005-0	1,000		1	2	3	4		5	6	7										8		
RD-3990313N01-B	100,000					1																
CE-22797570-A	2,000		1	2	3	4		5	6	7										8		
YR-H340338	300		1	2	3	4		5	6	7										8		
TD-K7-3879-C	140,000		1	2	3	4		5	6	7										8		
F2-T0142-D	155		1	2	3	4		5	6	7										8		
TG-4243-2125-R	50,000		1	2		3		4	5	6										7		
EY-200420-3	255,000		1	2	3	4		5	6	7										8		
MF-70114-T	50,000	1									2	3	4	5	6	7	8	9	10	11	12	13
UV-34059-HG	60,000	1									2	3	4	5	7				6	8	9	
ZT-34205-BW	85,000	1									2	3	4	5	6	7				8		9
ZT-320B6-H01	12,000	1									2	3	4	5	6	7	8	9	10	11		12
YU-73125-K3	27,000	1									2	3	4	5	6	7			10	11	12	13

■ 変動要因データの収集

Step 2-1：変動要因分析

標準時間資料項目として選定された工程または単位作業ごとに時間値の変動要因と考えられるものをリストアップする。図表8-22は，類似性分析より決定した標準時間資料目次と変動要因の一覧である。標準時間資料目次のNo.1"組立"では，"製品のタテ寸法"，"製品のヨコ寸法"が時間値に影響を与える要因としてリストされている。

ここで，実際の時間の変動要因と入手できる変動要因には違いがあることがある。できる限り実際の変動要因で標準時間資料を作成したいが，時間見積を行う時点で，その情報が入手できなければ，実際の変動要因に近い何らかの入手できる変動要因情報によって時間値を見積もらなければならない。

実際変動要因を基本にして入手できる技術情報のなかから変動要因を決定する。特に，工程設計の段階で時間値を設定するためには，図面情報から読み取れる変動要因をまとめておく必要がある。

図表8-22 標準時間資料目次と変動要因

NO	標準時間資料名	標準時間資料に含まれる範囲		時間値に影響を与える変動要因					
		開始	終了	X1	単位	X2	単位	X3	
1	組立	製品を取る	製品を置く	製品のタテ寸法	mm	製品のヨコ寸法	mm		
2	アニリング	乾燥炉へ入れる	乾燥炉より払い出し	ワーク直径	mm	ボス直径	mm	ナット数	
3	徐塵	材料を取る	徐塵機より搬出	版サイズ	mm	材質	※		
4	銀印刷・乾燥	投入(マシンタイム)	払い出し	版サイズ	mm	材質	※	面付け数	
5	ラック乗せ	投入(マシンタイム)	払い出し	版サイズ	mm	材質	※	面付け数	
6	アフターキュア	材料を取る	乗せる	版サイズ	mm	材質	※		
7	徐塵		乾燥炉へ入れる	乾燥炉より払い出し	版サイズ	mm	材質	※	
8	マスヌガシ・徐塵			版サイズ	mm	材質	※		
9	印刷1	マスキングに手をかける	徐塵機より搬出	版サイズ	mm	材質	※		
10	印刷2	投入(マシンタイム)	払い出し	版サイズ	mm	材質	※	面付け数	
11	印刷3	投入(マシンタイム)	払い出し	版サイズ	mm	材質	※	面付け数	
12	印刷4	投入(マシンタイム)	払い出し	版サイズ	mm	材質	※	面付け数	
13	大板検査	投入(マシンタイム)	払い出し	版サイズ	mm	材質	※	面付け数	
14	断裁	材料を取る	完成品を置く	版サイズ	mm	材質	※		
15	ガイド穴開け	寸法合わせ	完成品を置く	版サイズ	mm	材質	※		
16	エンボス加工	材料を取る	完成品を置く	版サイズ	mm	材質	※	面付け数	
17	鞍の手貼り	材料を取る	完成品を置く	版サイズ	mm	材質	※		
18	抜き	材料を取る	完成品を置く	版サイズ	mm	材質	※	面付け数	
19	荷重検査	材料を取る	完成品を置く	版サイズ	mm	材質	※		
20	束ね検査	材料を取る	完成品を置く	版サイズ	mm	材質	※		
21	出荷検査	材料を取る	完成品を置く	版サイズ	mm	材質	※		

Step 2-2：時間値データの収集

変動要因と時間値の関係を図表 8-23 の書式で整理する。

図表 8-23　観測データ記入用紙

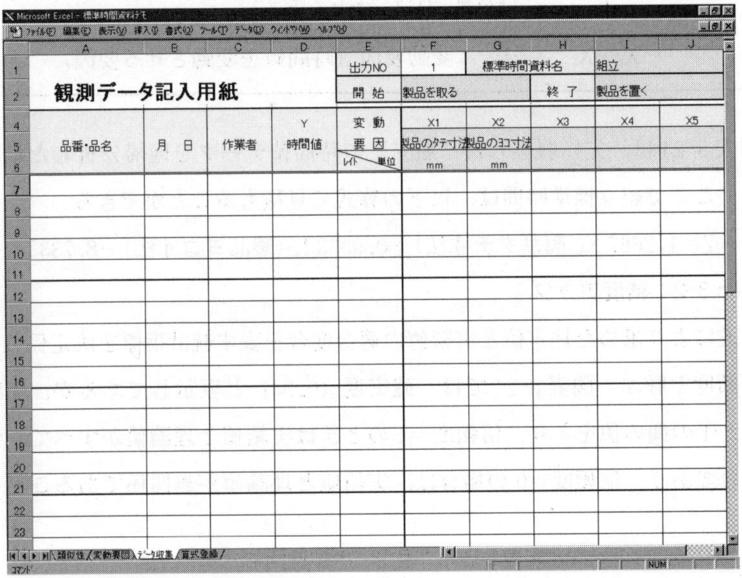

A	B	C	D	E	F	G	H	I	J
観測データ記入用紙				出力NO	1	標準時間資料名		組立	
				開 始	製品を取る		終 了	製品を置く	
品番・品名	月 日	作業者	Y 時間値	変 動 要 因	X1 製品のタテ寸法	X2 製品のヨコ寸法	X3	X4	X5
				レイト 単位	mm	mm			

■　標準時間資料の作成

Step 3-1：多重回帰分析

蓄積した時間データと，変動要因データを多重回帰分析（MRA：Multi Regression Analysis）し，回帰式としての標準時間資料を作成する。

変動要因（変数）間の内部相関を考慮しながら，時間値（外的基準変数）を最も効率的に予測できる重み（係数）を求め，予測式にする方法を多重回帰分析と言う。図表 8-23 の観測データをデータベースにして時間値（Y）と変動要因係数（X）との相関関係を見つけるために多重回帰分析を行うことで，1 次多項式の標準時間資料が作成できる。

第2部　原価企画の実践活動

$$Y=aX_1+bX_2+cX_3+d$$
　　Yは時間値,
　　a, b, c……は係数（Yに対する重み）
　　X_1, X_2, X_3……は変動要因（時間値を変動させる要因）

　図表8-24は，先に収集した"組立"の時間値データを回帰分析した結果である。ここで組立標準時間は，以下の算式で見積もることができる。

$$Y=1.2667\,X_1(製品タテ寸法)+0.9333\,X_2(製品ヨコ寸法)-8.7333$$

Step 3-2：精度アップ

　算式により求めた推定値と実績値の適合度合を表す統計指標を決定係数または信頼度と呼ぶ。図表8-24では，確実度（0.94）と表示してあるが，信頼度は0と1の間の値をとり，信頼度＝1のときは実績値と理論値がすべて一致する場合であり，信頼度＝0の場合は，実績値と理論値が無関係であることを意

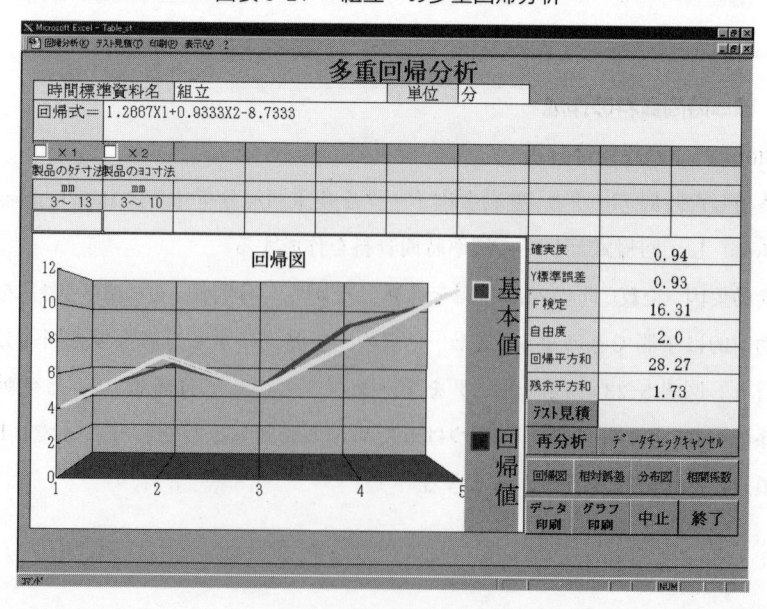

図表8-24　"組立"の多重回帰分析

第8章 原価企画業務へのIT（情報技術）活用

図表8-25 相対誤差分析

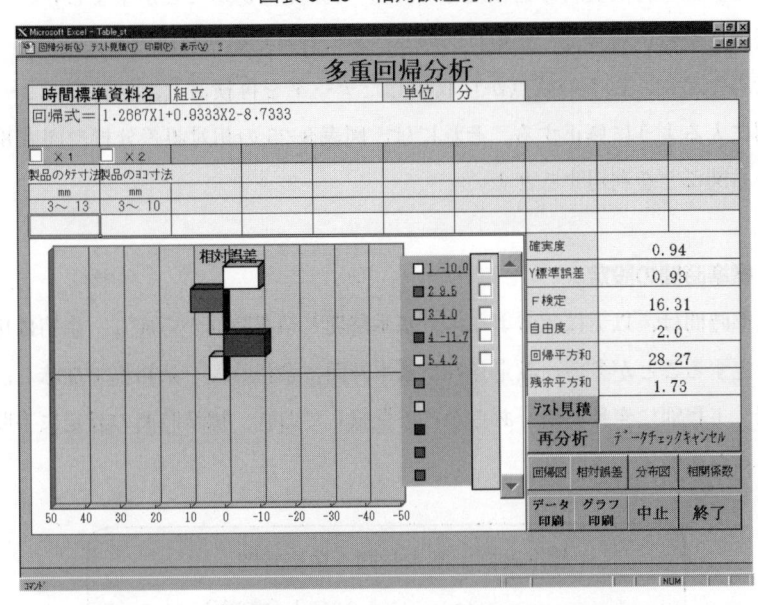

図表8-26 分布図

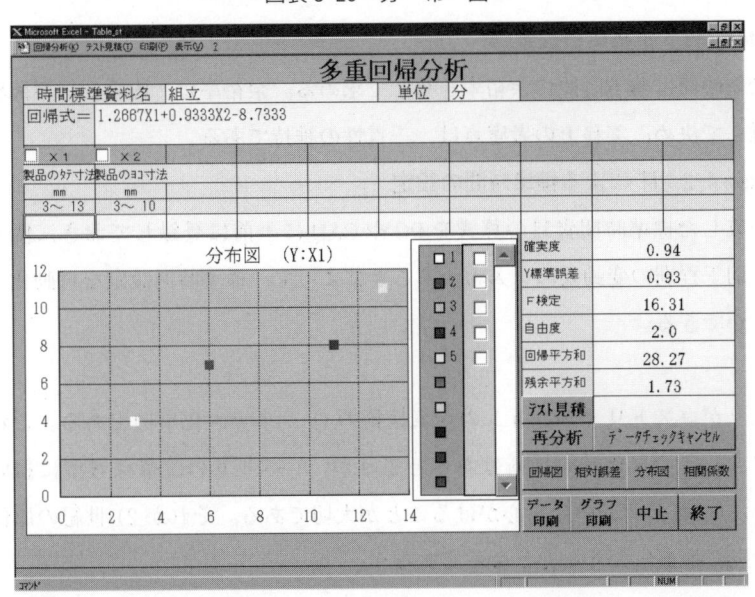

味する。標準時間資料の信頼度は，90％〜100％であることが望ましい。

信頼度が低い場合は，使用目的のレベルに合った標準時間資料に精度アップさせるために，以下の観点から収集したデータを再検討し，信頼度0.9〜1.0の間に入るように修正する。それには，図表8-25の相対誤差分析や図表8-26の分布図などを利用するとよい。

■ 標準時間の設定

標準時間は，以下に示すように，基本時間と余裕時間から成り，余裕は比率で設定することが多い。設定された基本時間に余裕時間を余裕率で加味し，製品別・工程別に変動要因をあらかじめ登録しておき，標準時間の設定に手間のかからない形とする。

$$\text{標準時間} = \text{基本時間} + \text{余裕時間}$$
$$= \text{〃} \times (1 + \text{余裕率})$$

Step 4-1：余裕率の設定

余裕時間は基本時間に余裕率を乗じて求める。余裕率は，内容別・原因別に分離して決め，実務上の考慮点は，一貫性の維持である。

Step 4-2：ITによる標準時間の設定

作成した標準時間資料の算式をPCやCADに事前に登録しておき，個々の製品別工程別の変動要因を入力することによって，標準時間設定を自動化することができる。

以上がコストリダクションの代表技術のITシステム化事例である。これ以外にもシステム化対象技術はあると思うが，レベルⅡの改革思考型に狙いを絞ったITシステム開発を心がけることが大切である。それが21世紀の原価企画活動の推進に大きな力となるであろう。

参 考 文 献

第 1 部

第 1 章

・手島直明『実践価値工学』日科技連，1993 年
・田中隆雄，小林啓孝『原価企画戦略』中央経済社，1995 年
・吉川弘之＋IM 研究会『逆工場』日刊工業新聞社，1999 年
・梅田靖『インバース・マニュファクチャリング』工業調査会，1998 年
・矢野宏『品質工学入門』日本規格協会，1995 年
・田口玄一『最適化設計のための評価技術』日本規格協会，2000 年
・環境庁，『平成 12 年度版　環境白書』，2000 年
・永田勝也，上野潔，寺崎政男，岩田勇治『家電リサイクリング』工業調査会，1999 年
・日経エコロジー，2000 年 9 月
・日本経済新聞，2000 年 8 月 25 日，2000 年 9 月 5 日

第 2 章

・機械設計編集部・電子技術編集部『リサイクル設計入門』日刊工業新聞社，2000 年
・鈴木茂夫『技術者のための ISO 14001』工学図書株式会社，1999 年
・橋本賢一／小川正樹『技術者のための原価企画』日本能率協会マネジメントセンター，1994 年

第 3 章

・橋本賢一『理想原価への挑戦』日本能率協会マネジメントセンター，1995 年

第4章

- 赤尾洋二『品質機能展開入門』日科技連，1990年
- Stan Kaplan, *An Introduction to TRIZ,* Ph. D. Ideation International 社，1996
- 三菱総合研究所知識創造研究部『革新的技術開発の技法　図解TRIZ』日本実業出版社，1999年
- 門田武治『オードリックス　定員適正化の新手法』日本能率協会マネジメントセンター，1981年
- 田口玄一『品質工学講座1　開発・設計段階の品質工学』日本規格協会，1988年
- 上野憲造『機能性評価による機械設計』日本規格協会，1995年
- 日経メカニカル 1996年 No. 477　1996年 No. 478　1997年 No. 501

第5章

- 田中雅康『原価企画の理論と実践』中央経済社，1995年
- 市田嵩，牧野鉄治『デザインレビュー』日科技連，1991年
- ジョー・パイン『マス・カスタマイゼーション革命』日本能率協会マネジメントセンター，1994年
- 高達秋良，鈴江歳夫『VRP部品半減化計画』日本能率協会マネジメントセンター，1984年
- 橋本賢一・宮田武『技術者のための見積原価計算』日本能率協会マネジメントセンター，1988年

第2部
第6章

- 矢野宏『品質工学計算法入門』日本規格協会，1998年

第8章

- 加登豊『原価企画　戦略的コストマネジメント』日本経済新聞社，1993年

・橋本賢一『技術者のための標準原価管理システム』日本能率協会マネジメントセンター，1991年

なお，次の文献も参考にした。
・矢野宏『品質工学入門』日本規格協会，1995年　第1部第4章
・環境庁『平成12年度版　環境白書』，2000年　第1部第2章
・橋本賢一／小川正樹『技術者のための原価企画』日本能率協会マネジメントセンター，1994年　第1部第3章，第5章

著者紹介

小川 正樹

(株) ME マネジメントサービス常務取締役。

マネジメントコンサルタント，技術士（経営工学）。

主な著書：『技術者のための見積原価計算』（共著）

『CIM ハンドブック』（共訳）

『技術者のための原価企画』（共著）

『理想原価への挑戦』（共著）

『資材購買技術・事例集―1』

以上，日本能率協会マネジメントセンター刊

連絡先　株式会社 ME マネジメントサービス

〒143-0024　東京都大田区中央 6-29-2

TEL（03）3755-5437　　FAX（03）3755-8366

E-Mail : ogawa@mejapan.com

http : //www.mejapan.com/

大塚 泰雄

(株) ME マネジメントサービス取締役。

マネジメントコンサルタント。

主な著書：『技術者のための原価企画』（共著）

『理想原価への挑戦』（共著）

以上，日本能率協会マネジメントセンター刊

編著者との契約により検印省略

平成13年7月20日　初版発行

実践原価企画
――環境経営に対応した
理想ライフサイクルコストの追求――

編 著 者	小　川　正　樹
発 行 者	大　坪　嘉　春
製 版 所	美研プリンティング株式会社
印 刷 所	税経印刷株式会社
製 本 所	株式会社三森製本所

発 行 所　東京都新宿区　　株式　税務経理協会
　　　　　下落合2丁目5番13号　会社

郵便番号 161-0033　振替 00190-2-187408　電話 (03) 3953-3301（大 代 表）
　　　　　　FAX (03) 3565-3391　　　　　　　　(03) 3953-3325（営業代表）
URL　http://www.zeikei.co.jp/
乱丁・落丁の場合はお取替えいたします。

Ⓒ　小川正樹　2001　　　　　　　　　　　　　Printed in Japan

本書の内容の一部又は全部を無断で複写複製（コピー）することは，法
律で認められた場合を除き，著者及び出版社の権利侵害となりますので，
コピーの必要がある場合は，予め当社あてに許諾を求めて下さい。

ISBN4-419-03784-9　C2063